苏州大学“211工程”三期建设经费资助

苏 南 学 校 与 区 域 发 展 研 究 丛 书

苏南学校的生态教育研究

朱玉芳 王伟群 著

苏州大学出版社
SOOCHOW UNIVERSITY PRESS

图书在版编目(CIP)数据

苏南学校的生态教育研究 / 朱玉芳，王伟群著. —苏州：苏州大学出版社，2012.6
(苏南学校与区域发展研究丛书)
苏州大学“211 工程”三期建设经费资助
ISBN 978-7-5672-0118-7

Ⅰ.①苏… Ⅱ.①朱… ②王… Ⅲ.①生态环境－环境教育－教学研究－中小学－苏南地区 Ⅳ.①G633.982

中国版本图书馆 CIP 数据核字(2012)第 111887 号

苏南学校的生态教育研究
朱玉芳　王伟群　著
责任编辑　杨　婷

苏州大学出版社出版发行
(地址：苏州市十梓街 1 号　邮编：215006)
南通印刷总厂有限公司印装
(地址：南通市通州经济开发区朝霞路 180 号　邮编：226300)

开本 700 mm×1 000 mm　1/16　印张 16　字数 294 千
2012 年 6 月第 1 版　2012 年 6 月第 1 次印刷
ISBN 978-7-5672-0118-7　定价：38.00 元

总 序

"苏南"主要是指苏州、无锡、常州所在区域，这里地处长江以南、太湖之滨，面积将近 18 000 平方公里，常住人口约 2 000 余万。

当下的苏南，正处在一个天翻地覆的巨变时期。苏南曾经被称为上海的"后花园"，高官巨贾从名利场上撤下来，多隐居于此，置屋筑园"退思"静养。而如今，苏南早已从"后花园"一跃而成改革开放的前沿阵地，成为投资开发的热土，成为城市化、工业化的样板，各级政府、各行各业争先恐后地宣示着"全面实现小康"、"基本实现现代化"的宏伟目标，各路英豪也纷至沓来在这里大显身手。苏南久经吴文化的浸染，吴人注重耕读传家、诗礼传家，性情温良恭俭让，生活上小富即安，平和安详。而如今，苏南人正以敢为天下先的气魄，以只争朝夕的紧迫感，不断地创造出"苏南模式"、"新苏南模式"、"张家港精神"、"昆山之路"、"华西奇迹"，创造出 GDP 的新高。苏南也是得天独厚的鱼米之乡、宜居之地，这里曾被描绘成良田万顷绿野遍地，小桥流水曲径通幽。如今经过三十多年的跨越式发展，苏南早已旧貌换新颜：连片式"开发区"势如燎原，各类"城市综合体"拔地而起，"东方曼哈顿"、"欧洲城"之类争奇斗艳。苏南正处于深刻的社会转型、文化嬗变、环境日新的历史巨变过程之中。

在这样一个历史转折的过程中，苏南的教育同样也发生着深刻的变化。

吴地具有崇尚人文、尊师重教的优良传统，苏南教育有着悠久而辉煌的过去。苏南古代堪称"状元之乡"，现当代又堪称"院士之乡"。苏南历史上曾出现过诸多名校，官学如苏州府学、太仓州学、武进县学，书院如紫阳书院、东林书院、南菁书院，私学如盛泽镇学、钱氏家塾、无锡国专。苏南也曾是教育家辈出的地方，古代如言偃、范仲淹、顾宪成、顾炎武，近现代如唐文治、顾颉刚、钱基博、叶圣陶，都是名垂青史的大教育家。更重要的是，苏南人懂教育，善教育。范仲淹认为，所谓教育，就是"敦之以诗书礼乐，辨之以文行忠信"；顾炎武将教育归结为"博学于文，行己有耻"，主张"成德达材，明先王之道，通当世之务"；叶圣陶说："教，是为了不教"；连吴江退思园的楹联，也似乎在昭示着教育的真义："种树者必培其根，种德者必养其心。"

经过最近三十多年的发展，苏南教育同样今非昔比。苏南已经高水平地普及了九年义务教育,有的地方甚至已经普及了高中教育,高等教育早已超越了马丁·特罗所定义的"大众化高等教育阶段"而开始迈入"普及化高等教育阶段";苏南的学校,有着精美的建筑、先进的设施,有的堪称豪华;苏南的学校,有着大批优质的师资,他们学历高、知识新、见识广,此外,众多学校还能凭借其地域优势吸引各地的良师来任教;苏南的学校,有着一代更比一代强的生源,他们在入学前大都受到良好的家庭教育和早期教育,入学后还有各种形式的社会教育作补充。苏南教育与苏南社会一样,近几十年来发展迅速,变化巨大,成绩骄人。人们有理由认定,苏南教育在国内已处于"率先"的位置,也有理由要求苏南教育向着更高的"教育现代化"目标挺进。

然而,苏南教育毕竟是中国教育整体的一部分,它既有中国教育共同的优点,具有自身的种种独特优势,但是它在许多方面,却也同样摆脱不了当下中国教育特有的内在缺陷,也同样面临着一系列深层次的挑战。我们如何才能摆正"目的"和"手段"的位置,使得我们的教育不再是以升学率而是以学生个体全面而自由的发展作为一切工作的出发点和归宿,以"人的现代化"作为最终的鹄的?我们如何才能在德育和智育之间取得平衡,真正地教人向善,教人求真,教人诚信,教人过平实而幸福的生活?我们如何才能实现教育的公平和正义,保持教育起码的尊严,使一切权力和金钱在我们面前无路可通?我们如何才能利用好资源优势,多"雪中送炭"少"锦上添花",切实解决好"办学校"与"办教育"的关系,使教育回归其本真和朴素?我们如何才能营造出适宜新一代教育家辈出的土壤和机制,让教育家的成长成为一个自然的发展过程,而不是随心所欲地为他们贴上种种时髦标签进行包装?诸如此类深层次的矛盾,当然不是一地的问题,甚至也不单纯是教育的问题,而是一个全局性的、社会性的问题。但是,对于多方面"率先"的苏南教育而言,如果我们真诚地想"办教育",真诚地要实现"教育现代化",那么,我们就必须"率先"直面这些深层次的问题,并且一如既往地以敢为天下先的精神,勇于改革,有所突破。这才是"教育现代化"的要旨所在,也是苏南"人民满意的教育"的本义所在。

本丛书是苏州大学"211 工程"三期项目"生态型区域(苏南)经济与社会治理研究"第三方向之子项目"苏南学校与区域发展研究"的成果。各书著者从不同的角度对苏南教育的发展道路及其相关理论进行研究,既总结经验,又探讨问题,自成体系,各有特色。笔者作为子项目主持人,对各位著者的辛勤工作及其学术贡献表示诚挚的谢意,同时也恳请业内外各位读者批评指正!

周　川

2012 年 5 月

◆自序◆

素有“人间天堂”美称的苏南地区，由于改革开放以来经济的高速发展，带来了苏南地区一系列的生态问题。为了处理好人与自然的关系，迫切需要提高苏南地区公民的生态素养，而这一目标的实现主要依赖于教育，尤其是学校教育。因此，进行苏南学校的生态教育研究顺应了苏南时代发展的诉求。同时，在苏州大学“211 工程”子项目“苏南学校与区域发展研究”主持人周川教授的鼓励下，我们承担其子课题“苏南学校的生态教育研究”，并决定为苏南中小学（包括学前教育）和高校的生态教育做点工作。

本书包括六章。第一章详细论述了古代吴地人民对生态环境的保护以及改革发展时代的苏南生态演变，说明了苏南地区生态环境的历史与现状，并对苏南地区生态环境问题的成因进行分析，确立了生态教育的基础和依据。第二章对“生态教育”与“环境教育”的概念及含义进行区分与辨析，厘清从“环境教育”到“生态教育”的演进过程，为生态教育指明了方向。第三章具体讨论了生态教育的性质、特点、理论基础、目的和目标、原则等生态教育的基本理论问题。第四章通过对苏南地区教师、学生的生态教育情况及其生态素养进行调查，以掌握苏南学校生态教育的信息资料并为不断完善苏南学校的生态教育奠定基础。同时，针对苏南中小学生态教育存在的问题探讨了相应的对策。第五章以较大的篇幅展示了较多的学科教案和活动案例，为苏南学校广大教师进行生态教育提供启示和借鉴。第六章在阐述了高等学校生态教育的意义及发达国家高校生态教育状况的基础上，对苏南高等学校的生态教育现状进行了分析并提出建议和对策。

本书著者朱玉芳设计了全书的框架结构并拟定提纲，撰写了全书五分之四的内容，并负责全书的统稿和定稿工作。本书具体分工如下：第一章由朱玉芳撰写；第二章由胡楠楠撰写；第三、第四、第五章由朱玉芳撰写；第六章由王伟群撰写。

在本书编写过程中，苏州大学教育科学研究院院长周川教授以广阔的思路以及渊博的知识为本书提供了宝贵的建议。著者朱玉芳的博士生导师、苏州大学教育学院副院长、教育科学研究中心主任母小勇教授在本书的实证研究方面提出了诸多宝贵的指导意见，并提供了大量的帮助。

生物与化学课程与教学论硕士研究生张璇、马晓昕、王丽丽为调查研究所得数据资料的收集与整理做了大量工作。在本书的写作过程中，生物教育本科生张若姮、金琪在部分文字录入方面付出了辛苦的劳动。

在问卷调查和案例提供过程中，苏州中学的胡企中老师、朱梦涵同学、王思成同学，苏州一中的杨斌老师，常熟市教育局教学研究室的卢一安老师，苏州四中的周吉文老师，苏大附中的季忠云老师，苏州立达中学的张嘉老师，常州武进区花园小学的贾文琴老师，苏州园区七中的邱燕华老师，苏州平江实验学校的孙月琴老师、姚晓岚老师，无锡高等师范学校的沈峥老师，无锡辅仁高中的江霞老师，无锡市滨湖区河埒中学的王东老师，江阴市澄西中学的周瑛老师，江阴市华士高级中学的邹秋玉老师，以及接受调查的许多老师、学生，均对我们的工作给予了大力支持，大家的共同努力为本书的完成奠定了基础。

苏州大学出版社社长张建初、总编辑耿曙生、编辑部主任薛华强以及其他编辑为本书的出版付出了辛勤劳动。

在本书即将出版之际，谨向以上有关方面与个人致以诚挚的感谢和敬意！

尽管著者做出了不懈的努力，但生态教育尤其是区域性生态教育还是一个新型的教育领域，我们也在尝试和探索之中，很多观点不一定成熟，疏漏和错误在所难免，恳请大家不吝赐教。

本书可作为高等师范院校或拥有师范专业的综合性大学本科生生态教育方面的教材，亦可作为学科课程与教学论硕士、在职教育硕士生态教育专题研究的教材，也适合作为“绿色学校”教师培训参考教材，亦可供生态教育的研究人员和广大教育工作者阅读、参考。

朱玉芳　王伟群

2012 年 3 月

目录

第一章　苏南地区生态环境的历史与现状

自然界中的一切生物，均生活在一定的环境中，环境为所有生物提供必要的生存条件，如阳光、水分、空气、养料以及栖息场所等。同时，生物的活动也在不断地影响和改变着周围的环境。这样，生物就和周围环境形成一个不可分割的有机整体。这种生物与环境之间的各种因素联系和相互作用的关系，就叫生态。而随着人类活动的日益频繁，作为特殊生物种群的人类与非人生物之间，以及与环境之间的关系如何，亦即人类的生态状况如何得到了广泛的关注，尤其是工业化、城镇化速度较快的苏南地区，其生态环境的发展演变状况更是成为了关注的焦点。

第一节　吴地古代生态保护：生态教育的典范

苏南地区是指传统意义上的苏南，包括苏州、无锡、常州三市。[1] 苏南是一个地理概念，是指江苏省境内长江以南地处太湖流域的城市发展圈，其独特的自然条件和深厚的吴文化底蕴孕育了悠久的历史和灿烂的文明，境内水系发达、湖泊众多，向来以“鱼米之乡”、“人间天堂”著称于世。而太湖这条母亲湖，又将苏南地区联结成一个有机整体，此处山水相依，层次丰富，形成一幅“山外青山湖外湖，黛峰簇簇洞泉布”的美丽自然画卷。“同饮太湖水，同唱太湖美”亦是其生动写照。这种美誉与我们吴地先人爱护生态环境是密不可分的。

一、上善若水，水利奠定坚实基础

苏南地区，因水而秀，缘水而兴，是我国最典型的水乡。水是江南的灵魂，也是江南的命脉。但远古时代的吴地是一个生产落后的荒蛮之地，至秦汉时尚处于“地广人稀，饭稻羹鱼，或火耕而水耨，果隋蠃蛤”（《史记》）的状态。

---

〔1〕 依据百度百科的资料显示：2000 年，为了更好地促进江苏省经济发展，江苏省才将南京、镇江划入苏南范围，苏南正式变成了苏州、无锡、常州、镇江、南京 5 个地区。而本书为了反映改革开放（20 世纪 80 年代）以来苏南地区的生态状况及教育现状，仍然采用传统意义上的苏州、无锡、常州三市作为苏南地区的概念范畴，特此说明。

《禹贡》中形容这里的土地是"厥土惟涂泥。厥田惟下下"。《吴越春秋》也记载,这里是"险阻润湿,又有江海之害,群无守御,民无所依,仓库不设,田畴不垦"。吴人的祖先就是在这样恶劣的条件下,一代又一代人通过艰苦的劳动,发挥了无穷智慧和创造精神,开掘运河,兴修水利,改造自然,才形成江南水网,造就良田沃土。当然,这一切并非是一蹴而就的。例如,苏州古城始建之初,苏州地方仍险阻湿润,又有江海之害。苏州的先民受尽了水患的危害,吃尽了水患的苦头,但他们不屈不挠,与水患作斗争,逐渐积累了经验,摸清了规律,变得善于治水理水,精于开发利用。经过一代又一代人的不懈努力,加之大禹治水"于吴则通渠三江五湖","三江既入,震泽底定"(《读史方舆纪要》),吴地人民遂得以在此生息繁衍,使吴中大地成为一块背水得水利交通之便、面水而无漫淹之害,美丽又富饶的江南水乡,使水乡泽国变成了得水天堂。例如,苏州西南有吐纳江海之太湖,北接浩浩荡荡的长江,东北有碧波连天的阳澄湖,东有黄天荡、金鸡湖、独墅湖等众多的湖泊,河塘港汊更是不计其数。"上善若水,水善利万物而不争。"(《道德经》)苏南逐渐成为全国物产丰富、商业发达、文化昌盛的先进地区。

俗话说:"靠山吃山,靠水吃水。"吴地先民充分利用水资源,发展种植业和养殖业,吴地成为我国最早种植水稻的地区之一。例如,吴县草鞋山出土的炭化谷粒,经鉴定是粳稻和籼稻;在昆山绰墩发现了十块水稻田,有引水渠和蓄水坑等配套设施,证明在6 000年以前苏南就孕育了发达的稻作文化。而且由于先人们精耕细作,选种育种,苏州很快成为我国最重要的粮仓。宋《吴郡志》载:"天下之利,莫大于水田。水田之美,无过于苏州。"据考古发掘证明,苏州郊区草鞋山遗址的广大区域是当时的农业生产区。春秋吴王夫差在位时期,仅一次贷给越国的稻谷就有万石之多,反映出当时吴地农业生产得到长足发展的事实。唐宋以后,吴地的稻米源源不断地运往全国各地,正所谓"膏腴千里","国之仓庾"。而正是从这一时期开始,"苏湖熟,天下足"和"天上天堂,地下苏杭"的谚语开始流传。明清时期,江南特别是苏松嘉湖一带,成为全国首富之区。《明史》载:苏、松、常、镇、嘉、湖、杭,供输甲天下。洪武二十六年(1393年),全国税粮2 940万余石,江南7府占668万余石,约占近23%,而其中苏州一府就达280多万石,占了近十分之一。这种状况历经明清两朝,一直未变。吴地人的智慧还反映在充分利用水资源来培植具有水乡特色的作物上,如吴地人培育的菱、藕、荸荠、慈姑、芡实、莼菜等,可谓闻名遐迩。这不仅反映了姑苏先民的勤劳智慧,而且也形成别具一格的水文化。[1]

〔1〕 参阅苏州科学技术史学会:《科技文化:吴文化的重要支柱——"苏州科技文化史"研究总结报告》(内部资料)。

二、重视保护，形成可持续发展

自旧石器时代起，吴人的祖先就在太湖流域繁衍生息。苏南鱼米之乡的形成不是大自然的简单馈赠，也不是吴地人世世代代的一味索取。他们临水而居，乘水而行，治水用水，也享水敬水，在利用和开发自然时懂得尊重自然，重视保护生态。

在苏州老城阊门外有那么一条河、一条街，一直延伸到七里开外的虎丘，叫山塘河、山塘街。有意思的是，这地名还是唐代大诗人白居易给取的。1 180多年前，时任苏州刺史的白居易指挥民工凿河修路，开通水陆两道，将当时已富盛名的虎丘与阊门联为一体，七里山塘成为独具江南韵味的地方，也成为当时苏州最繁华的地方之一。白居易在《武丘寺路》诗中就有"自开山寺路（注：即山塘街），水陆往来频。银勒牵骄马，花船载丽人"的描写。山塘的全盛时期是在明清。明代民歌《大九连环》唱道："上有天堂，下有苏杭。杭州有西湖，苏州有山塘，两处好地方，无限好风光。"清代留下的国宝级长卷《姑苏繁华图》（又名《盛世滋生图》）画的是"一村一镇半城一街"，"一街"即山塘街。

但是，也正是由于这种繁华，自明清以来，江浙一带的大批缫丝染织作坊就聚集到通往苏州繁华市面的虎丘附近，以便于就地销售丝绸产品。众多染坊生产时所产生的染织废水使得苏州周边的河流均变得青红黑紫而污浊不堪，不仅严重影响了虎丘风景名胜区的生态环境，而且对当地百姓的日常生活和农林业生产灌溉都造成了危害，居民和染坊之间经常发生争执。

乾隆在位时曾数次南巡，号称"吴中第一名胜"的苏州虎丘是他南巡的行宫，是他驾临江南的必去之处。但当他慕名来到虎丘游览观赏时，没想到流经虎丘外围的众多河汊是肮脏不堪、臭气熏鼻，实在是大煞风景。在乾隆亲自过问下，苏州官衙于公元1737年（乾隆二年）颁发了布告，严禁商贾平民在虎丘一带开设染坊，并明令违者将严惩不贷。迫于官府的法令，虎丘一带原有的数十家染坊不得不搬迁至远离虎丘的苏州远郊，从此虎丘重现青山绿水。为了防止染坊卷土重来，苏州官衙特地立了一块石碑，刻有"永禁虎丘染坊碑"几个字，立于虎丘的山门。这块石碑宽约1米，高约两米，碑文34行，有1 480多字。由于年代久远，饱经风雨侵蚀，现石碑已残缺不全，铭文勒刻的小字也已模糊不清，但是石碑上部拳头大小的"勒石永禁虎丘染坊碑"字样仍然依稀可辨。它成为我国历史上最早的、规模最大的行业性限期治理（搬迁）水污染的见证，是我国历史上第一部河流水质保护法，也是世界历史上较早的一部环境保护法，比英国的《水质污染控制法》早了将近96年，比美国的《河川港湾法》早162年[1]，在我国环境史上留下浓抹重墨的一笔。

---

〔1〕 苏州地方志：永禁虎丘染坊碑. http://www.dfzb.suzhou.gov.cn/dfwh.

苏州金庭镇的明月湾依山傍湖，三面群山环绕，终年葱绿苍翠，深得桃花源意境。清代诗人沈德潜称之谓“人烟鸡犬在花林中”，清代诗人凌如焕称之谓“水抱青山山抱花，花光深处有人家”。如此美丽的环境正是这里的人们世世代代保护生态环境的结果。明月湾的明月寺存有两块非常珍贵的石碑。立于清乾隆六年(1741 年)的“奉各宁永禁采石”碑，记载的是因明月湾一带有人开山采石，影响地方风水和居民生活，村人吴允斌等联名上书州县，经各级官员批示办理，得以奉令在明月湾永禁采石。立于清嘉庆元年(1796 年)的“明月湾湖滨众家地树木归公公议”碑，记载的是为保护公家地的树木，经明月湾金、邓、秦、黄、吴五族公议，决定将私家地的树木收归明月湾地方公有，不得私自砍伐。这些地方性的法规和公约，可以说是苏南先人爱护自然、保护环境的生动体现。

三、苏南园林尽显“天人合一”理念

居所是人类生存的必要条件之一。居所的形式和内容必然成为人类文明的重要标志。苏南园林多为私人园居，是文人所追求的理想人居形态。它与吴中大地自然的山水息息相关，体现了文人亲近自然、追求自然美的理念。〔1〕

中国古代哲学宣扬人与自然的统一与和谐，提出了“天人合一”的思想理念，以“天人合一”为最高理想，这种思想贯穿于中国古代文化思想史，并渗透到中国古代的各个领域。中国古代士大夫文人受“天人合一”思想的影响，普遍具有“内适型”的人格取向，即通过调节自身以适应外在的自然，达到内部和谐和外部和谐双重和谐这样一种更高层次的自由境界。以苏州园林为典范的中国古典园林，极力营造与大自然和谐的自然氛围，建筑物随形高下，融入大自然之中，具有这种审美理念的园林主人在这种园林居所中感受到“内适外和”的意蕴。唐代文学家白居易说，庐山草堂使他感到“外适内和，体宁心怡”(《庐山草堂记》)，并认为这是人类最大的享受。这与陶渊明“采菊东篱下，悠然见南山”的心境是完全相通的。既可居又可游的写意山水园，正是陶渊明、白居易这样的文人所倡导的生活趣旨。这些生活趣旨深得文人的欣赏，也逐步深入到一般城市平民的心中。到了明清时期，除了文人和官宦，商家也大规模地加入造园的行列。“豪门右族，争饰池馆相娱乐，或因或创，穷汰极侈。”(袁学澜《苏台揽胜词》)与此同时，“虽闾闫下户，亦饰小山盆岛为玩”(黄省曾《吴风录》)。这说明追求园居生活已成为苏州市民的一种时尚。正如施晓平在《苏州园林咏怡》中说的：“苏州园林，让人不出城廓而获山水之怡，身居闹市而得林泉之趣，是在都市内创造出人与自然

〔1〕 参阅苏州科学技术史学会：《科技文化：吴文化的重要支柱——“苏州科技文化史”研究总结报告》(内部资料)。

和谐相处的最佳人居环境。苏州园林'虽由人作,宛若天开',让人不得不钦佩建造者的聪明才智。她更是人类文明独一无二的宝贵遗产。"

四、发达的文化教育促进人与自然和谐发展

苏南一带是中国文化教育最发达的地区之一。我国在宋朝之前仅设国家学堂(国子监),范仲淹于1035年在苏州创建府学为全国郡学之始,《苏郡儒学兴修记》赞道:"吾苏也,郡甲天下之郡,学甲天下之学,人才甲天下之人才,伟哉!"除府州、县学等官学外,吴地书院也非常繁荣,如无锡东林书院、江阴南菁书院、杭州诂经精舍、苏州紫阳书院等。书院不同于官学(专攻课考),却又高于一般私塾、学馆,书院中研习经史,传授学术,施行英才教育。例如,苏州紫阳书院历代掌院共27人全为进士,其中有清代诗学家沈德潜,乾嘉名家钱大昕,近代改良家冯桂芬等。苏南以藏书丰富、刻书精良著称天下,如无锡华氏真赏斋,常熟汲古阁、铁琴铜剑楼等,这使得一些先进的思想和知识总是能在这一带迅速传播并得到发扬。

发达的文化教育也促进了科技的发展。范仲淹延请胡瑗到苏州主持郡学,根据学生的不同情况因材施教,要求学生通经致用,且开算学、水利诸科,其教学方法被誉为"苏湖教法"。范仲淹自己也领导兴修水利,以兴建工程、促进消费作救荒奇策。沈括的《梦溪笔谈》被李约瑟誉为"中国科技史上的座标",其中有不少内容是来自苏杭的科学记录。明清交替之际,学者反思明亡的教训,学风转向实学,号称"三大实学思想家"的顾炎武(昆山)、黄宗羲(余姚)及王夫之(衡阳)中二人来自苏南、浙江。顾炎武批判明代"心学"空言误国,"不考百王之典、不综当代之务……以明心见性之空言代修己治人之实学"(《日知录》),提倡认真读书、实地调查以求经世致用,他的《日知录》与《天下郡国利病书》包含经济、军事、文学、地理的考据及调查,因此,梁启超称:"指点出客观方面许多学问途径,于是学界空气一变。"(《中国近三百年学术史》)另一方面,在这里任职的不少地方官员也是重视实学和科技的,如白居易在苏州任刺史时,筑阊门到虎丘的堤岸,后人称"白堤",即今天的山塘街;江苏巡抚中,明代张国维、清代陶澍都命人编印水利著作;林则徐在住所试种双季稻;徐有壬编印数学书等。科学研究活跃的另一表现是学术交流频繁,如北方的梅文鼎到无锡与杨作枚讨论学术,《天工开物》的作者也不时南下苏州研学。这些人在江南一带利用环境、改善环境的同时也非常注意保护环境。可以说,科技文化的发展促进了这一地区人与自然的和谐发展。

陆龟蒙(834—881)早年科举落榜,后来回到故乡角直隐居农耕,身扛畚箕、手执铁锸参加农田劳作,种耕锄草从不间断,他还带领帮工抗洪救灾,保护庄稼免遭水害。闲暇时,他便带着书籍、茶壶、文具、钓具等往来于江湖之上,当时人又称他为“江湖散人”，后人称他为“甫里先生”。

在我国传统农艺的耕、耙、耖的技术体系中，耕是最重要的一环。江南古代农民创造了世界上最先进的犁。据陆龟蒙的《耒耜经》记载，江东曲辕犁为铁木结构，由犁铧、犁壁、犁底、压镵、策额、犁箭、犁辕、犁评、犁建、犁梢、犁盘11个零部件组成。犁铧用以起土，犁壁用于翻土，犁底和压镵用以固定犁头，策额保护犁壁，犁箭和犁评用以调节耕地深浅，犁梢控制宽窄，犁辕短而弯曲，犁盘可以转动。整个犁具有结构合理、使用轻便、回转灵活等特点。陆龟蒙还对各种零部件的形状、大小、尺寸作了详细记述，便于仿制流传。《耒耜经》除江东犁以外还记载了4种农具，它是中国最早的一部农具专著，也是第一篇谈论江南水田农业生产的专文。

作为农学家，陆龟蒙的贡献还有茶叶专著《茶书》，可惜已失传，存世的《茶具十咏》主要对茶具进行描述。其他如植物保护、动物饲养等方面他也多有建树。例如，他对柑橘害虫橘蠹的形态、习性及自然天敌作了仔细的观察，写出了《蠹化》一文，这是关于古代柑橘害虫生物防治的宝贵史料。他观察了凫等野鸟对稻粮的危害，写有《禽暴》一文，提出了网捕和药杀的防治办法。陆龟蒙还强调了田鼠对水稻的危害性，写有《记稻鼠》一文，提出了驱赶和生物防治两种防治办法。在动物资源保护方面，他大声疾呼要保护渔业资源。陆龟蒙和皮日休两位诗人在《药鱼》中形容药鱼的时候说，“见说放溪上，点点波光恶。食时竞夷犹”，结果“盈川是毒流，细大同时死”、“死者争纷泊”。他们用“吾无竭泽心，何用药鱼药”的诗句表达了反对破坏生态的思想。

晋人葛洪的《神仙传》中也记载了一段吴地人的“杏林佳话”：三国时，吴国有位名医董奉，医术精湛，乐善好施，他给人看病不收钱。每当由他治好的病人来感谢时，他就叫人种上几棵杏树。重病看好种五株，小病看好种一株。患者怀着“受人滴水，当报涌泉”的心情，种树时格外认真。几年之后，董奉的房前屋后种上了成千上万棵杏树，蔚然成林。夏天杏黄时节，董奉卖杏得钱，除买粮食外，其余多用于赈济穷人。千百年来，人们用“杏林春满”、“杏林春暖”、“誉满杏林”等语来称赞医家，其源盖出于此。[1]

南宋诗人范成大（吴郡人，今江苏苏州人）在《围田欢四绝》一诗中写道：“秋涝灌河无泄处，眼看漂尽小田家。”一语道破了围湖的恶果。[2]

宋代龚明之在《中吴纪闻》中说，太湖地区“今所以有水旱之患者，其弊在

〔1〕 余文涛，袁清林，毛文永. 中国的环境保护. 北京：科学出版社，1987：31.
〔2〕 余文涛，袁清林，毛文永. 中国的环境保护. 北京：科学出版社，1987：14.

于围田，由此，水不得停蓄，旱不得流注，民间遂有无穷之害”[1]。

第二节　改革发展时代的苏南生态演变：生态教育的基础

苏南由于创立了经济社会发展的范例和经验——“苏南模式”而备受瞩目。最近20多年来，得市场体制改革之先声，开乡镇企业崛起之先河，抢开放型经济发展之先机，立高新技术产业化之先列，苏南已成为我国现代化建设的先导地区之一，也是中国经济最发达的地区之一。2010年8月，由中郡县域经济研究所发布的《第十届全国县域经济基本竞争力与县域科学发展评价报告》中发布了“2010全国百强县（市）”名单，前十名中江苏占了七席，分别是江阴（第一），昆山（第二），张家港（第三），常熟（第四），吴江（第五），太仓（第七），宜兴（第九）。这些县市全部集中在江苏苏南地区。[2]

然而，苏南地区作为我国经济发展的先导地区，走的是一条资源与投资驱动型发展道路。尤其是重化工、钢铁、造纸等基础工业的扩张，使得该区域经济增长对国内外资源产生强烈的依赖性，而起初工业扩张过程中产生的生态环境污染、生物多样性下降、生态文明道德的缺失等问题也日益显露出来，密集型工业化区域正在受到资源与生态的严峻挑战。当改革开放的军号吹响，当苏南人民大刀阔斧、轰轰烈烈发展乡镇企业，当苏南人民沉醉于工业化、城镇化过程中取得的伟大成就的时候，蓦然回首，苏南这块美丽的土地已“病魔缠身”。

一、苏南地区水环境污染严重

1. 太湖——我国江河湖海污染的负面标本

曾几何时，太湖一度成为我国污染最严重的湖泊之一。2000年7月，太湖流域干旱少雨，蓝藻暴发。江苏太湖湖泊生态系统研究站的数据显示，2005年以来，太湖夏季出现的蓝藻水华的面积大幅南扩和东扩，已基本覆盖整个太湖。之后的几年中，太湖蓝藻每年都要集中暴发，而且暴发的时间由以前的5月—11月延长至2月—12月，暴发的严重性也在增加。[3] 其中，2007年太湖无锡流域的蓝藻大暴发使得太湖最美的鼋头渚所在的梅梁湖面目全非，其场面触目惊心：水面上漂浮着厚厚的（厚度达10厘米）一层蓝藻，就像一层厚厚的棉被覆盖着水体，湖水亦像被绿漆染过的一样，湖岸边浓浓的蓝藻随波浪拍岸，散发着难闻的腥臭味。蓝藻可以消耗水中的溶解氧，造成鱼虾、螺类等水生生物死亡，从而使

---

〔1〕 余文涛，袁清林，毛文永．中国的环境保护．北京：科学出版社，1987：15．

〔2〕 http://baike.baidu.com/view/200047.htm.

〔3〕 施勇峰，凌军辉．太湖“蓝藻之祸”追踪．瞭望，2007－6－4．

水体遭受污染。而梅梁湖正是无锡市城区的水源地,2007 年 5 月 29 日开始,无锡自来水大范围发臭,饮用水吃紧。一场因蓝藻暴发而引起的生态灾害,使得太湖水成为了无锡人的噩梦。无锡水危机的表象是由蓝藻污染引发的,实质其实在久被污染的太湖水。

2. 太湖水体的水质恶变

按现行的国家地面水环境质量标准(GB3838 - 88),太湖在 20 世纪 60 年代属Ⅰ~Ⅱ类水体;70 年代发展至Ⅱ类;80 年代初平均为Ⅱ~Ⅲ类;80 年代末则全面进入Ⅲ类,局部Ⅳ和Ⅴ类;90 年代中期平均已达Ⅳ类,1/3 湖区为Ⅴ类。平均每 10 年左右水质下降一个级别。据统计,2000 年太湖流域废污水排放总量由 1998 年的 43 亿立方米增至 53 亿立方米,流域河网污染河长比例达到 80% ~90% (见图 1-1)。[1]

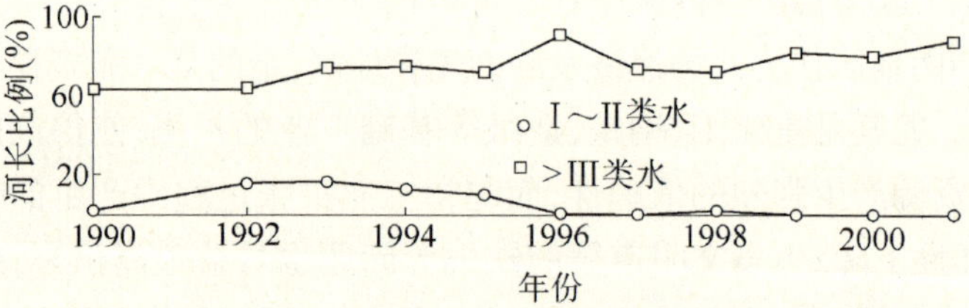

图 1-1　太湖流域河网水质年际变化

太湖水质变差是由于流域污染排放加剧,上游及周围河网水质整体下降而引起的。据监测资料分析,进入太湖的污染物中,90% 以上来自于入湖河流。1998—2006 年年均进入太湖的污染物:COD18.7 万吨,总磷(TP)1 600 吨,总氮(TN)3.93 万吨,而太湖湖体水功能区 COD、TP、TN 的纳污能力分别为 11.3 万吨/年、514 吨/年、0.85 万吨/年,入湖河流污染物入湖量远超过太湖纳污能力。[2] 有资料显示,太湖流域有两万多家大小化工企业,每天向太湖直接或间接排放生活污水和生产废水,使得近年来太湖水体中氮、磷含量剧增。2006 年,太湖湖心区水域平均氮、磷的含量分别比 1996 年增加了 2 倍和1.5 倍。[3]

2007 年,就水质情况来看,以太湖为供水水源地的城市中,无锡市的水质较差,基本为Ⅴ类或劣Ⅴ类,苏州的水质为Ⅱ~Ⅲ类;对太湖流域 47 个集中式饮用水水源

〔1〕 秦伯强,吴庆农,高俊峰. 太湖地区的水资源与水环境——问题、原因与管理. 自然资源学报,2002,(2):221 - 228.

〔2〕 朱威. 太湖流域水资源保护存在问题和综合治理经验. http://www.tba.gov.cn/ztjg/page1.asp.

〔3〕 方爱红,黄银芝,钱瑾. 浅谈太湖蓝藻暴发的原因、危害及其预防治理. 净水技术,2008,27(3):70 - 72.

地进行调查,受污染的饮用水水源地主要集中在江苏省的无锡和常州等地。[1]

2008 年太湖流域水质劣于Ⅲ类,主要超标项目为氨氮、高锰酸盐指数、五日生化需氧量、溶解氧、石油类、总磷和化学需氧量。太湖富营养状况严重,2008 年全年期太湖的东太湖与东部沿岸区为轻度富营养,占湖区面积的 18.8%,其他湖区为中度富营养,占 81.2%。

3. 苏南城市的水质不容乐观

2009 年苏州市河流水质:全市 26 条重点流域主要河流的水质基本保持稳定,主要污染指标为氨氮和五日生化需氧量。其中 12 条河流的总体水质达到地表水Ⅳ、Ⅴ或劣于Ⅴ类标准(如图 1-2)。[2]

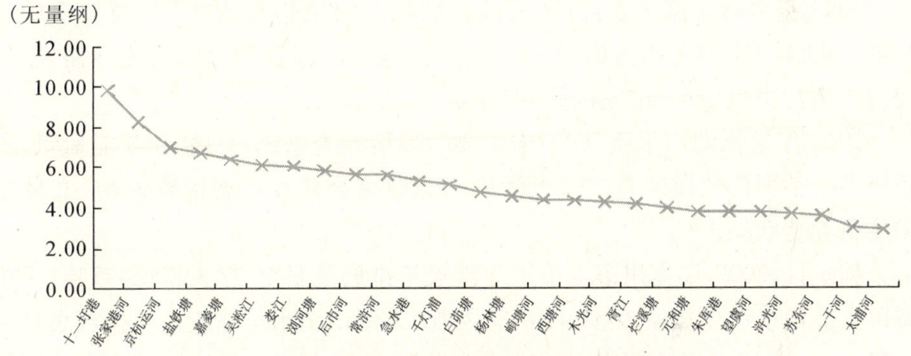

图 1-2　2009 年苏州市主要河流综合污染指数图

苏州市区主要河流 2005—2009 年综合污染指数变化情况见图 1-3。京杭运河苏州市区段基本满足Ⅳ类水质功能目标要求,受上游来水氨氮本底超Ⅴ类影响,各断面氨氮指标均超过Ⅴ类水标准。市区外城河总体水质基本达到Ⅴ类水要求,氨氮超过地表水Ⅴ类水标准。市区内城河总体水质基本达到地表水Ⅴ类标准,各断面氨氮指标均超过Ⅴ类水标准。

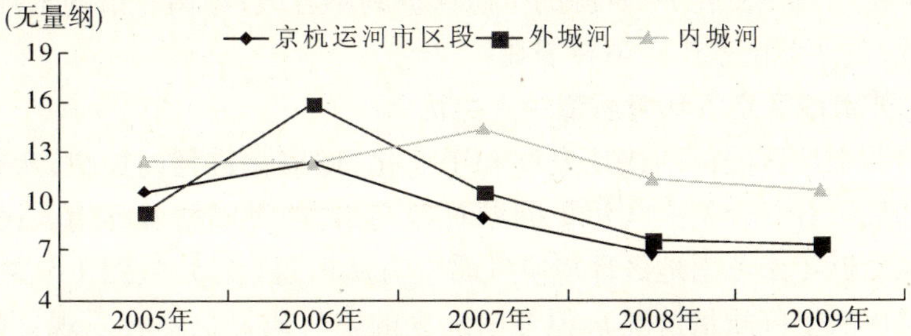

图 1-3　2005—2009 年苏州市区主要河道综合污染指数变化图

〔1〕 杨铭威,石亚东,孙志. 太湖蓝藻暴发引发无锡供水危机的思考. 水利经济,2009,27(3):36－38.

〔2〕 苏州市环境保护局. 2009 年度苏州市环境状况公报,2010－5－28.

2009年苏州湖泊水质：尚湖、太湖水质较好，总体水质基本达到水域功能类别Ⅲ类水要求，但反映富营养化程度的总氮和总磷指标存在超过Ⅲ类水质标准的现象。独墅湖、阳澄湖和金鸡湖总体为Ⅴ类水体，主要污染指标为总氮和总磷。全市湖泊水质主要污染物为总氮，表明湖泊水质污染以富营养化为主要特征。[1]

2009年无锡市河流水质：无锡区域内31条主要河流中总体水质处于Ⅴ类或劣Ⅴ类水平有13条，占比42%，主要污染因子为氨氮和总磷。

2009年无锡市湖泊水质：太湖无锡水域高锰酸盐指数处于Ⅲ类水平，总磷处于Ⅳ类，总氮处于Ⅴ类水平，整个湖区为轻、中度富营养化状态。[2]

2009年常州河流水质：市区河流水质综合污染指数为0.73，总体呈中度污染。市区河流中主要污染指标为氨氮、溶解氧、挥发酚、总磷、化学需氧量，运河支流污染仍较严重，尤以舜河为最。

2009年常州湖泊水质：湖泊中主要污染指标为总氮、总磷、化学需氧量，水环境污染类型仍然属综合型有机污染。滆湖综合营养状态指数为61，总体呈中度营养化状态。[3]

据统计，2009年苏州市全市工业废水年排放总量为57 348.65万吨，全市城镇生活污水年排放量为52 410.77万吨；无锡市全市工业废水年排放总量为6.34亿吨，无锡市区工业废水年排放总量为4.16亿吨，占65.62%，全市城镇生活污水年排放量为2.18亿吨，占34.38%，废水中排放氨氮4 643吨，其中工业废水中排放氨氮1 807吨，占38.08%，生活工业废水中排放氨氮2 836吨，占61.08%；常州市市区废水年排放总量为4.55亿吨，其中：工业废水年排放量为3.05亿吨，生活污水年排放量为1.5亿吨。

由此可见，无锡水危机事件充分说明：太湖脆弱的生态环境已经经受不起气温等细微的自然变化，水资源的生态保护刻不容缓；苏南三市的水环境质量令人担忧，关注苏南水生态迫在眉睫。

二、苏南地区空气环境质量令人担忧

随着苏南地区经济的快速发展和工业化、城市化进程的加快，灰霾、光化学烟雾和酸雨等复合型大气污染问题日益突出，严重威胁着苏南人民的身体健康。虽然近年来苏南地区环境空气质量有所改善（图1-4、图1-5、图1-6反映了苏州市的空气质量情况），但苏南地区的空气质量仍不容乐观：即使按照

---

〔1〕 苏州市环境保护局.2009年度苏州市环境状况公报，2010－5－28.

〔2〕 无锡市环境保护局.2009年度无锡市环境状况公报，2010－6－5.

〔3〕 常州市环境保护局.2009年度常州市区环境状况公报，2010－5－13.

中国现行的空气质量标准体系(2000 年前后生效),也就是空气质量常规监测项目中,仅包括粒径在 10 微米以下的可吸入颗粒物(PM10)、二氧化氮和二氧化硫的低要求质量标准,据中国环境监测站 2011 年 3 月份空气质量的数据,苏州、无锡、常州三市的污染级别为Ⅰ级,质量等级为优的天数分别仅为 4 天(12.9%)、0 天(0%)、0 天(0%);污染级别为Ⅱ级、质量等级为良的天数分别为 26 天、28 天、30 天;污染级别为Ⅲ1、Ⅲ2 级,质量等级为轻微和轻度污染的天数分别为 1 天、3 天、1 天。[1] 就相对空气质量较好的苏州而言,2010 年全年的轻微、轻度污染的天数就达 27 天,良级的天数为 252 天,达优级的天数也仅为 86 天,仅占全年的 23.56%。如果与美国、加拿大、欧盟等国家的标准接轨,将臭氧和粒径在 2.5 微米以下的可吸入细颗粒物(PM2.5)等这些指标纳入强制监测范围,苏南地区的"二级及以上天"即所谓的"蓝天"天数就会明显减少。根据国家环保部根据灰霾试点的监测结果显示,苏州 2009 年发生灰霾的天数达 169 天,竟约占全年一半的时间(苏州市未正式发布此数据),[2] 无锡和常州灰霾的天数可能更多。而酸雨的发生状况亦令人担忧:2009 年,苏州市区降水 pH 范围在 3.18 ~6.92 之间,pH 年均 4.18,酸雨发生频率为82.89%;无锡市区酸雨发生频率为 50%;常州市降水 pH 范围为 3.78 ~6.74,pH 年均 4.86,降水酸雨发生频率高达 62.3%。

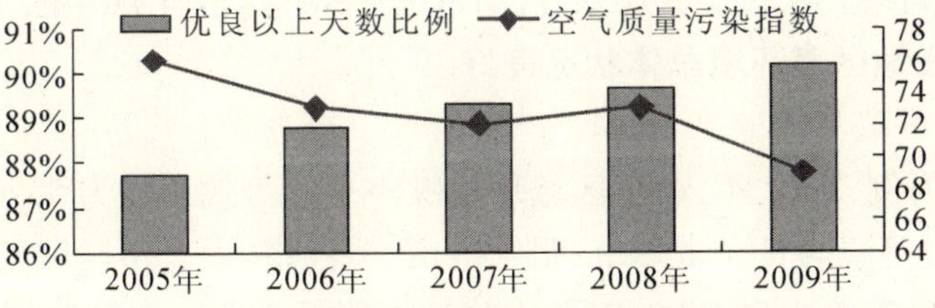

图 1-4　2005—2009 年苏州市区环境空气质量日报参数变化情况图

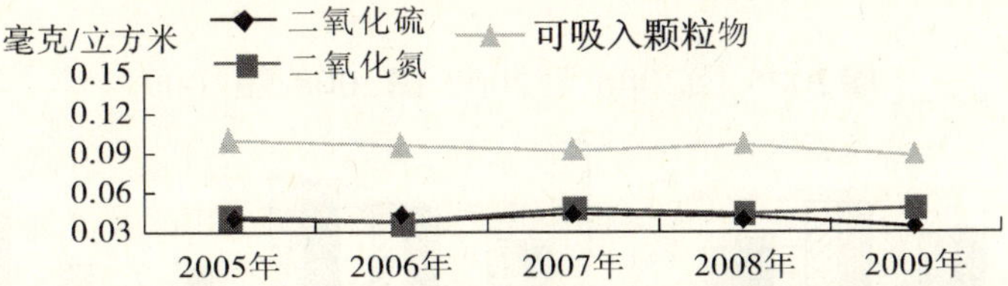

图 1-5　2005—2009 年苏州市区空气主要污染物变化情况图

---

〔1〕 中国环境监测总站. 空气质量查询. http://www.cnemc.cn/citystatus/airDailyReport.jsp?name=%CB%D5%D6%DD.

〔2〕 崔筝. 蓝天达标天数造假案暴露空气标准缺陷,环保部新空气质量标准推行在即. 新世纪,2011-03-07.

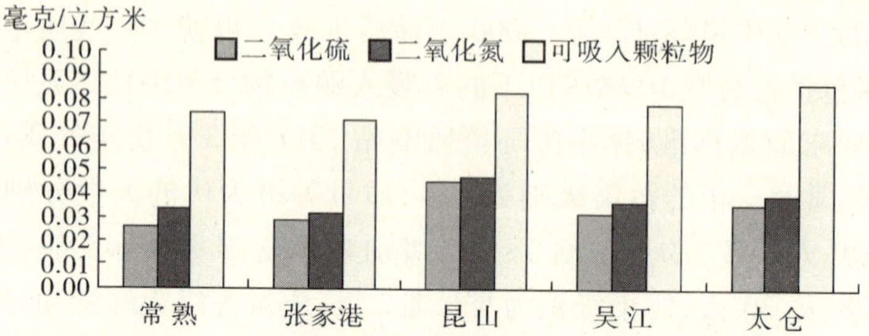

图 1-6　2009 年苏州五市(县)城区环境空气情况

2009 年,苏州市全市工业废气年排放量为 6 611.1 亿标立方米,其中燃料燃烧年排放量为 4 334.3 亿标立方米,生产工艺过程中排放量为 2 276.8 亿标立方米;全市工业废气二氧化硫、烟尘、粉尘等污染物年排放量分别为 14.73 万吨、4.81 万吨和 2.06 万吨,苏州市环境空气污染属煤烟型和石油型并重的复合型污染,可吸入颗粒物仍是影响苏州市环境空气质量的首要污染物;无锡市全市工业废气年排放量为 3 727.66 亿标立方米,其中燃料燃烧年排放量为 2 484.87 亿标立方米,生产工艺过程中排放量为 1 242.79 亿标立方米,全市工业废气二氧化硫、烟尘等污染物年排放量分别为 10.48 万吨、4.44 万吨;常州市 2009 年市区全社会煤耗量为 789.95 万吨,二氧化硫、烟尘和粉尘年排放总量分别为 3.94 万吨、2.42 万吨和 910 吨,常年影响常州市市区环境空气质量的首要污染物为可吸入颗粒物,空气环境污染类型为煤烟、机动车尾气和扬尘混合型污染。

三、苏南地区声环境总体状况良好

1. 城市区域环境噪声

以苏州为例,2009 年,市区区域环境噪声平均等效声级为 53.6 分贝,低于 55 分贝,质量等级为良。常熟市、张家港市、吴江市、太仓市区域环境噪声平均等效声级评价等级为良;昆山市平均等效声级低于 60 分贝,高于 55 分贝,评价等级为轻度污染。2005—2009 年苏州市的环境噪声变化情况见图 1-7。

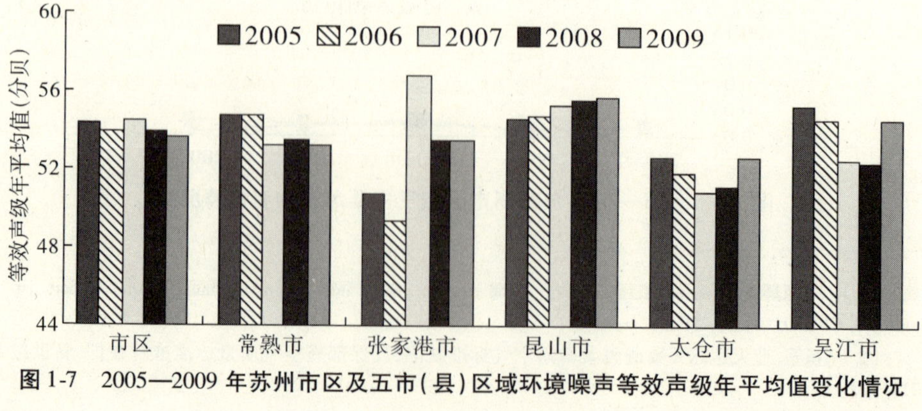

图 1-7　2005—2009 年苏州市区及五市(县)区域环境噪声等效声级年平均值变化情况

2. 城市交通干线噪声

苏州市区道路交通噪声平均等效声级为 67.6 分贝，评价等级为好；五市（县）城区道路交通噪声平均等效声级均低于 68 分贝，评价等级为好。2005—2009 年苏州市的交通噪声变化情况见图 1-8。

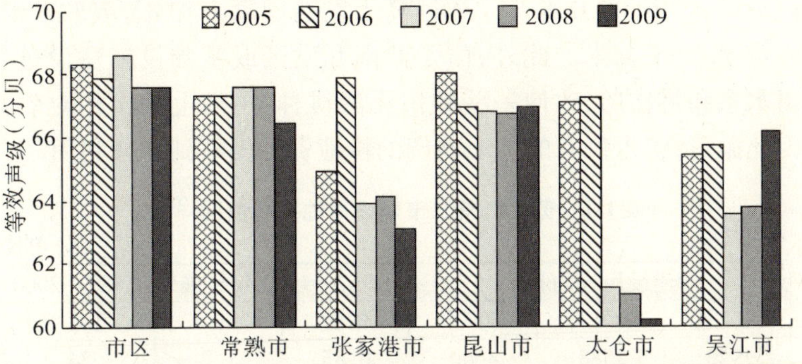

图 1-8　2005—2009 年苏州市区及五市（县）交通噪声变化情况

3. 环城河航道噪声

苏州市区环城河航道交通噪声平均等效声级为 58.1 分贝，低于最高标准限值 70 分贝的要求。2005—2009 年苏州市区航运噪声情况见图 1-9。

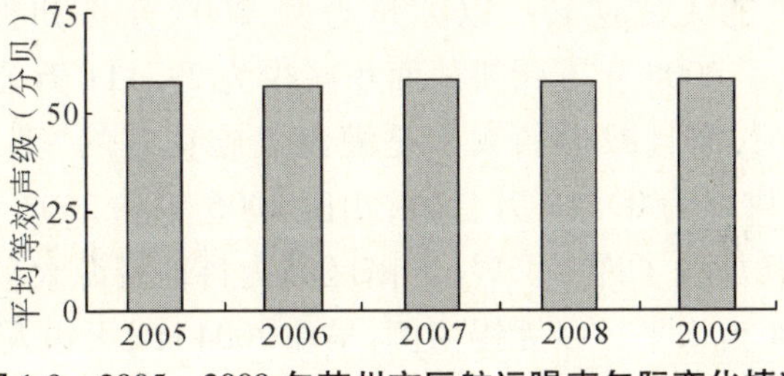

图 1-9　2005—2009 年苏州市区航运噪声年际变化情况

由此可见，苏州城区的声环境质量整体相对尚可，但有些方面并不令人满意，有待我们共同努力以营造良好的生活环境。

四、土地资源数量锐减，质量骤降

苏南地区作为中国经济最发达的地区之一，也是我国人口最稠密、城市化程度最高、经济增长最快的地区之一，人多地少的矛盾尤为突出。然而，苏南发展走的是一条高度粗放型的发展模式，表现为土地资源的滥用和浪费，造成了农地资源大量流失，土壤质量下降，加剧了苏南地区的人地危机，同时带来了食物安全、生态退化多方面的问题，引起了人们的极大关注。

1. 滥用和浪费耕地，耕地数量锐减

改革开放以来，苏南乡镇企业的建设发展、城镇建设以及各地区开发区的建设,占用了农村的大量耕地(见表1-1),划定的开发区占用土地中约80%是耕地,其中有相当部分土地被圈占而未被开发利用,造成了土地资源的极大浪费;同时,城镇建设过程中缺乏科学合理的规划,产业结构趋同,重复建设现象严重,大量的耕地被不合理占用。根据国土资源部的统计数据显示,苏南人均城市建设用地达130平方米,[1]远远高于发达国家人均82.4平方米和发展中国家人均88.3平方米。此外,由于苏南开发区或基础设施建设过程中,破坏了农田水系和耕作层,致使一些粮田无法耕种,再加上种田相对效益低,部分农田因此抛荒,使得仅有的优质高产的耕地资源得不到充分利用。

表1-1　苏、锡、常三市建设用地扩展情况[2]

单位:hm^2、%

城市	建设用地面积			1957—1982年扩展		1982—2000年扩展	
	1957年	1982年	2000年	倍数	%/a	倍数	%/a
苏州	1923	2588	8650	0.35	1.2	2.34	6.9
无锡	1221	3360	7580	1.75	4.1	1.25	4.6
常州	952	2397	6895	1.52	3.7	1.88	6.0
合计	4096	8345	23125	1.04	2.9	1.77	5.8

随着人口高峰、工业化高峰和城镇化高峰的相继逼近,耕地减少的趋势还在加快,短期内可能无法逆转。以苏州为例,2007年苏州拥有耕地面积为23.965万公顷,到了2008年苏州耕地面积减少为23.111万公顷,一年净减少耕地0.854万公顷,而且减少的大多是灌溉设施良好的"熟地"。2006年和2007年年均消耗耕地为0.513万公顷,相比2006年和2007年,显然2008年耕地减少的速度又加快了许多。[3]苏南区域内耕地资源大量减少,人均耕地低于全国人均1.4亩水平。以无锡为例,早在2004年,无锡人均耕地0.48亩,按常住人口计算只有0.37亩,远远低于5.5亩的世界平均水平,低于0.8亩的国际警戒线。2009年,无锡人均耕地仅0.43亩,为江苏13个地级市中最少的。

2. 土壤污染严重,质量骤降

苏南乡村工业的发展,吸引了大量的农民进入乡镇企业工作,农业的地位随之下降。农民为了种植方便,大量使用了化学肥料与农药,使农村耕地不断

[1] 包雷.提高土地使用效率促进园区经济可持续发展.学理论,2008,(10):18-21.

[2] 张落成,吴楚材,姚士谋.苏南地区近20年城市用地扩展的特点与问题.地理科学进展,2003,(11):640.

[3] 仲素梅,武博.苏南土地资源利用态势与可持续利用对策研究.改革与战略,2010,26(10):106-108.

遭受农用化学品的污染。同时,土壤的重金属污染问题也较为突出。据《新闻晨报》报道:“苏南地区土壤大多重金属超标,已难找一块有机田。”[1]南京农业大学有机农业研究所所长和文龙对苏南地区土壤进行了检测,确认了这一点。而且有些土地即使以普通农作物的土壤要求来衡量,也存在重金属超标的情况。土壤受到的重金属污染包括镉、砷、铬、铅、汞等,俗称“五毒”,主要通过矿山废水污染、工业污染和农药进入土壤。

五、化学物引起的水、土、气综合性污染严重

苏南众多的化工企业排放的有害化学物质未经处理直排江河、大气和土壤之中,严重影响了动植物的生长发育,引起农作物、水产品、水果的产量和质量下降,直接威胁苏南人民的身体健康,亦阻碍了苏南农业、渔业的可持续发展。原苏州化工厂(苏化集团)气味污染问题即是典型事例,其生产农药的恶臭味曾使苏州城南的居民深受其害,而且原址的修复治理(主要指土壤的净化)费用需要几个亿甚至十多亿,经济损失巨大。[2]

另一方面,为缓解人多地少的压力,保证粮食高产,化学氮肥的投入量逐年加码,长期居高不下,造成的环境污染日益加重。自 20 世纪 90 年代以来,苏南农村已成为全国农用化学物资使用量较大的地区之一,流域内耕地平均用肥中氮肥的施用量(折纯量)高达 667.5 千克/公顷,居全国第一,是全国平均水平的 2 倍多,远远超过发达国家平均化肥施用量 225 千克/公顷的安全上限。然而,化肥的利用率很低,平均利用率在 30% ~35%,低于国家标准 20 个百分点,其余 65% ~70% 均流失于环境介质中,其中约 13% ~16% 进入水体,[3]不仅造成了巨大的经济损失,而且造成环境污染,对土壤、水源、生物、大气及人体健康产生危害。

同时,农药的危害也很严重。随着农作物害虫抗药性的增强,农民农药施用量也随之上升,苏南地区平均每亩用药量在 100 ~1000 克不等,喷洒的农药大约只有 1% 左右接触到目标害虫,绝大部分农药残留在土壤、水体、农作物及大气中,既造成了生态环境污染,也给人与牲畜造成严重危害。

六、自然湿地数量减少

作为著名的江南鱼米之乡,苏南地区由于其特殊的自然地理环境,区域内水网非常稠密,常年或者季节性积水、适宜野生动植物生存、具有生态调控功

[1] 韩小妮.苏南地区土壤大多重金属超标,已难找一块有机田.http://www.tech-food.com/news/2011-2-16/n0488431.htm.

[2] 卜泳生.发达地区工业化进程中的环境保护问题——以苏南地区为例.生产力研究,2009,(7):97,98,109.

[3] 陈荷生,华瑶青.太湖流域非点源污染控制和治理的思考.水资源保护,2004,(1):33-36.

能的潮湿地带和水域，包括湖泊、河流、沼泽、滩涂等自然湿地资源非常丰富。

湿地被誉为“地球之肾”、“物种的基因库”，具有涵养水源、净化水质、蓄洪防旱、调节气候和维持生物多样性等许多重要生态功能。随着苏南地区工业化、城镇化速度的加快，湿地包括水稻田在内的人工湿地数量在不断减少。以下以苏州为例，显示其自然湿地的变化。

根据苏州市农委对全市8公顷以上的自然湿地调查结果显示，到2009年年底全市自然湿地总面积为268.76千公顷，占土地总面积的31.66%，在全省排名第三，内陆湖泊湿地居全省第一，湿地资源十分丰富。按照国家湿地调查分类标准来分，苏州市的自然湿地资源共有3类，分别为沼泽湿地18 881.10公顷，占7.02%；湖泊湿地187 836.06公顷，占69.89%；河流湿地62 045.25公顷，占23.09%。[1] 苏州的湿地具有调蓄洪水、稳定滨岸线、净化水质、固定营养物、提供重要物种栖息地、调节气候以及旅游、科研教育等多方面功能。根据专业方法测算，苏州的湿地能产生395.373亿元/年的总效益，并以生态效益为主。2009年，苏州的湿地为全市提供了44.7亿立方米水资源，湿地每年从大气圈中吸收大量二氧化碳并释放大量氧气，为苏州提供清新的空气。研究表明，在55万平方米的太湖湿地中，每年可削减大气中的二氧化碳2 875吨，释放氧气1 887吨。负氧离子是空气质量好坏的一个重要指标，它能提高人体的免疫力。在三山岛，湿地为当地居民提供了每立方厘米2 700个负氧离子，这一数字是市区十梓街的27倍，是人民路南环高架处的54倍。[2]

但是，苏州市农委的调查结果显示，从2005年到2009年的5年间，苏州市自然湿地面积有逐渐萎缩的趋势。根据湿地调查数据，从2005年到2009年苏州市773个自然湿地斑块中有50%以上的斑块面积发生了变化，自然湿地面积净减少365公顷，相当于四分之一个苏州古城区的面积，一定程度上影响和制约了苏州市生态环境和经济社会的可持续发展。为此，苏州市人大制定了《苏州市湿地保护条例》，2011年，江苏省第十一届人大常委会第二十五次会议批准了这一条例，并决定于2012年2月2日——第16个世界湿地日起施行。[3]

---

〔1〕 宗文雯.《苏州市湿地保护条例》今起施行:5年间苏州自然湿地减少2000公顷.苏州日报，2012-02-02.

〔2〕 张衡.《苏州市湿地保护条例》今起施行:26.8万公顷湿地纳入保护范围.姑苏晚报，2012-02-02.

〔3〕 施晓平.《苏州市湿地保护条例》今起施行:擅自占用湿地每平米最高罚百元.城市商报，2012-02-02.

七、生物多样性下降较为严重

苏南地区小城镇的自然植被基本已不复存在，次生植被也分布稀疏，区域生物量水平低下。目前存在的主要是人工植被，由粮食作物、油料作物等经济作物，蔬菜和人工栽种的树木组成。[1]

以苏州地区的植物种类为例，有多种植物已经灭绝或面临濒危，如茅膏菜已经绝迹；五加已基本绝迹；原来本地区漫山遍野的桔梗、沙参现在已经少见；明党参、杜衡、紫金牛、朱砂根、醉鱼草、水车前、太子参、博落回、羊踯躅、丹参、青檀、紫楠等多种植物仅仅存在于个别山地的个别地段。水稻田中的有些草本植物，因为大量、长期使用除草剂，或由于农田改为绿化或住宅用地而消失，如矮慈姑、节节草、园叶节节草等。以往在河道中常见的苦草、金鱼藻等，也因为水体的污染而鲜见。[2]

白鳍豚又名白鳍或白鱀豚，分布于长江三峡以下干流中。早在西汉的《尔雅》中，就有关于白鳍豚的记载。晋、宋及明、清也有不少记载描述了它的形态特征和生活习性。[3] 估计历史上白鳍豚曾经有5 000头之多，但长期以来，随着人类（包括长江中下游的常州、无锡、苏州人民）活动的影响，其种群数量不断减少，分布区域也在逐渐缩小。到了20世纪90年代，白鳍豚仅剩下200头，在长江江水中分布范围的下限缩减更为严重，到南京附近就已踪迹罕至。2006年11月6日—12月13日，来自中国、美国、英国、日本、德国和瑞士6国近40名科学家，对宜昌至上海长江中下游的干流1 700千米江段进行了考察，未发现一头白鳍豚。1997年到1999年农业部曾连续3年组织对白鳍豚进行大规模的监测行动，三年找到的白鳍豚分别是13头、4头、4头。2007年8月8日，国家有关部门正式宣布长江白鳍豚功能性灭绝。白鳍豚的数量锐减以致灭绝，一个主要原因是由于人类活动不当，致使白鳍豚意外死亡，而另一个主要原因是，长江水体污染日趋严重，鱼类资源迅速减少，使白鳍豚赖以生存的食物资源愈来愈匮乏。

由此可见，改革开放给苏南地区带来活力和发展机遇的同时，也给该地区造成了较为严重的生态问题，扭转这一局面的重要途径之一是扎扎实实开展苏南学校的生态教育，因此在苏南地区进行学校生态教育以及相关研究就显得格外重要。

---

〔1〕 黄丽慧，顾谢军. 苏南地区小城镇现存主要生态问题及对策探讨. 环境科技，2009，22(1)：99－101.

〔2〕 此资料由苏州大学的万志刚副教授提供，其长期从事苏州地区植物资源调查工作，研究方向为植物分类学。

〔3〕 余文涛，袁清林，毛文永. 中国的环境保护. 北京：科学出版社，1986：104.

第三节　苏南地区生态环境问题成因分析:生态教育的依据

一、苏南自然地理环境脆弱

苏、锡、常三市的自然地理环境的主体是由长江冲积而成的三角洲平原构成,这一区域地势坦荡,非但水网非常稠密,而且部分河流其水流的流向甚至随季节的变动而逆转。这种水网交织的地势地貌,导致各种污染物在水体中难以扩散和稀释,而水体一旦受污染就难以自净。这就导致了苏南地区的生态环境容量极为有限。从生态系统的角度来分析,苏南地区的自然地理环境本身就是脆弱的,也就是说“先天不足”。更为严重的是,随着苏南乡镇企业的崛起,“三废”排放量日益增多,使得原来就十分有限的生态环境容量显得更加捉襟见肘。

二、苏南产业结构失调

在苏南经济快速发展时期,农业过冷成为了苏南产业结构失调最显著的表现;而苏南工业发展的速度远远高于第一产业和第三产业的发展速度成为了产业结构失调的第二大特征;以商业、服务业为代表的第三产业发展严重滞后,而且这种发展滞后的状况一直伴随着“苏南模式”的整个发展历程则成为苏南产业结构失调的第三大特点。

而根据产业结构的相关理论,当一个国家、一个地区的三大产业中,农业、工业比例相对较小,第三产业的比例相对较大,即产业结构呈“金字塔形结构”时,这种产业结构是最符合生态环境要求的。原因是第三产业是“生态产业”,污染最少,最有利于环保,也最能体现一国产业结构水平的高级化。而苏南产业结构的特点无不表现出其产业结构的失衡性,这是我们必须高度关注的问题。

三、苏南经济发展方式粗放

在苏南地区的工业化和城镇化飞速发展的时期,工业生产对各种资源以及能源的需求急剧增加。在经济利益的驱动下,苏南地区出现了过度使用自然资源、破坏和侵占耕地、无节制用水等现象,从而造成了严重的生态环境问题。这与我国长期以来沿用的粗放式经济发展方式是相同的,其基本特征就是在生产技术水平较低的条件下,主要依靠增加资金、人力、物力等生产要素的投入量来提高产量或产值。这种粗放型的经济发展方式对生态环境造成了很大的破坏,引起两个方面的后果:一方面,这种发展方式的资源利用率极低,容易造成资源的大量消耗和浪费;另一方面,粗放型的经济发展方式也造成了污染物排放量的大量增加。

四、苏南生态考核指标欠缺

在传统的考核制度框架下,地方政府往往偏爱经济指标与城市建设,很少将生态环境成本列为主要因素，通常都把生态环境保护摆在一个不重要的位置或者直接忽略。进行政绩考核时显性指标具有较高的权重，而一些不具有“显性价值”的指标，其中就包括生态环境指标，则常常被忽视。苏南地区的政绩考核也不例外，追求经济利益的行为已司空见惯，各地在“政绩冲动”思想的影响下，片面追求 GDP 的增长，必然导致各种资源紧张和生态环境污染。

五、苏南生态环境立法缺失

我国立法的重点一般均在大城市、大工业、大工程上，因此，绝大部分生态环境政策和法规体系主要是针对大工业、大工程、城市工业等的，而苏南地区是以乡镇小企业为主的，因此在法律依据方面还存在着诸多空白。由此表明，生态环境立法是生态环境保护中较为薄弱的环节，与社会经济发展的动态性有所脱节。国家具体法律的不足，更需要地方出台有针对性的法规予以补充。在苏南快速发展期间，苏南地区没有在国家立法的框架下针对本地区的特点，出台具有苏南地方特色的地方型生态环境保护法规，尽管有《国务院关于加强乡镇、街道、企业管理办法》等针对乡镇企业环境管理的法规可依，但其指导力度明显不足，整体上难以适应苏南经济高速发展的形势。

六、苏南人民生态环境意识薄弱

自从苏南乡镇企业发展初始，苏南人对生态环境保护重要性的认识水平就不高。首先，在苏南政府的规划方面，在乡镇工业快速发展时期，苏南地区曾一度缺乏宏观调控和整体规划，造成工业布局不甚合理。例如，乡镇企业大多集中在乡政府所在地，而村办企业一般都位于行政村内，并沿公路、河道两侧延伸。其次，在政府行为方面，一些政府部门自身生态环境意识低下，仅仅为地方经济利益着想，引进项目主要关注利润，而且对所辖企业破坏生态环境的行为不闻不问，疏于监督。再者，苏南企业在选择项目时，往往十分重视企业的经济利益，以牺牲生态环境质量为代价而发展经济，引进一些生态环境污染较为严重的工业项目。最后，在公众生态环境意识方面，公众生态环境意识较为淡薄，以无锡市为例，2009 年，全市废水年排放总量为 6.34 亿吨，而生活污水排放总量为 2.18 亿吨，占 34.38%，由于公众生态环境意识的低下，使生活污染问题日益严重。

由此可见，政府、企业及广大民众生态意识的缺乏，是苏南生态环境恶化的重要原因之一。

综上所述，苏南生态环境问题的日趋严重，无不与人的活动息息相关。这迫使我们不得不反思目前的生态教育，尤其是苏南学校的生态教育现状，使传播生态知识、提升生态意识水平、改善生态行为的生态教育成为改善生态环境的主渠道，从而充分发挥其潜在价值，最终实现人与自然的和谐。

第二章 生态教育的演进历程

联合国教科文组织教育丛书《教育的使命》中这样写道:“在解决‘人类困境’问题:人口剧增、环境恶化、资源浪费和日益短缺的过程中,教育发挥着不可或缺的作用。”[1]这就意味着生态教育在应对生态危机中作用巨大,可以使受教育者正确认识人与自然的关系,从而树立正确的生态观,为人类的生存与合理发展寻找道路。因此,生态教育研究的意义十分重大。然而,当前学术界对“生态教育”与“环境教育”的概念及含义并没有加以严格区分与辨析,造成一定程度的混淆。为此,厘清从“环境教育”到“生态教育”的演进过程,明确两者之间的关系至关重要。

第一节 环境教育的历史发展

一、环境教育之溯源

“环境教育”这一术语并非是在现代生态思想运动之后才出现的。审视环境教育缘起的历史,不难发现它的产生与演化有着深厚的思想基础,它深受18、19世纪许多思想家、教育家、作家,如歌德、卢梭、杜威、蒙台梭利、海克尔等的影响。[2]

“环境教育”一词的产生可追溯到1948年。当时威尔士自然保护协会主席托马斯·普瑞查(Thomas Pritchard)指出“我们需要有一种教育方法,可以将自然与社会科学加以综合”,他将这种教育方法称为“环境教育”[3]。托马斯·普瑞查的“环境教育”提法和现在的环境教育概念既有联系又有区别。如今,托马斯·普瑞查的“环境教育”概念已经很少有人提起了,人们普遍认为环境教育概念是在20世纪70年代首先确定下来的。另外,也有学者把托马斯·

〔1〕 联合国教科文组织.教育的使命.北京:教育科学出版社,1996:28.
〔2〕 转引自:王燕津.“环境教育”概念演进的探寻与透析.比较教育研究,2003,(1):18.
〔3〕 王燕津.“环境教育”概念演进的探寻与透析.比较教育研究,2003,(1):18.

普瑞查的“环境教育”一词与后来的环境教育概念视为同一概念。[1] 从托马斯·普瑞查的论述可以清楚地看出，他是把“环境教育”作为一种教育方法提出来的。更明确地说，托马斯·普瑞查的“环境教育”是利用环境以达到使自然科学与社会科学加以综合的目的，这与“户外教育”这一术语有着极为密切的关系。托马斯·普瑞查的“环境教育”虽然是作为一种教育方法提出来的，但是已经受到了早期哲学家关于自然思想的影响，注重在自然环境中加强学生对自然环境的了解。正因为这样，环境教育又和20世纪30年代在工业化带来严重的环境问题后西方国家提出的“保护教育”有着密切关系，甚至在长时间内被认为是同义词。

二、现代环境教育产生的背景

20世纪60年代以前，人们沉湎于向大自然宣战、征服大自然的活动中，沉醉于改造自然取得的辉煌成就中，一般文献资料中很少有“环境保护”一类的词。1962年，美国海洋生物学家雷彻尔·卡逊(Rechel Carson)女士的著作《寂静的春天》一书的问世，首次向这种观念提出了挑战。该书逼真地描绘了滥用杀虫剂等农药可能出现的可怕后果，提出了农药危害人类环境这一在当时堪称惊世骇俗的观点，强烈地震撼了社会广大民众。卡逊的思想为人类环境意识的启蒙点燃了一盏明亮的灯，由此拉开了现代生态思想运动的序幕。这场运动波及世界各地，各类环保与生态组织大量涌现。1962年美国就有40多个提案在各州得到重视并通过立法以限制杀虫剂的使用，一些民间的环境组织也应运而生，美国的环境保护署(EPA)的成立，“在很大程度上是由于卡逊所唤起的意识和关怀”[2]。1968年，意大利、瑞士、日本、美国等10个国家的30位科学家、教育家、经济学家、人文学家和工业家在意大利集会，讨论当前和未来的世界性问题，并在这个会议上成立了一个非政府性的国际协会——“罗马俱乐部”。该协会发表了许多震撼全球的著名报告，如《人类处在十字路口》《增长的极限》等。这些报告的主要中心思想就是倡导“零增长”论。协会成员通过计算机模拟计算，结果显示，如果未来100年人口和国民生产总值的增长趋势和过去100年的增长趋势基本相同，那么资源将彻底枯竭。这就意味着要避免因超越地球资源极限而导致世界崩溃的最好办法就是限制增长。在这种“零增长”论的影响下，世界一些国家相继出现了环境保护主义者和相关的组织。[3]

---

〔1〕 李久生，谢志仁. 论环境教育理念建构及其实践. 教育科学，2002，(3)：10.

〔2〕 [美]雷彻尔·卡逊. 寂静的春天. 吕瑞兰，等译. 长春：吉林人民出版社，1997：14页(前言部分).

〔3〕 祝怀新. 环境教育论. 北京：中国环境科学出版社，2002：14－15.

在此背景下，环境保护成为各国政府部门和各种环境组织的首要任务，人们也充分认识到教育对于环境保护的重要性。而教育参与生态思想运动则首先是以环境保护教育的形式出现的。环境教育的发展又是由国际组织召开的一系列重大环境及环境教育会议所推动的。其中最令人瞩目的就是 1972 年的斯德哥尔摩会议、1975 年的贝尔格莱德会议和 1977 的第比利斯会议。

三、环境教育的国际化与蓬勃发展

1. 环境教育的国际地位确定

1972 年，人类历史上具有划时代意义的“人类环境会议”在瑞典首都斯德哥尔摩举行，这次会议的一个较为突出的贡献是极大地推动了国际环境教育事业的发展。会议正式将“环境教育”（Environmental Education，简称 EE）的名称确定了下来。会议通过的《人类环境宣言》指出：“环境教育是一门跨学科课程，涉及校内外各级教育，对象为全体大众，尤其是普通市民……以便使人们能根据所受的教育，采取简单的步骤来管理和控制自己的环境。”[1]环境教育首次在国际最高级别会议上得到承认，从而极大地提高了环境教育的国际地位。为纪念这次会议，联合国将本次会议的开幕式日期 6 月 5 日定为“世界环境日”。根据会议的建议，联合国教科文组织协同联合国环境规划署（UNEP）于 1975 年建立了国际环境教育规划署（IEEP），其主要职责是帮助各国政府和国际、地区的相关机构将环境教育纳入到各级各类教育中，并从事环境教育的资料搜集、课程和教材研究、环境教育方针与策略的讨论和交流、师资培训等活动。[2]

教育对环境保护的重要性在 1975 年的贝尔格莱德会议上再次得到强调。在国际环境教育规划署的组织下，来自 65 个国家的教育领导人、专家学者出席了这次会议。会议讨论了环境教育中的问题及其发展趋势，大家认为，教育是带来变化、发展的一股强大的力量，因此，环境教育对在生态平衡、人类素质、后代需求等基础上提高环境道德无比重要。此次会议发展了第一个环境教育国际声明，即《贝尔格莱德宪章——环境教育的全球框架》（以下简称《宪章》）。《宪章》认为，要建立新的发展观和世界经济秩序，关键在于教育过程和教育系统的改革，这将十分需要学生与教师之间、学校与社会之间、教育系统与全社会之间建立一种新型的和卓有成效的相互关系。[3]《宪章》还列举了环境教育的目的、目标、关键概念和指导原则。环境教育的目的是：提高对

---

〔1〕 徐辉，祝怀新．国际环境教育的理论与实践．北京：人民教育出版社，1996：22.

〔2〕 祝怀新．环境教育论．北京：中国环境科学出版社，2002：25.

〔3〕 UNESCO. The International Workshop on Environmental Education：Final Report. Belgrade. Yugoslavia. Paris：UNESCO/UNEP. 1975.

城乡地区在经济、社会、政治、生态方面存在的相互依赖关系的认识与关注；为每一个人提供机会，使他们获取保护和改善环境的知识、价值观、态度、责任感和技能；创造个人、群体和整个社会的新的行为模式。

2. 环境教育的迅猛发展

1977年，联合国教科文组织和联合国环境规划署在第比利斯召开了“政府间环境教育大会”，它标志着国际环境教育合作达到一个高峰，共有66个国家的政府代表、30个国际组织和300余位专家出席了这次大会。这次大会重申了教育在环境保护与改善中的重要性。会议发表的《第比利斯政府间环境教育会议宣言和建议》认为：“利用科技新发现而开展的教育，在促使人们认识并更好地理解环境问题方面应发挥主要作用。教育必须培养人们对待环境和利用国家资源方面的正确态度。环境教育应该促使人们理解当今世界的主要问题，使他们获得必要的技能和品行，为改善生活发挥积极的作用，在充分尊重道德价值观念的基础上保护好环境，为生活做好准备……”[1]会议更加明确地指出：“环境教育是一门属于教育范畴的跨学科课程，其目的直接指向问题的解决和当地环境现实，它涉及普通、专业和校内外所有形式的教育过程。”[2]

事实上，1977年以后，世界环境教育得到了蓬勃发展，因此第比利斯会议被认为是环境教育的决定性事件，是世界范围内的环境教育的真正开端。1980年，国际自然与自然资源保护同盟、联合国环境规划署和世界自然基金会（WWF）出版了《世界自然保护大纲》，成为环境保护事业中的一件大事。该书专门用一章的篇幅论述了环境教育：“如果要从根本上确保环境的保护，整个社会对生物圈的行为必须改变……环境教育的长远任务是用新的伦理促进或丰富态度与行为。”[3]该书强调了环境教育在维持人与自然的和谐中的重要性，更为重要的是，它还讨论了经济增长和环境保护的关系，强调以可持续发展的方式保护资源的重要性。

1987年，为纪念第比利斯大会召开10周年，联合国教科文组织和联合国环境规划署在莫斯科组织召开了“国际环境教育与培训会议”，联合国80多个成员国的300多名代表出席了大会。此次会议是国际环境教育发展的里程碑，它再次重申了环境教育的重要性：“从长远看，如果在环境质量与继续满足人类需要

---

〔1〕 UNESCO. Intergovernmental Conference on Environmental Education: Final Report Tbilisi. USSR. UNESCO. 1977:24.

〔2〕 UNESCO. Intergovernmental Conference on Environmental Education: Final Report Tbilisi. http://unesdoc.unesco.org.

〔3〕 IUCN. World Conservation Strategy. Switzerland:IUCN/WWF/UNEP. 1980.

之间广泛的公众意识得不到提高,那么在减少地方和国际对环境的威胁上就不会有任何有意义的事了。人类行为依赖于动机,而动机则依赖于广泛的理解力。这就是为什么我们认为通过适当的环境教育使每一个人具有环境意识是多么的重要。"〔1〕

此外,这次会议再次肯定了10年前即1977年第比利斯会议所确定的环境教育的原则和策略,并在此基础上,讨论了20世纪90年代国际环境教育与培训的行动策略,建议将20世纪90年代确定为"国际环境教育的10年"。〔2〕

同时,欧洲将1987—1988年确定为欧共体的"欧洲环境年"。1988年5月24日,欧共体通过一项有关环境教育的重要决议,一致赞同"有必要采取具体的步骤促进环境教育,使之在整个共同体中以综合方式得以加强","环境教育应当是每个欧洲公民教育的一个不可缺少的根本部分"〔3〕。为此,欧共体成员国一致决定,努力采取措施在教育的所有方面促进环境教育,在设计课程时充分考虑环境教育的基本目的。

四、面向可持续发展的环境教育

到了20世纪90年代后,环境教育的地位得到了进一步提升,并且出现了新的取向:环境教育不仅要考虑将环境的改善作为一个直接的目标,还要求着眼于长远利益为人类的可持续发展做出贡献。

虽然1980年的《世界自然保护大纲》中已提出了可持续发展,但正式将"可持续发展"概念提出来是在1987年世界环境与发展委员会发表的《我们共同的未来》中,它把"可持续发展"定义为:"既要满足当代人的需要,又不对后代人满足其需要的能力构成危害的发展。"〔4〕1991年,世界自然资源保护同盟、联合国环境规划署和野生动物基金会在《保护地球——可持续生存战略》的报告中,把"可持续发展"理解为在不超出支持它的生态系统的承载能力的情况下改善人类的生活质量。这两个定义的基本要求是:人类社会的发展要实现如下相关联系又不可分割的三个可持续性:① 生态可持续性;② 经济可持续性;③ 社会可持续性。至此,"可持续发展"的教育作为90年代环境教育发展的中心目标,成为了环境教育的一部分,环境教育目标转向"可持续发展教育"。

1992年在里约热内卢召开的"联合国环境与发展大会"(UNCED)是教育,尤其是环境教育的一个重要里程碑。会议提出了面向21世纪环境教育的新

---

〔1〕 UNESCO. International Congress on Environmental Education and Training. UNESCO/UNEP. Moscow. Paris:UNESCO. 1987.

〔2〕 祝怀新. 环境教育的理论与实践. 北京:中国环境科学出版社,2005:15.

〔3〕 祝怀新. 环境教育论. 北京:中国环境科学出版社,2002:25.

〔4〕 世界环境与发展委员会. 我们共同的未来. 王之佳,柯金良,译. 长春:吉林人民出版社,1997:52.

取向。会议的一个突出贡献是将环境教育重新定向为面向可持续发展,同时指出,教育对于促进可持续发展和提高人们解决环境和发展问题的能力,具有至关重要的作用。[1]

1992 年之后,世界范围内的环境教育一致认为,面向可持续发展应当成为 21 世纪环境教育的根本目的和基本内容。例如,1993 年,澳大利亚昆士兰州教育署颁布的《P-12 环境教育课程指南》中把"可持续发展"这一世界伦理概念纳入到学校课程之中。又如,1996 年,英国教育与就业部发表的政府环境教育策略文件《将环境教育带入 21 世纪》也指出,应当通过正规的和非正规的教育及培训,向所有年龄的人传授可持续发展和有责任感的世界公民概念。

1994 年,欧洲环境教育基金会(FEEE)提出了一项"生态学校计划",开始在欧洲各国开展创建"生态学校",现大多数国家称之为"绿色学校"。该计划旨在鼓励学校通过建立"生态学校"或"绿色学校"来推动全校性的"为了环境"的行动。到 1999 年,已有比利时、保加利亚、丹麦、芬兰、法国、德国、希腊、爱尔兰、挪威、斯洛文尼亚、西班牙、瑞典、英国等 19 个国家的 4 000 多所学校被纳入到该计划之中,成为"绿色学校",到 2001 年,该计划已扩展至 21 个国家的 6 000 多所学校。目前,"绿色学校"的概念和实践已被许多国家和地区接受,澳大利亚、印度、美国、泰国、南非、中国的香港和台湾地区等都相继引入"绿色学校"理念,开展"绿色学校"创建活动,以此作为开展面向可持续发展战略教育的有效模式。

2002 年,"联合国可持续发展世界首脑会议"在南非约翰内斯堡举行。这是可持续发展理论提出以来最重要的一次会议。会上,包括 104 个国家元首和政府首脑在内,192 个国家的 1.7 万名代表就全球可持续发展现状、问题与解决办法进行了广泛的讨论。大会通过了《政治宣言——约翰内斯堡可持续发展声明和可持续发展世界首脑会议实施计划》,明确了人类拯救地球、保护环境、消除贫困、促进繁荣的世界可持续发展的行动蓝图。[2] 此次会议对可持续发展教育提出了具体的要求,内容涉及课程改革、资源共享和交流、培养新的可持续发展伦理观和师资培训等,并且强调儿童的基础教育和终身学习的重要性。此外,会议除了要求继续执行可持续发展委员会关于教育促进可持续发展工作方案以外,还建议联合国大会审议通过将 2005 年至 2015 年定为"可持续发展教育的 10 年"的提议。

---

〔1〕 UNESCO. UN Conference on Environment and Development: Agenda 21. Switzerland: UNESCO. 1992.

〔2〕 路国华. 可持续发展理论缘起、内涵与演进. 上海城市发展,2009,(4):57-59.

第二节　环境教育向生态教育演化

一、环境教育：质疑与反思

从环境教育的发展历史过程可以看出，20世纪70年代后，环境教育的概念定义均表明了环境教育是指向环境问题的教育活动，其最终目的是使人们更好地认识并处理好人与自然或人文环境的关系。虽然之后还不断出现过种种关于环境教育的解释，如美国环保署（EPA）对环境教育的最新定义是“环境教育能够提高公众对环境问题和环境改变的知识与意识，人们通过环境教育获得人类活动对环境影响的知识，以及全面认识环境问题的技能，从而能够作出更加明智的决策”[1]，但总体可以归纳为，环境教育是针对人类周围环境的认识、保护、改善而进行的教育活动，同时将环境保护教育列为其首要任务。

尽管环境教育的定义赋予了这一术语崭新的含义，其关键内涵也在于此时的环境教育包含了现代生态思想运动中人们对生态危机的清醒认识和深刻忧虑。尽管人们对环境保护和改善生态状况的迫切要求促使环境教育在几十年的时间里发展迅猛，同时也取得了巨大的成就，但是随着对生态危机以及人与自然关系不断深入地反思和研究，人们发现环境教育的内涵越发突显出其局限性和片面性。

环境教育仅仅停留在对人类周围环境的认识、保护和改善上，而且“环境教育”这一术语本身并没有很好地表达它的本意。“环境”这一概念在环境学科中一般是以人类为主体，环境则是指围绕着人群的空间及直接或间接影响人类生存和发展的各种因素的总和。[2] 这是典型的人类中心主义思想论，著名的生态文学研究者格罗特费尔蒂女士认为，“环境”是一个人类中心的和二元论的术语，它意味着人类位于中心，所有非人的物质环绕在我们四周，构成我们的环境，而“生态”则意味着相互依存的、整体化的、系统的联系，不应当用“环境文学”这样的术语称呼反人类中心主义的生态文学。[3] 长期以来，人们一直使用“环境教育”这个术语，“环境教育”和“生态教育”这两个术语却没有幸运地在一开始就被这样清晰地辨析。基于对环境教育认识的不足以及其本身所承载的内涵的局限，即环境教育仅停留在对人类周围环境的认识、保护和

---

〔1〕 US Environmental Protection Agency. http://www.epa.gov/enviroed/.

〔2〕 吴相钰，陈守良，葛明德. 陈阅增普通生物学（第三版）. 北京：高等教育出版社，2009：435.

〔3〕 王诺. 欧美生态文学. 北京：北京大学出版社，2003：4.

改善上,因而必须加强生态意识、生态伦理的教育。[1]

二、生态教育:继承与完善

1. 生态教育的提出

全球性生态危机的出现,具有深刻的认识论和价值论的思想根源,由此形成了人与自然的疏远和对立,即人类对于如何处理人与自然关系存在认识不当的问题,故而诸多学者关注到生态环境问题不仅仅是生态环境问题,而且涉及政治、文化等人类社会的根本问题。教育以环境教育的形式参与到生态思想运动中,仅仅注重环境保护的教育开始受到了质疑,环境教育应当对应的是"生态教育"这一术语。学者皮尼克(Pivnick)在其博士论文中指出,生态教育建立在生态哲学基础之上,其作用为改善人与自然的关系,并认为解决环境问题的根本途径是对人们的世界观进行根本的变革。因此,"生态教育"是继环境教育之后提出的更为全面和深刻的概念,也就是说,"生态教育"是一个内涵和外延更为宽广的概念,它不仅是环境保护的教育,最关键的是对全社会成员的思想观念进行变革,树立生态系统整体观的教育理念。

国内对于生态教育的认识并不落后于西方国家。学者蒙睿在我国生态教育体系的建设中直接指出:"环境教育是生态教育的一个部分,生态教育的目的是解构人类中心主义的生态伦理观,从而倡导人与自然和谐共处的生态伦理观。"[2]不言而喻,生态教育概念的范畴大于环境教育,根本在于生态教育强调了生态意识及生态伦理建设的重要性,是比环境教育更为科学的术语。生态思想的核心是生态系统观和整体观,生态思想以生态系统的平衡、稳定和整体利益为出发点和终极标准,而不是以人类或任何一个物种、任何一个局部的利益为价值判断的最高标准。而环境教育正是以人类或任何一个物种、任何一个局部的利益为价值判断而进行的教育,因此其片面性和局限性在所难免。

2. 环境教育向生态德育扩充:丰富生态教育的内涵

国内学术界为摆脱环境教育带来的困扰,试图从不同角度扩充环境教育概念的内涵,如学者周笑冰认为环境教育的核心理念主要包括"生态意识、生态道德、生态审美"[3]。诸多研究者意识到环境教育中树立和加强生态意识至关重要,他们认为,环境教育的首要任务就是全民的生态意识教育。而生态意识教育无疑涉及生态伦理,但生态伦理的丰富内涵是"环境教育"这个术语

〔1〕 刘伟,张万红. 从"环境教育"到"生态教育"的演进. 煤炭高等教育,2007,25(6):11-13.
〔2〕 蒙睿,周鸿. 我国生态教育体系建设. 城市环境与城市生态,2003,(4):76.
〔3〕 周笑冰. 环境教育的核心理念及目标. 北京师范大学学报,2002,(3):118.

所承载不了的。于是，自20世纪90年代中期起，国内学者展开了对“生态德育”的广泛讨论，如《试述德育的自然性功能》[1]《环境教育的德育价值：一个值得开发的环境教育领域》[2]《生态德育与环境教育之关系探析》[3]等。其中，刘惊铎等提出的生态德育概念最为令人瞩目而被广泛接受，其是这样界定生态德育的：“所谓生态德育不是生态伦理学，也不是生态道德，而是一种生态教育活动，一种新德育观。它是指教育者从人与自然相互依存、和睦相处的生态道德观出发，引导受教育者为了人类的长远利益和更好地享用自然、享用生活，自觉养成爱护自然环境和生态系统的生态保护意识、思想觉悟和相应的道德文明行为习惯。它要在受教育者的思想上树立一种崭新的人生观、自然观和生存发展观，并合理调节人与自然的关系，有意识地控制人对自然的盲目行为。”[4]这一概念界定与环境教育形成了“整合与互补”的关系。[5] 但是，其实生态德育是“一种生态教育活动”，也就是说，生态德育也仅是生态教育的一部分，它没有超出生态教育的范围，应当纳入生态教育的范畴。

3. 生态德育与环境教育的关系

生态德育不等于环境教育。生态德育与环境教育二者内涵有所区别，侧重点各有不同，是既交叉又相对独立的两个概念。

从区别上看，二者是生态伦理学、可持续发展研究的两个分支。环境教育的最高目标是使受教育者养成与自然和谐相处的习惯，即在种种与环境有关的活动中自觉选择保护环境的行为。可以说，环境教育更多关注的是行动的教育，要让学生具备正确的环境行为。而生态德育侧重于帮助学生学会判断人与自然关系中的是非善恶，正确选择、调节自己的生态道德行为，从而最终通过人的发展来促进社会的可持续发展。可以说，生态德育更多关注的是价值观的教育，是使学生具有正确的环境道德观的教育。

从联系上看，二者在环保教育上具有一致性，即自觉采取多种形式，引导受教育者去亲近自然、观察自然，深入了解动物、植物、土地、河流、山川、矿藏等的特点及其存在价值，感受人类以往对自然环境的污染和破坏状况及其带来的不良后果，实地考察人类目前所采取的“退耕还林”、“塘河治理”、“保护动植物”等努力的进程与效果，深刻体悟人与环境相互依存的伙伴关系，从而培养当代受教育者的环境保护意识和能力。

---

〔1〕 鲁洁. 试述德育的自然性功能. 教育实验与研究，1994，(2)：2.

〔2〕 胡东芳. 环境教育的德育价值：一个值得开发的环境教育领域. 环境教育，1997，(4)：4.

〔3〕 周谷平，朱绍英. 生态德育与环境教育之关系探析. 教育发展研究，2005，(2)：96.

〔4〕 刘惊铎，王磊. 生态德育及其跨世纪意义. 教育评论，1998，(5)：36.

〔5〕 周谷平，孙朝阳. 哲学视野中的生态德育. 教育评论，2005，(7)：11.

另外，环境教育是从弱化了的"人类中心主义"观点出发，用一种相对功利的、实用的、单向的观点来研究问题，灌输环境的规范。而生态德育则是从生态体验的观点出发，用一种长远的、战略的、互惠共生的观点研究问题，在体验中建构和自动生成生态道德境界。但是，环境教育比之传统人际德育，明显弱化了人类中心主义，它已经注意到了人类与自然环境之间的相互依存关系，告诫人类不能无限制地开发环境资源。因此，从这个角度分析，环境教育可以包括在生态德育之中，作为生态德育内容的一个有机组成部分。

4. 环境教育向可持续发展教育扩展：完善生态教育的内容

生态德育是人们在试图扩充环境教育概念的内涵的基础上，为寻找环境教育下一步出路的过程中应运而生的。在这一寻找的过程中，也产生了环境教育的另一拓展教育——可持续发展教育。1987 年，联合国世界环境与发展委员会发表了《我们共同的未来》的著名报告，提出了"可持续发展"的概念，把可持续发展定义为："既要满足当代人的需要，又不对后代人满足其需要的能力构成危害的发展。"《保护地球——可持续生存战略》的著名报告把"可持续发展"定义为："在不超出支持它的生态系统的承载能力的情况下改善人类的生活质量。"[1] 由此可见，可持续发展教育的基本含义包含了人类发展与自然之间的关系这样一个基本的生态命题，因此可持续发展教育并没有超出生态教育的范畴，仍然可以纳入生态教育讨论研究的范围。

由此可见，生态德育、可持续发展教育都是对环境教育的补充，但是三者实际上属于生态教育的范畴。生态教育的概念可以定义为：生态教育是建立在生态哲学基础之上，为改善人与自然的关系，并认为解决环境问题的根本途径是对我们的世界观进行根本变革的教育。它不仅要求对全社会进行环境保护的教育，更加要求从根本上革新人们的思想观念，树立生态整体观、和谐观，承担起个人与社会发展的责任，积极融入社会、政治改革之中。[2]

总之，从环境教育向生态教育的演进过程，是对其历史基础和概念演化不断探寻的过程，其教育内涵随时代的进步而不断拓展，可以说生态教育发展的历程就是一个在对环境教育现实不断批判、反思基础上的继承与完善的过程。

〔1〕 余谋昌. 生态哲学. 西安：陕西人民教育出版社，2000：240－241.
〔2〕 刘伟，张万红. 从"环境教育"到"生态教育"的演进. 煤炭高等教育，2007，25(6)：11－13.

第三章 生态教育基本原理

第一节 生态教育的概念与性质

一、生态与生态学

1．生态的本质与含义

“生态”，通常指生物的生活状态。《现代汉语词典》中是这样解释“生态”的：“指生物在一定的自然环境下生存和发展的状态，也指生物的生理特性和生活习性。”[1]百度百科对“生态”的释义为：“生态一词源于希腊字，意思是指家或者我们的环境。简单地说，生态指的是一切生物的生存状态，以及它们之间和它与环境之间环环相扣的关系。”[2]

在生态学专业著作中，国内学者也对生态进行了阐述。李博在《生态学》书中将“生态”理解为生物与环境间的相互关系，这里的生物包括动物、植物、微生物及人类本身，即不同的生物系统，而“环境”则指生物生活中的无机因素。[3] 自然界中的所有生物，不论是动物、植物还是微生物，都生活在一定的环境中，并和环境发生着各种各样紧密的联系和作用。一方面，环境为生物提供必要的生活条件，如阳光、水分、空气、养料以及栖息场所等；另一方面，生物的活动也在时刻不停地影响和改变着周围的环境。这样，生物就和周围环境形成一个不可分割的有机整体。这种生物和环境之间的各种因素联系和相互作用的关系就叫“生态”。

2．生态学的定义

研究生物和环境之间的各种因素联系和相互作用的关系的科学就是生态学。有些研究者就给生态学下了这样的定义：“生态学是研究有机体及其周围

---

〔1〕 中国社会科学院语言研究所词典编辑室．现代汉语词典．北京：商务印书馆，2002：1130.

〔2〕 http://baike.baidu.com/view/10382.htm.

〔3〕 李博．生态学．北京：高等教育出版社，2000：4.

环境相互关系的科学。"[1]吴相钰等生物学专家则将人类从生物的范畴中抽取出来,从生物、人类、环境的关系来阐述生态系统以及生态学。他们认为:"地球上的生物不仅彼此之间互相联系、互相影响,而且也和整个地球非生物环境密切结合在一起,构成一个统一的生态系统。人类的过去、现在和将来都和其他生物及其生存环境不可分割地联系在一起,共同处在一个休戚与共的巨大生态系统之中。因此,我们必须如实地把人类自身看成是整个大自然的一个有机组成部分,任何使大自然的平衡受到破坏的行为也必然会给人类自身带来不利。研究生物、人类和环境之间这种错综复杂关系的科学就称为生态学。"[2]

自1866年德国生物学家E. 海克尔(Ernst Haeckel)最早提出生态学的概念以来,"生态"和"生态学"二词涉及的范畴越来越广。

总之,简单地说,生态就是指生物的生存状态,以及它们之间和它与环境之间紧密相连的关系。研究这种关系的科学就是生态学。

二、生态教育的概念

生态教育是国际教育界近年来出现的新生事物,亦是一个内涵相当丰富、外延相当宽广的范畴。并且由于人们认识的视角不同,教育的结构、方式和功能不尽相同,因而生态教育的内涵与外延也不是一成不变的。因此,对生态教育概念的理解也是仁者见仁、智者见智,未有统一的界定。目前,对生态教育主要有几种看法,通过对生态教育的界定,我们能够进一步认识生态教育的本质。

百度百科是这样定义生态教育的:"生态教育是人类为了实现可持续发展和创建生态文明社会的需要,而将生态学思想、理念、原理、原则与方法融入现代全民性教育的生态学过程。"[3]

学者黄正福在《高校生态教育浅析》一文中给生态教育下了这样的定义:"生态教育是以生态学为依据,传播生态知识和生态文化,提高人们的生态意识及生态素养,塑造生态文明的教育。个人生态意识、生态道德乃至生态行为的养成,依赖于生态教育体系的建立。"[4]

有学者认为,"生态教育是指按照生态学的观点思考教育问题,旨在充分发挥教育在应对生态危机中的作用,为人类的生存与合理发展寻找道路"[5];

〔1〕 牛翠娟,娄安如,孙儒泳,等. 基础生态学. 北京:高等教育出版社,2007:1.

〔2〕 吴相钰,陈守良,葛明德. 陈阅增普通生物学(第三版). 北京:高等教育出版社,2009:434.

〔3〕 http://baike. baidu. com/view/1012441. htm.

〔4〕 黄正福. 高校生态教育浅析. 黑龙江教育学院学报,2007,26(2):36-37.

〔5〕 李高峰. 国际视野下的生态教育实施与展望. 中国校外教育, 2008,(8):14-15.

有学者认为,生态教育"就是以生态哲学整体论的世界观和方法论为指导,从教育理论和教育实践两方面入手全面优化教育生态,从而构建一种先进的、科学的、高效的、优质的教育环境,确保学生、教师和学校三方共赢的教育"[1];还有学者认为,"生态教育或教育生态化是人类为了实现可持续发展和创建生态文明社会的需要,而将生态学思想、理念、原理、原则与方法融入现代全民性教育的生态学过程"[2]。

也有研究者认为,生态教育就是以生态哲学整体论的世界观和方法论为指导,借助于教育理论和教育实践两种手段,进行保护自然和保护环境的教育,从而提高公众的生态意识和生态素质,实现可持续发展、建设生态文明的目的。[3]

正如在本书前面"环境教育向生态教育演化"中提及的一样,生态教育是建立在生态哲学基础之上的,目的是为改善人与自然的关系,并且有学者认为解决环境问题的根本途径是对我们的世界观进行根本变革的生态教育。它不仅要求对全社会进行环境保护的教育,更加要求从根本上革新人们的思想观念,树立生态整体观、和谐观,承担起个性与社会发展的责任,积极融入社会、政治改革之中。生态德育、可持续发展教育都是对环境教育的补充,但是三者实际上属于生态教育的范畴。[4]

基于环境教育向生态教育演进的历史,鉴于生态教育宽广的教育范畴、丰富的内涵、多维的目标要求,笔者将生态教育的概念界定为:生态教育是在生态哲学理论、方法指导下,遵循可持续发展战略的基本原则,以"人—社会—自然"全面和谐、可持续发展为教育目标,借助所有教育手段和形式在整个课程体系(包括隐性课程)的实践中,对受教育者实施生态道德教育、环境教育、生命教育及可持续发展教育,使受教育者掌握生态知识与技能,以实现受教育者生态相关的情感、态度、价值观与行为方式、生活方式的一系列转变,使受教育者成为具有生态综合素养的新人类。

三、生态教育的性质

1. 跨学科性:生态教育的本质特性

(1) 从生态哲学研究的多学科性看生态教育的跨学科性。

生态教育是以生态哲学为基本理论依据对受教育者进行综合生态素质培

[1] 杨焕亮.生态教育策略研究.小学教育科研论坛, 2004,(2):8-10.
[2] 温远光.世界生态教育趋势与中国生态教育理念.高教论坛, 2004,(2):25.
[3] 刘静.生态教育的内涵、意义及实施路径.哈尔滨市委党校学报,2010,(6):92-95.
[4] 刘伟,张万红.从"环境教育"到"生态教育"的演进.煤炭高等教育,2007,25(6):11-13.

养的活动，而生态哲学的缘起又以普通生态学向人类生态学发展为前提条件，也就是说，人类生态学研究的开展表示了普通生态学向哲学领域扩展，而人类生态学蕴含的多学科性也就意味着生态哲学研究的多学科性质，生态教育的跨学科性也就不言而喻了。

当普通生态学研究的重点从研究以生物为主体的生态，转向研究以人为主体的生态时，普通生态学发展到了人类生态学。人类生态学进行有关人、社会和自然相互作用的研究。这不仅表示生态学向后现代科学发展，运用最新科学技术成果来解决现代化发展的负面影响，即人类后现代社会面临的主要问题，如人口、资源、环境等当代的全球性问题；而且表示生态学向哲学领域的扩展。它不仅筑起自然科学与社会科学的桥梁，进一步发展生态系统整体性观点，而且把价值概念引入生态学研究。在人与自然关系上，不能把自然界作为征服、战胜和统治的对象，而应将其看做被尊重的对象；不仅要开发利用自然，而且要保护和建设自然，要摈弃人统治自然的价值观，树立人与自然和谐发展的价值观。[1]

由此可见，生态学在向人类生态学发展，人类生态学已经不是纯自然科学，而是自然科学、技术科学与社会科学的结合；人类生态学开始涉及价值问题，关注自然界的价值，认为人类活动是在自然价值的基础上创造文化价值，我们要保护自然价值；人类生态学以整体论有机思维为特征，强调科学整体化的发展；人类生态学，超越人与自然的主—客对立，走向人与自然的和谐发展。这样，生态学就成了一种世界观。

在这一背景下理解的生态哲学，是将人与自然的关系作为其基本问题的。但是它在观察世界、解释世界和改造世界时，不是单纯以人为尺度，也不是单纯以自然为尺度，而是以人与自然的关系为尺度。也就是说，依据“人—社会—自然”复合生态系统整体性观点，既从人考察自然界，又从自然界考察人。例如关于人，只有从人与人的社会关系和人与自然生态关系的统一进行研究才是可以理解的。[2]

从这一视角来看，生态哲学涉及人与物理环境、生物环境和社会环境之间的关系，人类活动对自然界的作用，环境对人和社会的反作用等的研究，因此，以生态哲学为基础的生态教育必然包括社会、物质和生物等多个方面，生态教育内容也必定涉及多个领域，广泛地涉及生物学（包括生态学）、物理学、化学、地理学等自然科学学科，还涉及哲学、历史学、艺术、教育学、管理学、经济学、

---

〔1〕 余谋昌. 生态哲学. 西安：陕西人民教育出版社，2000：29.

〔2〕 余谋昌. 生态哲学. 西安：陕西人民教育出版社，2000：34.

法学等人文与社会科学。自20世纪六、七十年代以来,人们逐渐意识到,纯粹的生态学等自然科学知识的学习并不能使受教育者全面和系统地理解人类生态和生态问题,同时也不能使受教育者在未来社会生活中积极有效地解决生态问题。实际上,生态问题的产生及日趋严重的根源除了自然科学方面的问题,更为突出的是人的因素在发挥着关键的作用,生态问题归根到底是社会的问题,涉及经济学、政治学、法学、人类学、哲学、历史学等各人文社会科学领域以及文化和社会生活的各个方面。

(2)从生态教育的多课程性看生态教育的跨学科性。

生态教育不仅仅只是一门课程就能实现其目标的,而是涉及几乎所有的学科课程,也就是说,各个学科均可以从自身出发,与生态教育交叉渗透。这也就意味着,生态教育除了与生物、地理、化学等自然学科的教师的教学工作有关以外,实际上与所有学科教师的教育教学以及整个学校的管理和建设的活动均息息相关。生态教育目的的达成必须依赖多门课程的开展,这就说明了生态教育具有跨学科的性质。

另一方面,所谓专门的生态环境教育课程,并不是一个学科,而是学科的交叉融合,如生态伦理学、生态经济学、生态哲学、生态工程学、生态美育、生态文艺学、生态美学、生态法学等,它是生态学世界观、方法论指导下的相应各学科领域渗透交叉而形成的。

因此,生态教育涉及的内容和范围之广,决定了生态教育的过程必定是一个综合的整体过程。所以,生态教育也必定具有跨学科性质。

2. 综合性:生态教育的根本特性

首先,综合性表现为生态教育的范畴扩展性和多内涵性。

由环境教育向生态教育的演进过程可知,生态教育发展的历程就是一个在对环境教育现实不断批判、反思基础上的继承与完善的过程。生态德育、可持续发展教育都是对环境教育的补充,但是三者实际上属于生态教育的范畴。因此,生态教育较之环境教育来看,其教育范畴有了进一步的拓展,内涵有了进一步的丰富。生态教育除了要求对全社会人员进行环境保护的基本教育外,更关键的是,从根本上革新人们的思想观念,转变环境教育这种典型的人类中心主义思想论,树立起相互依存的、整体化的、系统的联系生态整体观、和谐观,承担起个性与社会发展的责任。

其次,综合性表现为生态教育目标的多维性。

生态教育的最终目的是让社会上每个人的大脑中装有生态意识,行动中节约资源、爱护环境,进行绿色消费,保护生物的多样性,以实现人与自然和谐共处、人类社会可持续发展的目标。[1] 也就是说,生态教育的目的是培养人的综合生态素养,从生态知识、生态技能到情感态度价值观、思维方式、行为方式全面转变。

再次,综合性也表现为生态教育内容和方法途径的多样性。

生态教育兼有自然科学、技术科学与人文社会科学的内涵,涉及多学科和文化艺术的各个方面,因此生态教育的知识内容上具有综合性;生态教育可以以跨学科的方式融入各学科的教育教学和各级学校的管理、建设的整体性工作之中,也可以通过综合实践活动或依托社区来开展,还可以单独设立生态教育的课程来进行专门的教育。

最后,综合性还表现为生态教育的全民性、终身性、合作性。

生态教育的目标人群应该面向领导决策层、各级学校教师和学生、企业职工、社会公众等社会各阶层,充分体现生态教育的全民性;生态教育不仅要从小抓起,更要坚持终身教育;既要发挥正规教育的主渠道功能,也要发挥非正规教育的生态教育作用,使社会教育、家庭教育、学校教育三位一体,充分体现生态教育的合作性。

就学校教育而言,综合性还表现为各级教育的一体化,即学前、小学、中学、大学所进行的生态教育应具衔接性和一体性;综合性也表现为各级各类教师的行动主体性,无论教师所授学科的性质是什么,其承担生态教育的责任是相同的,所有学科均包含丰富的生态教育资源和方法,这与生态教育的跨学科性是相统一的。

3. 全球性:生态教育的基本特性

由生态学转向而来的生态哲学,将“人—社会—自然”复合生态系统整体性的观点作为其基本观点,本质上体现着系统性和整体性,局部的生态问题均会对整个地球产生不同的影响。故而,可持续发展是一个全球性的概念,可持续发展在某一区域、某一国家、任何一个局部地区都不可能单独实现。为可持续发展而进行的生态教育无疑应该体现这种全球整体性。因此,生态教育不仅要培养本国的合格人才,而且要培养有利于全人类健康生存和发展的地球村合格公民。因此,生态教育的本质是一种公民教育,是现代素质教育的一个重要组成部分。

1994 年欧洲环境教育基金会提出的一项全欧“生态学校计划”,开始在欧洲各国开展创建“生态学校”,现大多数国家称之为“绿色学校”。到 2001 年,该计划已扩展至 21 个国家的 6 000 多所学校,到目前为止,“绿色学校”的概

---

〔1〕 鲁丰先,秦耀辰,李鸣.结合生态足迹理论开展高校生态教育.高教论坛,2008,(6):11-14.

念和实践已被许多国家和地区接受，标志着“生态（绿色）学校”在世界范围内的应运而生和国际地位的确立，也意味着生态教育肩负着提高全世界生态素养的重任，全球性也就构成了生态教育的基本特征。

4. 可持续性：生态教育的新属性

一方面，由环境教育向生态教育演进的过程中可以看出，环境教育的局限性以及可持续生存战略的提出，使可持续发展教育成为环境教育的有益补充，同时也使包含可持续发展教育的生态教育毫无疑问地拥有了新的属性——可持续性。

另一方面，自20世纪70年代以来，尤其是1977年“第比利斯政府间环境教育大会”召开以后，世界各国均十分重视公民环境素质的培养，环境教育得到了较好的发展。尽管如此，环境问题依然存在甚至仍在恶化，其原因是多方面的，环境教育的定位偏差就是其中一个重要因素，即教育观本身存在着一些不足，其中最主要的是受当时“零增长”观的影响，环境教育过分强调“人与环境和谐发展”观的培养，很大程度上忽视甚至否定了现代社会发展的必要性，片面地强调环境利益高于一切，在教育过程中大肆宣扬为了保护人类的生存环境，人口与经济应停止增长，这是一种典型的环境中心主义思想的体现。“在这种教育观驱使下，学校环境教育使受教育者产生这样一种观点，即一切自然物都是美好的，而所有人类活动都是坏的，是污染性的，自然不再被看做是一种我们也是其中一部分的对象，而是十分脆弱的，需要人类无条件地呵护和保护，其结果是，环境教育在一定程度上培养了一大批有较强环境意识的新一代，同时也产生了负面的效应，出现了许多极端环境中心主义者和相应的组织。”[1]

事实上，单纯强调生态环境利益而试图抑制人类活动是不现实的。人类社会在任何时期都需要满足其物质需求，其活动都会在一定程度上影响生态环境，尤其是全球范围内的贫困问题尚未得到解决，贫困国家和地区为求生存不得不以生态环境为代价换取基本物质需求，这也成为生态环境恶化的重要原因之一。生态环境问题的现实性和复杂性，使人们不得不促进科学技术的发展，依赖现代科学技术来保护和改善生态环境。单纯片面强调生态环境利益的教育，不仅无法实现其目标，相反，由于其缺乏现实性，生态环境教育便会成为一种理想色彩颇浓的教育领域。生态环境问题与人类活动密切相关，因此，提高人们的生态环境意识，正确认识生态环境和生态环境问题，使人的行为与生态环境相和谐，走可持续发展的道路，是近半个世纪以来国际社会达成的一个共识。而要实现这一目的，生态环境教育是一项根本策略。

---

〔1〕 祝怀新. 环境教育的理论与实践. 北京：中国环境科学出版社，2005：25.

1987年,联合国环境与发展委员会在《我们共同的未来》中提出了"可持续发展"的概念。1992年,"可持续发展"在巴西里约热内卢召开的"联合国环境与发展会议"上被广泛认可,《21世纪议程》也指出,教育对于促进可持续发展和提高人们解决环境和发展问题的能力具有至关重要的作用。

5. 批评与创新性:生态教育的基本属性

生态教育的批判性可以从两个方面来理解。首先,作为生态教育最初形式的环境教育,是伴随人类对以往社会发展思想和发展模式以及人类文明的反思而产生的。经过反思,人类逐渐认识到传统的经济发展模式是以环境为代价换取经济的快速增长,如果过去那种认为资源是无限的、科技是无所不能的观念继续发展下去,会把人类社会引向无路可走的境地。所以,环境教育就要以环境文化取代人类中心主义文化;以生态经济观念取代传统经济学观念;以可持续消费取代过度消费;以后现代主义眼光审视现代工业与科技的弊端,这些都突出了批判性特点。[1] 其次,从环境教育向生态教育的演进过程中可以看出,由于环境教育的内涵本身存在一定的局限性,环境教育必须随时代的进步不断拓展,因此,在对环境教育进行有益补充的基础上逐渐形成了生态教育。无疑,它反映了生态教育发展的历程就是一个在对环境教育现实不断批判、反思基础上的继承与完善的过程。

与批判性紧密联系的特性就是创新性,创新性也可以从以下几方面来阐述。第一,可持续发展的提出应当是人类创新思想和创造力的一次重大体现,实现可持续发展的过程充满各种挑战。因此,可持续发展教育作为生态教育的一个重要组成部分,在实现其教育的道路上,也会充满着艰辛和挑战,也是一个不断探索和创新的过程。第二,生态教育的主要任务之一是培养学生不断发现新的生态问题,有预见性、创造性地解决具体的生态问题的能力,因此它是发展学生的创造思维能力,培养适应可持续发展需要人才的重要途径。第三,生态教育是近年来的新型教育形式,生态教育并无定法,如何进行最有效的教育,必须在大量的实践探索和教育创新中去摸索。

生态教育的实质是要求人们以生态伦理理念去维系生态平衡,爱护生命,保护环境。它要在受教育者的思想上树立一种崭新的人生观、自然观和生存发展观,合理调节人与自然、社会的关系,有意识地控制人类对自然的盲目行为。

---

〔1〕 马桂新.环境教育学.北京:科学出版社,2007:32.

第二节　生态教育的理论基础

一、中国传统文化中的生态伦理思想

中国传统文化中的生态伦理精神资源非常丰富，影响深远。中国古代以农耕文化为基调，推崇人与天和谐相处。由此，我国古代历史文化中的生态教育因子，主要体现在古代哲人对人与自然及天之间关系的探究上。尽管各家流派在探索天人关系上观点不尽相同，但在人与自然的整体关系上均提倡“天人合一”，其基本思想均强调人与自然的统一，他们的真知灼见显示出巨大的理论潜力。

1. 道家的生态伦理思想

道家“天人一体”的思想主要表现为老子的自然价值观和庄子的生态智慧。道家生态伦理思想博大精深，本书因仅将其作为生态教育的理论依据之一，故对其只作简要的、概括性的阐述。

(1) 老子的自然价值观。

2 500 年前，我国先贤圣哲老子在《老子》（后人称《道德经》）一书中，称代表自然的道为宇宙万物发展变化的总根源和总规律。尽管其中没有出现“自然内在价值”这一术语，但已体现了自然与人类关系方面的哲学思想，已经充分肯定了自然的内在价值。老子提倡的自然之道是：人与自然同一性价值观、主体性价值观、主宰性价值观（《道德经》），这成为当今自然内在价值论的有力证据。

老子认为，道为宇宙的本原，他说：“道生一，一生二，二生三，三生万物。”（《道德经》第 42 章）这充分反映了天人“同源性”的生态思想。可见，老子以简明深刻和完满无误的公式揭示和表达了宇宙化生的过程。“天”与“人”都是万物之一，都源之于道，都是由道本体之中的“象、物、精、信”衍化构成的。因此，万物（包括人）有着根本的同构。老子又说：“致虚极，守静笃，万物并作，吾以观其复。夫物芸芸，各复归于其根。归根曰静，静曰复命。复命曰常，知常曰明。”（《道德经》第 16 章）这又体现了老子的“同归性”思想。老子还说：“天道无亲，常与善人。”（《道德经》第 79 章）意思是，人类若能按照客观规律办事，就会从中获益；若违背客观规律办事，则会受到惩罚。这体现了老子的“同律性”思想。以上种种，老子阐释了人类生于自然、长于自然、复归于自然，因而人与自然有着不可分割的同一性，承认人有内在价值，必然也就肯定了自然的内在价值，这也表明了《道德经》是中国古代哲人“天人合一”思想的源头之一。

老子含蓄地警告后来人："道之尊，德之贵，夫莫之命而常自然。故道生之，德畜之。长之育之，成之熟之，养之覆之。"（《道德经》第 51 章）这是说大道、恩德的可敬与可贵，是永恒的、自然而然的，告诫我们要尊重自然、顺应自然、与自然和谐相处，而不能为了只满足人类自身的需要，对自然横加干涉、无限索取、胡作非为。生物从自然界和其他物种吸收各种养分，并不断壮大、发展进化。同时，一个物种的发育生长也势必要对另一物种起到遏制、侵害作用，这是自然界的生存竞争法则。生物之间依循这种生态规律，维持着生态系统的平衡、稳定、和谐、完整和美丽，这就是自然界至高无上的道德秩序。老子又说："人法地，地法天，天法道，道法自然。"（《道德经》第 25 章）他分明主张人要向大自然学习，无形中张扬了现代倍加推崇的生态道德观。这些都说明了自然万物均应成为事实上的道德主体。只承认人是道德主体，否认自然的内在价值观是人类认识的误区。

《道德经》指出，自然规律统驭一切、主宰一切，所以自然之道具有最高的价值地位。因为道在时间上居"象帝之先"，在地位上为"万物之宗"，在作用上是"道常无为，而无不为"。不论在时间上、地位上、作用上还是功能上，道都表现了价值的主宰性和最高性，而人必须"惟道是从"。[1] 老子还指出自然之道疏而不漏的主宰性。"天之道，不争而善胜，不言而善应，不召而自来，坦然而善谋。天网恢恢，疏而不漏。"（《道德经》第 73 章）这句话充分阐明了自然法则的统御能力和主宰性价值。

（2）庄子的生态智慧。

庄子意识到人源于自然而非某种"神"或"宗教"，而且从人的生成特性来考察，他说："人与天一也"（《庄子·山木》）、"天与人不相胜也"（《庄子·大宗师》），这是人与自然统一性的一个方面，并且这种统一性是站在道的总体性"一"的视角来看的。庄子还说："天地与我并生，而万物与我为一。"（《庄子·齐物论》）也就是说，天是自然而然的，天人统一，因而，"夫明白于天地之德者，此之谓大本大宗，与天和者也；所以均调天下，与人和者也。与人和者，谓之人乐；与天和者，谓之天乐"（《庄子·天道》）。这些均是"天人一体"思想的集中体现。

庄子的生态价值体系是以"人与天一"为核心的，由"物物平等"、"顺物自然"、"处物不伤"，向实现人的精神自由过渡。例如，庄子说"以道观之，物无贵贱"（《庄子·秋水》），此即"物物平等"。"顺物自然"即道本性自然，而"自然"包含"本然"、"自足"、"自然而然"之义。庄子认为人的本性和道的本性是

---

〔1〕 马桂新. 环境道德教育. 北京：科学出版社，2006：2.

贯通的。“圣人处物不伤物，不伤物者，物亦不能伤也。唯无伤者，为能与人相将迎。”(《庄子·知北游》)“处物不伤”的意义在于对生命(包括人)的内在价值的强调，对名利、贵贱、是非、功利等人之外在价值的淡漠。

2. 儒家的生态伦理思想

孔子曾经说过:“道千乘之国，敬事而信，节用而爱人，使民以时。”(《论语·学而》)他讲的“使民以时”，除要适时、适中，按客观规律办事外，同时还蕴含着使老百姓劳逸结合，使土壤、土地避免过重的负荷之义。而孟子亦提出:“不违农时，谷不可胜食也；数罟不入洿池，鱼鳖不可胜食也；斧斤以时入山林，材木不可胜用也。”(《孟子·梁惠王上》)他认为在对待生物资源时，应依据时节，根据生物的消长规律，该禁时禁，该取时取。孟子还具体分析了齐国首都临淄东南的牛山变得光秃秃的原因:“牛山之木尝美矣，以其郊于大国也，斧斤伐之，可(何)以为美乎？是其日夜之所息，雨露之所润，非无萌蘖之生焉；牛羊又从而牧之，是以若彼濯濯也。”(《孟子·告子》)最后得出结论说:“故苟得其养，无物不长；苟失其养，无物不消。”(《孟子·告子》)实际上，这些均蕴涵了儒家丰富的可持续发展意识和生态意识。[1]

儒家对“天人合一”思想的形成做出了重要贡献。孔子在《论语·阳货》中说:“天何言哉？四时行焉，百物生焉，天何言哉？”[2]天的运行是自然而然的，百物的生长也是自然而然的，这意味着孔子对“自然”和谐的充分认识。他作《易传》，阐发天地人三方之理，其中便包含着儒家的“天人合一”思想。董仲舒第一次明确提出了“事各顺于名，名各顺于天。天人之际，合而为一”(《春秋繁露·深察名号》)的思想。他还说:“天地人，万物之本也。天生之，地养之，人成之。天生之以孝悌，地养之以衣食，人成之以礼乐。三者相为手足，合以成体，不可一无也。”(《春秋繁露·立之神》)程朱理学是程颢、程颐、朱熹等人发展出来的儒家流派，他们以“天理”为最高哲学范畴，提出“人与天地万物为一体”的思想，发展了“天人合一”学说。例如，朱熹把宇宙本体解释为“生”，即生命精神和生长之道。他说:“盖仁之为道，乃天地生物之心，即物而在；情之未发而此体已具，情之已发而其用不穷，诚能体而存之，则众善之源，百行之本，莫不在是。”(《仁说》)

以上所述的中国传统的生态伦理思想以其持久不衰的生命力扎根在人们内心，对于社会的发展意义重大；其所蕴涵的哲学内涵对我们具有深刻的启迪作用，它们作为生态教育重要的理论依据，将极大地推动生态教育的不断发展。

---

〔1〕 余文涛，袁清林，毛文永. 中国的环境保护. 北京：科学出版社，1987：10.

〔2〕 安乐哲，杨思闻. 论语的哲学诠释. 北京：中国社会科学出版社，2003：143.

二、当代生态伦理道德的深远境界

1. 生态哲学

什么是生态哲学？学者余谋昌认为："生态哲学，或生态学世界观，它是运用生态学的基本观点和方法观察现实事物和理解现实世界的理论。现代生态学把世界看做是'人—社会—自然'复合生态系统。它是各种生态因素，包括人工生态系统和自然生态系统的各种因素，普遍联系相互作用构成的有机整体。生态系统整体性，是生态系统最重要的客观性质，反映这种性质的生态系统整体性观点，是生态学的基本观点，也是生态哲学的基本观点。"[1]

人与自然的关系是生态哲学的基本问题，亦即生态哲学以人与自然的关系为基本研究方向。但是，它在观察世界、解释世界和改造世界时，不是单纯以人为尺度，也不是单纯以自然为尺度，而是以人与自然的关系为尺度。也就是说，依据"人—社会—自然"复合生态系统的整体性观点，既从人的角度考察自然界，又从自然界的角度考察人。

生态哲学从人与自然的关系看世界，它的主要观点是：① 人与自然有本质区别。在生命组织层次的演化序列中，人具有意识的和心理的、社会的和文化的因素，处于生物金字塔的顶端，在生态系统中，人不是一般动物"消费者"，而是生态系统"调控者"。② 不能过分强调这种区别，不能把这种区别作绝对化和抽象化的理解。人、社会和自然构成不可分割的有机统一整体，把统一的世界区分为自然界和社会只具有相对意义，它们之间的相互联系、相互作用和相互渗透，比它们之间的相互区别更重要。③ 有人认为，人与自然是同时并存的关系，这是不正确的。它们不是同时并存，而是相互作用的关系。④ 有人认为，自然界只是人和社会的外部条件，这也是不正确的。自然界是"人—社会—自然"系统的内在机制，更重视自然界对人和社会发展的重要作用。[2]

于光远教授在对"自然"术语和概念进行解释和说明时认为，有了人以后，许多自然物受到社会的影响，打上社会的烙印，成了具有某种社会性质的东西，产生了"社会的自然"这样的概念。[3] 由此，生态哲学提出，人们应该转变自然观，构建新的自然观：自然观不是关于纯粹自然的观点，而应该是包含人和社会因素的"社会自然观"。

由此可见，生态哲学作为一种新的哲学范式，是生态学世界观，它以人与自然的关系为哲学基本观点，追求人与自然和谐发展的人类目标，为可持续发

---

〔1〕 余谋昌. 生态哲学. 西安：陕西人民教育出版社，2000：33.
〔2〕 余谋昌. 生态哲学. 西安：陕西人民教育出版社，2000：33－36.
〔3〕 于光远. 自然. 自然辩证法研究，1991，7(10)：17.

展提供理论支持，是可持续发展的一种哲学基础。因此，生态哲学可作为可持续发展教育的理论依据，毫无疑问也能成为生态教育有力的理论支撑。

2. 生态足迹理论

生态足迹，或称生态空间占用，最早是由加拿大生态经济学家 William E. R. 等在 1992 年提出的，并在 1996 年由其博士生 Wackernagel 逐步完善的一种衡量人类对自然资源利用程度以及自然界为人类提供生命支持服务功能的方法。该方法可以估算特定区域内或者特定人群的消费及排放废弃物所需要的生态生产性面积（包括陆地和水域），并与该区域能够提供的生态生产性面积进行比较来衡量区域发展的可持续状况。该方法自 1992 年提出以来在世界各国引起了强烈的反响，并在短时期内就不同的地域空间尺度、不同的社会领域进行了模型方法的运用和实践，其理论方法和计算模型在迅速地发展和完善。

关于生态足迹的概念，William E. R. 曾将其形象地比喻为"一只负载着人类与人类所创造的城市、工厂……的巨脚踏在地球上留下的脚印"[1]。1996 年以后 William E. R. 和 Wackernagel 又从不同的侧面对其进行了定义："一个国家范围内给定人口的消费负荷"、"……用生产性土地面积来度量一个确定人口或经济规模的资源消费和废物吸收水平的账户工具"。[2] 总之，无论如何定义，关于生态足迹总有一个清晰、科学而严格的定义，那就是：生态足迹是一种可以将全球关于人口、收入、资源应用和资源有效性汇总为一个简单、通用的进行国家间比较的便利手段——一种账户工具。生态足迹是指能够持续地提供资源或消纳废物的、具有生物生产力的地域空间，它从具体的生物物理量角度研究自然资本消费的空间。[3]

生态足迹现有综合法和成分法两种计算方法。综合法是自上而下以一个类物质的宏观统计量为基础，计算全球、国家和区域层次的生态足迹。成分法则是从研究对象单体的衣、食、住、行等活动出发，通过收集和实测相关消费与排放成分的量，自下而上测量研究对象的生态足迹，是一种更适合小单元对象的生态足迹计算方法。生态足迹综合法和成分法把生产性土地分为六类：农耕地、牧草地、建用地、林地、化石能源间接用地以及水域。学校生态教育中适合采用成分法来进行分析。就大类而言，成分法主要考虑能源、实物、垃圾、

---

〔1〕 William E. R. Revisiting Carrying Capacity: Area-based Indicators of Sustainability. http//www.dieoff.com/page/110.htm, 1997-11-14.

〔2〕 李利锋，成升魁. 生态占用——衡量可持续发展的新指标. 资源科学，2000，15(4)：375-382.

〔3〕 王书华，毛汉英，王忠静. 生态足迹研究的国内外近期进展. 自然资源学报，2002，17(6)：776-782.

水、交通工具和纸张等。[1]

如前所述,William E. R. 将生态足迹形象地比喻为“一只负载着人类与人类所创造的城市、工厂……的巨脚踏在地球上留下的脚印”。当人类的生态足迹大于生态容量,则发展是不可持续的。也就是说,当地球所能够提供土地面积容不下这只“巨脚”时,其上面的城市、工厂就会失去平衡;如果“巨脚”始终得不到一块允许其发展的立足之地,那么它所承载着的人类文明将最终坠落、崩毁。该定义为我们形象地展示了更接近于真实的人类对自然界和生态系统的依赖程度。[2]

正因为生态足迹以一种生动的形象面世,无论是幼童、青年学生、普通工人、农民,还是老人,都能够理解其含义,并能铭记在心。人类社会的“巨脚”过大,人类文明崩溃,人类就会毁灭。这无疑给全人类敲响了警钟。如果人类一意孤行下去,不顾及生态承载力的大小,不按照可持续发展观的要求去做,人类将自取灭亡。这种形象生动、发人深省的比喻,本身就是一种生态教育,深化了人类的生态意识,深化了学校生态教育的意义。

生态足迹与生态教育的结合不但为我们找到了生态教育的理论解释,而且同时为我们提供了简单易行的方法。一旦我们把这样简明的理论和方法在学校领域宣传讲解,生态教育的开展将变得直观而清晰,学生更是能结合自身的消费来分析对生态的影响,从而能促进每一位学生把生态教育与自身行动相结合,规范自己的消费行为,从而从根本上实行绿色消费,实现生态实践。[3]

3. 可持续发展理论

(1)“可持续发展”的提出。

“可持续发展”是一个由发达国家提出的后现代概念。该理论提出的社会背景是:发达国家的现代化发展,带来一系列威胁人类生存的全球性问题,这被认为是现代化的负面影响,从而提出向“后现代”过渡,建设可持续发展的社会。[4]

1987 年,联合国环境与发展委员会在长达 4 年研究并经过充分论证的著名报告《我们共同的未来》中,正式提出了“可持续发展”的概念。1992 年,在巴西里约热内卢召开的“联合国环境与发展会议”上,“可持续发展”被广泛地

---

〔1〕 鲁丰先,秦耀辰. 结合生态足迹理论开展高校生态教育. 高教论坛,2008,(6):11-14.

〔2〕 王书华,毛汉英,王忠静. 生态足迹研究的国内外近期进展. 自然资源学报,2002,17(6):776-782.

〔3〕 鲁丰先,秦耀辰. 结合生态足迹理论开展高校生态教育. 高教论坛,2008,(6):11-14.

〔4〕 余谋昌. 生态哲学与可持续发展. 自然辩证法研究,1999,15(2):47-50.

认可,并在《里约环境与发展宣言》(又名《地球宪章》)和《21 世纪议程》中规定为人类社会的发展战略。

(2)“可持续发展”的定义。

什么是“可持续发展”? 不同国家和不同学者对“可持续发展”概念的理解不同,所下的定义也各不相同。

侧重于生态方面的定义有四种,分别为:① 改进人类的生活质量,同时不要超过支持发展的生态系统的负荷能力;② 保持和加强环境系统的生产和更新能力;③ 寻求一种最佳的生态系统,以支持生态系统的完整性和人类愿望的实现,使人类的生存环境得以可持续;④ 不超过环境承载能力的发展。

侧重于经济方面的定义有三种,依次为:① 在保持自然资源的质量和所提供服务的前提下,使经济的净利益增加到最大限度;② 自然资本不变前提下的经济发展;③ 不降低环境质量和不破坏世界自然资源基础的经济发展。

侧重于技术方面的定义有两种,分别为:① 可持续发展就是转向更清洁、更有效的技术——尽可能接近零排放或密闭式工艺方法——尽可能减少能源和其他自然资源的消耗;② 可持续发展就是建立极少产生废料和污染物的工艺或技术系统。

侧重于社会方面的定义有两种,依次为:① 指人口趋于平稳、经济稳定、政治安定、社会秩序井然的一种社会发展;② 在环境允许的范围内,现在和将来给社会上所有的人提供充足的生活保障。

侧重于世代伦理方面的定义:就是在满足当代人需要的同时,不损害后代人满足其自身需要能力的发展。

侧重于空间方面的定义:既满足当代人需要又不危害后代人满足需要的能力,既符合局部人口利益又符合全球人口利益的发展。

侧重人与自然相协调的定义:可持续发展的根本点就是经济社会的发展与资源环境相协调,其核心就是生态与经济相协调;另一种定义则认为可持续发展即是谋求在经济发展、环境保护和生活质量的提高之间实现有机平衡的一种发展。

而侧重于从共同进化的观点出发,即由人类中心论向物种共同进化的方向转变的观点则认为,人类不仅要与子孙后代共享资源与环境,而且还要与其他生物物种共享地球上的资源与环境。因此,“可持续发展”的定义又可以表述为:可持续发展就是在满足当代人需求的同时,不损害人类后代的需要,在满足人类需要的同时,不损害其他物种满足其需要能力的一种发展。[1]

〔1〕 赵士洞,王礼茂. 可持续发展的概念和内涵. 自然资源学报,1996,11(3):288-292.

从这些定义可以看出,可持续发展不仅是一种发展观,也是一种伦理观,它包含着深刻的生态伦理思想,它是在世代间的公正原理的基础上,强调人与自然和谐相处、共生共存的重要性;在尊重自然界的价值和生态规律的基础上,注意开发与保护并重,而不给后代留下一个“赤字”的环境。可持续发展伦理观承认其他生物、物种、自然和生态系统的价值。因此,可持续发展伦理观是一种新型的环境伦理观。[1]

尽管“可持续发展”的定义有十几种,人们对它并没有一致的看法,但有两个权威性文件提出的定义已经被广泛采用。一是《我们共同的未来》,它把“可持续发展”定义为:既要满足当代人的需要,又不对后代人满足其需要的能力构成危害的发展。另一个是《保护地球——可持续生存战略》的著名报告中,把“可持续发展”定义为:在不超出支持它的生态系统的承载能力的情况下改善人类的生活质量。

(3)可持续发展的内涵。

《我们共同的未来》中的“可持续发展”包括两个重要的概念:一是“需要”的概念,尤其是世界上贫困人口的基本需要,应将此放在特别优先的地位来考虑;二是“限制”的概念,它是指技术状况和社会组织对生态满足眼前和将来需要的能力施加的限制,其核心理念是公平与共同的生态利益不仅关注每一代人内部的公正,而且关注各代人之间的社会公平。这一定义为国际社会普遍接受。据此,可以梳理出“可持续发展”的理论有以下几个方面的内涵:① 高效发展。这不仅是指经济的发展,更重要的是指社会的进步,而高效则既包括经济意义上的效率,也包含着自然资源和生态损益的成分。在人类可持续发展中,经济发展是基础,自然生态保护是条件,社会进步才是最终目的。② 持续发展。即要在严格控制人口增长,提高人口素质和保护生态、资源永续利用的条件下,进行经济活动,保证以可持续的方式使用自然资源和生态成本,使人类的发展控制在地球的承载力之内。③ 公平发展。主要包含两个层面:一是本代人的公平,即代内之间的横向公平;二是代际间的公平,即世代的纵向公平。④ 共同发展。地球是一个复杂的系统,每个国家或地区都是这个系统不可分割的子系统。系统的最根本特征是其整体性,每个子系统都和其他子系统相互联系并发生作用,只要一个系统发生问题,都会直接或间接地导致其他系统的紊乱,甚至会诱发系统的整体突变。因此,可持续发展要追求共同发展。[2]

---

〔1〕 倪瑞华.可持续发展的伦理精神.北京:中国社会科学出版社,2004:265.

〔2〕 路国华.可持续发展理论缘起、内涵与演进.上海城市发展,2009,(4):57-59.

由此可见,生态教育必须以可持续发展理论为依据,在可持续发展的前提下才能搞好生态教育和经济建设。

4. 需要层次论

美国心理学家马斯洛认为,人是一种不断追求的动物,除短暂的时间外,人极少能达到完全满足的状况,一个欲望满足后往往又会迅速地被另一个欲望所占领,人几乎总是在希望什么,这是贯穿人一生的特点。马斯洛从研究人的最基本需求出发,把人的需求逐级分为:生理需要、安全需要、归属与爱的需要、尊重的需要、自我实现的需要、认知和理解的需要、审美的需要 7 个层次,被称为"需要层次论"。人对良好环境的需要总是贯穿于各层次的需要之中,与人的各种需要密切相关,是生态环境保护的理论基础。[1]

生理需要是第一层次需要,它是人的需要中最基本、最强烈、最明显的需求。人生活于自然环境之中,无时无刻不与周边环境进行物质和能量的交换。因此,空气、水、土壤、声等生态环境要素的质量,直接关系到人的最基本需要——生理需要的满足。安全需要是第二层次需要。经验教训表明,生态环境问题不仅关系到个人的生命财产安全,也关系到一个国家和民族的兴衰。现阶段生态环境安全已经成为国家安全的重要内容。第三、第四层次为归属和爱、尊重的需要。这些需要以自己的行为被他人和社会所接受为前提和基础,要求个人或团体必须具备基本的环境道德准则和行为规范等生态文明素质,因而生态文明素质已经成为现代文明的重要组成部分,个人、团体甚至国家所表现出来的环境行为、环境形象,已经成为其能否被他人、社会所接受和尊重的重要因素。人的高层次需要包括自我实现、认知和理解、审美三个方面的需要。生态环境保护是一项功在当代、利在千秋的事业。生态文明建设是社会发展的必然,也是人类生存与发展的必需,随着生态环境保护这一公益性朝阳事业的发展,生态环境保护领域必将成为越来越多人实现自我的行业。人需要不断学习、了解和探究,依法、全面、准确、适时地公开生态环境信息,这不仅是保障公众知情权的举措,还是避免公众被各种传言、谣言和伪科学的信息所误导,建立政府环境决策体现民意的必由之路。人对美有本能的需要,审美需要的冲动在每种文化、每个时代都存在。"宁可食无肉,不可居无竹"就是对生态环境美的追求。优美的居住环境和工作环境,已经成为人们重金必求的目标之一。

[1] 阳华.需要层次论与生态环境保护.环境保护,2010,(2):44-45.

第三节　生态教育的目的与目标

20 世纪 70 年代，伴随着全球生态危机的蔓延和加深，一个敏感而重要的、与教育密切相关的生态伦理道德问题成为一些西方发达国家关注的焦点，生态教育应运而生。而生态教育实施的效果则取决于生态教育目的的正确定位和目标的全面确立，因此，对生态教育的目的与目标的探讨具有非常重要的理论意义和实践指导价值。

一、生态教育的目的

明确生态教育的目的是实施生态教育活动的前提，它关系到生态教育的具体目标的确定、生态教育内容的取舍、生态教育方式方法的选择和生态教育评价的进行。不同时期、不同地区对生态教育目的的提法不尽相同，由此反映出生态教育理论和实践的发展过程的不断深化，也反映出不同国家和不同地区生态教育实践的地域特色。

生态教育最初以环境教育的形式出现，并在环境教育的不断拓展、演进的过程中发展演变，因此，生态教育的目的也是由环境教育的目的逐渐扩展来的。

1. 环境教育目的的演变

1970 年，国际自然与自然资源保护同盟在“学校课程中的环境教育国际研讨会”上建构的影响深远堪称经典的定义中提出：“环境教育……目的是发展一定的技能和态度，这是理解和鉴别人类、文化和生物物理环境之间相互作用所必需的因素。环境教育还促使人们对环境质量问题作出决策，对本身的行为准则作出自我约定。”[1]

1975 年《贝尔格莱德宪章》进一步指出，为了解决环境问题，必须以新的方式进行思考和行动。为此，环境教育的目的是要促进全世界所有的人意识并且关注环境及其问题，并促使他们个人或群体具有解决当前问题、预防新问题的知识、技能、态度，并推动和投入到这项工作中去。据此，该文件列举了环境教育所要实现的目标，也包括意识、知识、态度、技能、评价和参与。[2]

1977 年在第比利斯召开的“政府间环境教育大会”充分肯定了《贝尔格莱德宪章》的论断，又更进一步系统地阐述了环境教育的目的与目标。会议发表

〔1〕 祝怀新. 环境教育的理论与实践. 北京：中国环境科学出版社，2002：26.

〔2〕 UNESCO. The International Workshop on Environmental Education：Final Report. Belgrade. Yugoslavia. Paris：UNESCO/UNEP. 1975.

的《第比利斯政府间环境教育会议宣言和建议》指出：

环境教育的一个基本目的，是要使个人和社团理解自然环境和人工环境的复杂性——造成这种复杂性的原因来源于人类的生物活动、物理活动、社会活动、经济活动和文化活动各方面的交互作用；使他们获得知识、价值信念、态度和实用技能，以便能以一种有效的方式参与对环境教育问题的认识和解决，以改善环境质量。

环境教育的另一个基本目标是要清楚地揭示当代世界在经济、政治和生态上的相互依存性，不同国家采取的决策和行动会引起国际性的反响。在此方面，环境教育应该提高国家与区域间团结和负责的意识，以此作为建立一种确保保护和改善环境的国际新秩序的基础。[1]

根据上述总体目的，《第比利斯政府间环境教育会议宣言和建议》又进一步明确了环境教育的三项具体目的：

（1）促使人们清楚地意识并关注城乡地区经济、社会、政治和生态方面的相互依赖性；

（2）为每个人提供获取保护和改善环境所需要的知识、价值观、态度、义务和技能的机会；

（3）建立个人、群体和社会对待环境的新的行为模式。[2]

由此可见，20 世纪 70 年代后期，国际社会正式明确了环境教育的最高目标是建构一个有益于环境发展的国际新秩序。因此，从育人的视角看，环境教育的目的是要提高受教育者的综合素养，使之具有良好的环境行为。也就是说，环境教育已不仅是环境知识本位的教育模式，而是关注环境意识、知识与技能、情感、态度和价值观的较为完整的教育过程。

2. 生态教育目的的演进

1992 年，联合国环境与发展大会召开以后，世界各国更加重视环境教育，进一步深入探讨环境教育的目的与取向。而当可持续发展观为各国所接受并由各国纷纷提出可持续发展教育的时候，当涉及生态伦理的生态意识教育受到人们的关注从而提出生态德育之时，当生命教育普遍为人们所重视的时候，环境教育的内涵得到了极大的扩展和丰富。在环境教育基础之上发展演化而来的生态教育，其目的也被赋予了新的内涵。因此，生态教育的目的、内涵和

〔1〕 UNESCO. Intergovernmental Conference on Environmental Education: Final Report Tbilisi. USSR. UNESCO. 1977:25.

〔2〕 UNESCO. Intergovernmental Conference on Environmental Education: Final Report Tbilisi. USSR. UNESCO. 1977:26.

范畴也应比环境教育的目的、内涵和范畴更为深刻和宽广。

一些国家和地区在环境教育目的的阐述上已突破传统的狭隘范围，逐步趋近生态教育目的。

例如，2001 年澳大利亚新南威尔士州教育与培训部颁布的《学校环境政策》中如此阐述环境教育的目的："环境教育的目的是要促进学生对作为整体体系的环境的理解，发展他们的态度与技能，从而有助于实现生态上的可持续发展。"[1]

又如，我国香港特别行政区教育署课程发展议会于 1999 年编订并颁布的《学校环境教育指引》中明确指出："学校环境教育的最终目的是促使学生毕生都关注环境，而且具有远见，并为他们做好准备，使之能就环境保护作出有识见、合理和实际可行的决定，同时身体力行，致力缔造一个安居乐业、可持续发展的环境。"[2]

再如，我国将环境教育的总体目标亦即环境教育的目的阐述为：引导受教育者热爱环境，关注周围、地方、国家和全球所面临的环境问题；培养学生正确处理环境保护、经济发展、社会进步等领域之间相互关系的意识；帮助受教育者获得保护和改善环境所需要的知识和技能；引导受教育者自觉形成对环境负责任的生活方式和行为方式，从个人、群体和社会等角度作出符合可持续发展战略要求的决策并采取相应的行动。[3]

近年来，随着生态教育各方面研究的不断深入，学者们对生态教育目的的探讨越来越广泛，对生态教育目的的认识也越来越多样化。有研究者认为，生态教育的目的是解构人类中心主义的生态伦理观，从而倡导人与自然和谐共处的生态伦理观。[4] 有的学者以为，生态教育的最终目的是让社会上每个人的大脑中装有生态意识，行动中节约资源、爱护环境，进行绿色消费，保护生物的多样性，以实现人和自然和谐共处、人类社会可持续发展的目标。[5] 还有研究人员在试图突破环境教育原有的内涵的基础上，对生态教育的目的作了较为详细的论述：生态教育除了使人们具备生态科学的基本知识、基本技能外，更重要的是在生态意识、生态道德、生态审美核心理念的指导下，树立人们正确的生态价值观，使人们充分认识生态对人类社会的重要价值，从而积极

---

〔1〕 New South Wales Department of Education and Training . Environmental Education Policy for School. NSW: Department of Education and Training Curriculum Support Directorate, 2001:10.

〔2〕 香港课程发展议会. 学校环境教育指引. 香港：香港教育署印行，1999:4.

〔3〕 姚亚萍. 环境教育教程. 长春：东北师范大学出版社，2003:246.

〔4〕 蒙睿，周鸿. 我国生态教育体系建设. 城市环境与城市生态，2003，16(4):76-78.

〔5〕 鲁丰先，秦耀辰. 结合生态足迹理论开展高校生态教育. 高教论坛，2008，(6):11-14.

地、主动地关注生态环境,促进社会的可持续发展。[1]

本书对生态教育作出的定义为:生态教育是在生态哲学理论、方法指导下,遵循可持续发展战略的基本原则,以"人—社会—自然"全面和谐、可持续发展为教育目标,借助所有教育手段和形式在整个课程体系(包括隐性课程)的实践中,对受教育者实施生态道德教育、环境教育、生命教育及可持续发展教育,使受教育者掌握生态知识与技能,以实现受教育者与生态相关的情感、态度、价值观、行为方式、生活方式等的一系列转变,使受教育者成为具有生态综合素养的新人类。根据这一概念以及目前生态教育的实际状况,我们将生态教育的目的概述为:使受教育者具备生态教育的基本理论、生态科学知识与技能,树立正确的生态情感、态度和价值观,培养人们生态道德的基本准则和行为规范,使受教育者成为具有生态综合素养的新人类,以实现"人—社会—自然"全面和谐、可持续发展。

二、生态教育的目标

为了实现上述生态教育的总体目的,在实践中经常通过渗透性和整体性的教学安排,为所有学生提供充分的生态教育资源和机会,而且在实践中有必要将其分解为若干目标层次。生态教育目标是多维的,应该包括以下几个层次:意识目标、情感态度与价值观目标、知识目标、技能目标、行为目标。

1. 意识目标

人的生态行动源于人的生态意识。生态意识是一种对生态系统科学的认识和把握基础上的全新的现代文明意识,是指"人与自然正确关系所反映的社会思想、理论、感情、意志、知觉等的总和。它反映自然价值与文化价值相结合的一种新的价值观念"[2]。

生态教育应当帮助学生正确认识世界是"人—社会—自然"复合生态系统,它是各种生态因素——无机的、有机的和文化的——普遍联系、相互作用、相互渗透而构成的休戚与共、不可分割的有机统一整体;使学生意识到违反生态规律所带来的后果的严重性以及维护生物圈的基本生态过程的重要性,真正意识到人在追求自己利益的同时要兼顾生命和自然界的生存利益,人和其他生命共享地球生态资源、和谐发展、共同进化的必要性;同时激发学生对他人、后代的关注,意识到我们对他人和后代的责任,为代内、代际创造更好的生存环境,最终使受教育者树立起正确的"人—社会—自然"全面和谐、可持续发展的生态意识观。

---

〔1〕 周笑冰. 环境教育的核心理念及目标. 北京师范大学学报,2002,(3):118－122.
〔2〕 余谋昌. 创造美好的生态环境. 北京:中国社会科学出版社,1997:234.

2. 情感态度与价值观目标

人的生态行动的动力来自情感态度与价值观。生态教育是要帮助学生树立一种同情一切生命(包括人的生命和非人类生命)、亲近和关爱自然万物的高尚情感。培养他们对生物物种和生态系统价值与权利的认同感以及“天人合一”精神境界的归属感,使学生树立正确的生态价值观、生态环境法纪观和可持续发展观。在现阶段,树立和落实科学发展观也是我们必须重视的态度目标。

该目标包括以下几方面的态度和品质:

(1) 时刻关爱生态环境及生命万物;

(2) 积极主动地考虑自己的经济行为对生态环境的影响;

(3) 设法理解和尊重他人的生态价值观;

(4) 不断调整和完善自己的生态环境价值观。

3. 知识目标

人的行动路径的选择、强烈的生态意识、正确的生态观依靠的是理性和认识。生态教育应该向受教育者传授生态教育的基础理论、生态科学、地球科学、环境科学、生态相关的人文社会科学等一系列科学知识,使学生理解“人—社会—自然”复合生态系统和谐发展的错综复杂的关系,能识别人类生态行为的可能后果。为了实现以上目标,必须帮助学生获得以下几方面的知识:

(1) 生态教育的基本理论知识,包括环境教育向生态教育的演进历史、生态足迹、生态哲学、可持续发展等理论依据,以及生态教育的目标、内容、方法、评价等知识;

(2) “人—社会—自然”复合生态系统的特点功能、作用机理和变化状况;

(3) 人类行为对他人、后人及生态环境可能造成的影响;

(4) 自然科学的生物学(包括生态学)、物理学、化学、地理学等学科知识以及哲学、历史学、艺术、教育学、管理学、经济学、法学等人文与社会科学知识;

(5) 各级政府的生态环境法律与法规;

(6) 理解生态、社会与经济发展之间的辩证关系。

4. 技能目标

人的行动的实现取决于人的技能。生态教育必须培养学生识别、探索、分析、解决“人—社会—自然”复杂生态系统的问题以及社会相关事务的基本技能。包括以下几方面的技能:

(1) 信息媒体技能:能够利用多种媒体搜集、分析、鉴别、选择、运用和分享不同来源的有关生态问题的媒体信息;

(2) 获取新知的技能:能通过有效的途径和手段获得相关的生态教育理论、生态学等自然科学知识、人文社科知识的技能;

(3) 发现和界定问题的技能:通过文献资料或从现实生活中发现并提出与生态相关的问题,分析产生问题的原因,作出解决生态问题的假设;

(4) 解决问题的技能:针对生态问题设计和实施方案,收集和统计数据,分析结果,得出结论;

(5) 交流与合作的技能:能用准确的术语和图表清晰、简明地表达和交流生态问题,能与他人高效合作解决生态问题。

5. 行为目标

生态教育的最终目的要落实在学生的行为上,也就是使学生在生态意识、价值观和态度的支配下,利用所掌握的生态知识和技能,有效地解决人、社会、自然的相关问题。生态教育应为学生提供各个层次的参与和实践机会,帮助学生养成符合可持续发展的行为习惯和生活方式。

以上目标在实践中对不同年龄段的学生应有不同的要求。例如,幼儿园、小学阶段应更强调初步培养学生符合可持续发展的价值观与态度,初中阶段开始向培养学生良好的生态认知过渡,而高中阶段则侧重于培养学生的生态知识和技能。

第四节　生态教育的原则

生态教育原则是教育者对学生实施生态教育时所应遵守的基本要求和根本准则,它是贯穿于生态教育体系的总纲和精髓,同时对生态教育的内容和方法的选择具有指导性意义。针对不同人群或不同层次的生态教育应该具有不同的原则,如高等教育、基础教育、学前教育中进行的生态教育均有各自不同的原则,本节力求阐述生态教育应该遵循的共同原则。

一、教学目标的综合性和整体性原则

生态问题的产生有各种不同的原因,解决生态问题也需要整合众多学科,用综合的方法加以解决。因此生态教育应将世界看做是"人—社会—自然"复合生态系统,将环境教育、生态德育、可持续发展教育、生命教育等作为重要的教育内容,体现生态教育应遵循整体系统的原则。在课程设计时,要注意体现不同学科内容之间的整合,如物理和生物的整合、化学与生物的整合、科学与社会的整合、科学与人文的整合等。在教学中,要以注重培养学生的综合性思维和运用综合知识解决生态问题的能力,如用人文的思想思考科学遇到的问题,用科学的方法解决社会遇到的问题。从这样的角度看,生态教育的教学目

标应坚持综合性和整体性原则。首先，教学的目标应该是多维的，包括生态知识与技能、生态意识、生态情感态度与价值观、生态行为等目标；其次，每一项目标应该是综合的，如知识和技能应该是多学科知识和技能的综合。

二、课程形式的针对性和全面性原则

从生态问题的形成和解决方法看，生态教育几乎涉及所有的学科课程，也就是说，各个学科均可以从自身出发，找出其与生态教育的交叉渗透点，这体现了生态教育的全面性。然而，生物的多样性、人类文化的多样性、生态教育内容的复杂性、生态教育目标的多维性决定了生态教育的形式和方法的多种多样。因此，在课程设置中，既可设置专门的显性课程，如在大学设置生态专业，专门研究生态问题和培养生态专业的专门人才；在中小学设置相关的必修课程、校本课程或综合实践课程，激发学生对生态的兴趣；也可将生态意识和生态保护的知识渗透到各学科的教学中，通过各学科进行渗透教育；还可以通过绿色校园、绿色学生社团等校园文化的创建，实现隐性课程的教育。

三、教学内容的与时俱进和因地制宜原则

综观人类发展的历史，科学技术是一把“双刃剑”，科技进步在提高生产力、推动社会发展的同时，也把人与自然的关系从和谐推向对立。要使科学技术能在未来社会可持续发展、保证人与自然的和谐相处中发挥积极的作用，在生态教育中就要密切注意当今科学技术的发展、世界环保的新动向，结合我国各个时期的实际情况，始终坚持与时俱进的原则，适时调整学校生态教育的目标和内容。

首先，教学内容要不断增加一些新观点，使学生认识到科技进步可以为人类创造更文明的经济发展模式，如循环经济要改变传统经济高开采、低利用、高排放的生产模式，实现减量化、再利用、再循环，依靠的就是绿色化学、绿色农业、废物回收技术等新科学、高技术，通过综合的规划和合理的配置，在完成经济发展的同时促进人与自然的和谐。其次，要增进先进科学知识和新技术的学习，使学生认识到科技的进步可以帮助人们更好地认识自然，利用科技知识形成智力资源，有效地保护环境，寻求和开发新的资源，拓展新的生存和活动空间，从而减少自然资源匮乏和环境破坏造成的人与自然的对立。再次，要帮助学生形成新的生态伦理观和道德感，从而使人类能更加普遍地、理性地、科学地节制生育和消费，重视自身和人类未来的生存环境和质量，注意保护自然界生物的多样性和自然生态系统，从而为人类生活创造更高级的文明模式。此外，还应学习相关的法律知识，如《环境保护法》《森林法》《草原法》《野生动物保护法》等一系列法律和法规。当然，这些法律要在社会生活中充分发挥效力，还须做出巨大的努力。因为法律虽然对约束人们的行为具有十分重要的

作用,但也有它的局限性,它仅仅是人们行为的下限,一旦出现触犯法律的情况,必定已对生态环境造成破坏。因此,人们还必须依靠道德的力量,强化法律意识,把维护生态平衡内化为人们的自律。

在生态教育中,对生态的情感是生态教育的催化剂。对家乡的热爱,对故土的情怀,是每个人与生俱来的情感。利用这种情感对学生进行生态教育也必然会非常有效。因此,可以从学生的身边人和身边事出发,针对不同地区的生态状况,挖掘当地的生态教育资源,利用学生对家乡的情感,有针对性地进行生态教育,这也是生态教育应遵循的重要原则之一。

四、教学方法的多样性和实践性原则

生态教育多维的目标各有不同的特点,以知识的角度看,有可以言明的显性知识,也有不可言传、只可意会的默会知识。由于它们的传播方式不同,其教学方法也应该不同。在教学方法上,主要有课堂教学法和课外活动教学法两种。

课堂教学法是指课堂教学所采用的教学方法,包括讲授法、实验法、问题教学法、讨论法等。讲授法与其他学科的讲授法基本相同,就是以教师为主,向学生讲授生态的知识与生态文明的观念,以使学生对生态文明有基本的了解和认识。实验法指学生在实验室中通过一定的仪器、药品和设备,学习如何研究自然环境中物质的变化规律,探究生态问题形成的原因,寻找解决生态问题的方法。问题教学法是通过提供给学生一个有争议的生态问题,让学生围绕问题参与调查、搜集资料,以此丰富学生的生态知识,提高他们的生态意识。讨论法是指创设一个与生态有关的道德两难选择问题情境,引起学生原有的生态认知失调,激发他们积极思考、独立探索。

课堂教学传授的主要是显性知识,对默会知识而言,学生的亲身实践才是最好的获得知识的途径。生态教育的实践性原则,也称参与性或直观性原则,要求将学生的生态理论知识与学生的经验和自然、社会的实际联系起来,即把普适的生态理论知识技能与本地的、本国的、国际的各层次的生态问题结合起来,探索解决实际生态问题的途径,培养学生未来参与生态决策的能力。如果只是囿于单一的课堂讲授,会使学习者缺乏现实的感受和经验而难于深刻理解并运用所学知识,通常不能使学生的知识、态度与认知过程转化为实际应用及实际行动。只有在直接参与、体验和感受的过程中,才能建立人与自然的和谐关系,解决生态问题的能力才能得到提高。实践的教学方法有户外考察或调查、生态主题活动、学生社团活动等。户外考察包括观察生态环境,发现生态问题,思考解决问题的方法。主题活动主要是针对生态问题及生态保护进行宣传或讨论,如主题沙龙、学术报告等。

五、教学过程的持续性和因材施教原则

生态教育目标的整体性决定目标的达成不可能一蹴而就，它不仅是一种知识的传授过程，更是能力的提高过程和观念的内化过程，所以对学生的生态教育应保持一个持续的、不间断的过程，并且要按照心理学关于人的成长规律的教育的原理，由浅入深，不断推进。生态教育还应该是一种终身教育，它要求每一个人都应该为生态平衡做出自己应有的贡献。

生态教育是一种教育活动，应该依据不同年龄阶段、不同学段的学生情况而采取不同的教育方法。生态教育不能不分层次，千篇一律。学校的生态教育应从学生的实际状况出发，采取相应的生态教育内容和方法，因材施教，才能取得预期的教育效果。正如前节所述，幼儿园、小学阶段更强调初步培养学生符合可持续发展的价值观与态度，因此可通过游戏等方式关注他们的日常行为；初中阶段开始向培养学生良好的生态认知过渡，让学生了解一些最基本的生态知识，促进正确价值观的初步形成；而高中阶段则更注重培养学生的生态知识和技能，使学生知其然并知其所以然，使之能初步用一些科学的方法应对生态问题；而大学阶段要为学生的职业生涯奠定坚实的基础，不仅要使之牢固掌握与专业相关的生态知识和技能，运用科学的方法研究和解决相关的生态问题，还要使之有坚定的人生信念和价值观念。

六、教学评价的主体性和多元性原则

生态教育的教学目标包括生态知识与技能、生态意识、生态情感态度与价值观、生态行为等目标。尽管知识和技能可以直接传授，但意识、情感态度与价值观却无法直接灌输，行为也是难以强迫的，只有学生自己具有主观能动性，才能达成教育目标。因此在采取种种教育方法之时都要突出学生的主体地位，教师在生态教育过程中要给学生以最大的自主创新空间，充分调动学生在生态教育学习过程中的主动性、积极性和创造性，培养学生的社会责任感，以最终实现“人—社会—自然”的和谐发展。

评价具有教育性，生态教学评价也是促进生态教育目标达成的重要方法，通过评价可以加强学生的主体意识，通过学生不断地自我反思，主动检查自己的思想和行为，以确定是否达到生态教育的目标。

为了保证评价的客观性，并充分发挥评价中学生的主体地位，生态教学评价的方法应该是多元的。首先是客观评价与主观评价的结合。客观的笔试方法可以了解学生掌握生态知识的多少，但这种方法仅仅反映的是学生对卷面上问题的掌握情况，无法真实反映出他们解决生态问题的能力及对待生态环境的态度和情感。观察、访谈都是重要的主观性评价方法，通过观察可以了解学生面对真实生态环境的行为和解决问题的能力，通过访谈可以了解学生内

在的生态情感和态度。其次是过程评价与终结评价的结合。终结评价是一种对教学结果达到程度的表达,对生态教学而言更重要的是过程评价,它伴随着学生的成长,通过在学习过程中的不断测评,及时发现教学中存在的问题并进行改善,促进生态教学的深入开展。也就是说,过程的评价本身就是教学的过程。再次是他人评价与自我评价结合。他人评价是指被评学生以外的组织和个人依据评价标准对被评对象所作的评定或价值判断,这种评价往往更具有客观性。而自我评价是指被评学生依据评价标准对自身所作的评定或价值判断,它更有利于被评学生的角色内化,有利于激励被评学生的内在动力,可不断调节被评学生自身的行为和心理状态,对违反预定标准的自我动机进行有效抑制。所以积极有效的自我评价可以促进生态教育的深入发展。

第四章　苏南中小学生态教育调查分析

素有“人间天堂”之称的苏南地区，由于改革开放以来经济高速发展，也出现了一系列的生态问题。为了处理好人与自然的关系，迫切需要提高苏南地区公民的生态知识水准，加强公民的生态意识，促进公民良好生态行为的养成，而这些目标的实现重在教育，尤其是学校教育。学校教育是一个长时间的过程，它贯穿于一个人的青少年时期，这一时期正是人的世界观、价值观和行为习惯的养成期，对这一时期的公民进行生态教育势在必行。因此，了解苏南学校的生态教育现状，包括了解苏南中小学及学前教育的生态教育状况已迫在眉睫。本章通过对苏南地区学前教育教师、中小学教师、苏南地区初中以及高中学生的生态教育情况及其生态素养进行调查[1]，掌握了苏南学校生态教育的信息、资料，为不断提高苏南学校的生态教育水平奠定基础。

第一节　苏南地区小学与学前教育教师生态教育的调查研究

一、问卷调查研究方法与过程

（一）问卷设计

本研究从“生态与生态教育知识”、“生态与生态教育意识”、“生态与生态教育行为”三个维度，自制“苏南地区小学教师生态教育调查问卷”（见附录1）和“苏南地区学前教育教师生态教育调查问卷”（见附录2）。在“生态与生态教育知识”方面采用选择题方式，每题选择正确选项者计4分，不正确者计0分。“生态与生态教育意识”和“生态与生态教育行为”维度为四点量表，选项包含：生态与生态教育意识（“很符合”、“比较符合”、“不大符合”、“很不符合”）、生态与生态教育行为（“一直如此”、“经常如此”、“偶尔如此”、“从未如

〔1〕 基于学前生态教育的重要性，将其作为中小学生态教育的向前延伸而纳入本章研究范围，亦基于幼儿及小学生对问卷内容理解的限制性、苏南高校学生和教师来源的多区域性，故选择上述调查对象。

此”)，计分的方式为：在正向题中，作答“很符合”、“一直如此”者计 4 分，作答“比较符合”、“经常如此”者计 3 分，作答“不大符合”、“偶尔如此”者计 2 分，作答“很不符合”、“从未如此”者计 1 分；在反向题中，作答“很符合”、“一直如此”者计 1 分，作答“比较符合”、“经常如此”者计 2 分，作答“不大符合”、“偶尔如此”者计 3 分，作答“很不符合”、“从未如此”者计 4 分。单题均分为 2.5 分。

（二）调查对象和数据收集

问卷的调查对象来自苏州市、无锡市、常州市部分小学和学前教育教师。此次调查共发放“苏南地区小学教师生态教育调查问卷”和“苏南地区学前教师生态教育调查问卷”290 份，其中小学教师问卷 200 份，学前教育教师 90 份；对所有回收问卷都逐一认真检查，收回有效问卷 267 份，其中小学教师问卷 190 份，学前教育教师问卷 77 份，有效率为 92%。运用 SPSS17.0 统计分析软件对所得数据进行了描述统计。被调查的小学教师和学前教育教师基本情况如下（见表 4-1、表 4-2、表 4-3）。

表 4-1　苏南地区小学教师生态教育调查对象的基本情况

因素		人数（人）	百分比（%）	因素		人数（人）	百分比（%）
性别	男	41	21.6	来源	城区	136	71.6
	女	149	78.4		乡镇	54	28.4
学历	研究生	4	2.1	职称	高级	100	52.6
	本科	121	63.7		一级	50	26.3
	大专	54	28.4		二级	4	2.1
	中专	8	4.2		暂无	36	18.9
	高中	3	1.6				

表 4-1 中，小学教师的男女比例与目前我国小学教师的性别比率基本吻合。而随着苏南地区工业化、城镇化程度的不断提高，部分乡级学校逐渐划入城区，这使苏南地区城区学校的比例增大，表中比例与苏南学校分布情况基本吻合。

表 4-2　苏南地区学前教育教师生态教育调查对象的基本情况

因素		人数（人）	百分比（%）	因素		人数（人）	百分比（%）
性别	男	0	0	来源	省优园	37	48.0
					市优园	29	37.7
	女	77	100		普通园	11	14.3
学历	研究生	1	1.3	职称	高级	14	18.2
	本科	19	24.7		一级	36	46.8
	大专	46	59.7		二级	5	6.5
	中专	11	14.3		暂无	22	28.6

目前苏南幼儿园几乎没有男教师任教，表中男女教师的比例与实际情况吻合。由于大多数幼儿园均在积极申报省市级幼儿园，普通幼儿园的数量已不多，表4-2中三类幼儿园的比例与实际情况基本吻合。

表4-3　苏南地区被调查小学及幼儿园基本情况

	苏州	无锡	常州
小学	5所	2所	2所
幼儿园	3所	1所	2所

（三）调查结果与分析

根据调查结果，从“生态与生态教育知识”、“生态与生态教育意识”、“生态与生态教育行为”三个维度进行分析。同时，就不同性别、不同地区、不同学历、不同职称的教师现状进行比较分析。

1.“苏南地区小学教师生态教育调查问卷”统计分析

（1）苏南地区小学教师生态与生态教育知识状况。

本问卷中，生态与生态教育知识主要包括：生态教育的了解程度、“绿色学校”的评价指标、生态圈的组成、南极臭氧空洞形成的原因、“绿色学校”的定义、酸雨的形成、江苏省“爱鸟周”时间等方面内容的考查。其中第1、第2题调查小学教师对生态教育和“绿色学校”指标的了解状况（见表4-4），其余生态知识统计结果见表4-5，表中“总均分”指此维度的总体平均分，下同。

表4-4　苏南地区小学教师对生态教育和“绿色学校”指标的了解状况

题号	题目	选项	人数（人）	百分率（%）
1	您对生态教育的了解程度是（　）	知道，且比较了解	50	26.3
		仅听说过而已	104	54.7
		不知道	36	19.0
2	您是否知道“绿色学校”的评价指标（　）	知道	108	57
		不知道	82	43

表4-5　苏南地区小学教师生态与生态教育知识统计结果

题号	题目	选项	人数（人）	百分率（%）	正确率（%）	均分（分）
3	生态圈是由（　）构成的	动物、植物、微生物和无机环境	162	85.3	85.3	3.2
		动物、植物和微生物	16	8.4		
		动物、植物和无机环境	5	2.6		
		动物和植物	7	3.7		

续表

题号	题目	选项	人数（人）	百分率（%）	正确率（%）	均分（分）
4	南极上空臭氧空洞的形成是因为(　)	太阳光太强	2	1.1	51.6	2.1
		南极太冷	2	1.1		
		人类活动中排放大量氟氯烃	97	51.6		
		空气中二氧化碳太多,形成温室效应	89	46.2		
5	您认为“绿色学校”指的是(　)	绿化率高的学校	15	7.9	90	3.5
		环境卫生好的学校	4	2.1		
		以可持续发展思想为指导,提高师生环境素养的学校	171	90		
		建筑物是绿色的学校	0	0		
6	酸雨的形成与(　)的排放有关	硫和氮的氧化物	172	90.5	90.5	3.7
		二氧化碳	15	8.0		
		灰尘和水蒸气	3	1.5		
		氮气	0	0		
7	江苏省“爱鸟周”的时间是(　)	4月2日—8日	37	19.5	57.2	2.6
		4月20日—26日	109	57.2		
		4月23日—29日	35	18.3		
		5月1日—7日	9	5.0		
8	导致温室效应主要与(　)的增多有关	二氧化碳	164	86.3	86.2	3.3
		氮气	3	1.6		
		一氧化碳	2	1.1		
		二氧化硫	21	11.1		
总正确率					76.8	
总均分					3.1	

由表4-5看出,苏南地区小学教师生态与生态教育知识整体得分率较高。第1题调查显示有54.7%的小学教师对“生态教育”仅听说过而已,18.9%的教师不知道什么是生态教育,这表明小学教师对生态教育的认识还不够深刻;尽管第5题均分为3.5分,表明教师清楚“绿色学校”的概念,但第2题调查显示有43%的教师不知道“绿色学校”的评价指标,对如何评价一所学校能否成为“绿色学校”并不关注;第3题的均分为3.2分,表明教师在生态圈的构成这个问题上掌握较好,对于生态的整体观念明确;第4题的均分是2.1分,其中46.2%的教师错误地认为由于空气中二氧化碳太多造成南极上空臭氧空洞,这表明大部分教师不能正确认识南极上空臭氧空洞形成的真正原因是因为人类活动中排放大量氟氯烃;第6题的均分为3.7分,这表明教师

在平时的知识积累中对于酸雨是由硫和氮的氧化物的过量排放造成的这一知识认识较为深刻；第 7 题的均分为 2.6 分，这表明大部分小学教师知道江苏省“爱鸟周”的时间是 4 月 20 日—26 日，这可能与苏南小学学校经常组织此类活动有一定关系；第 8 题的均分是 3.3 分，这表明教师可能在平时比较关注温室效应方面的信息，知道温室效应是由于二氧化碳气体导致的。

在问卷的基本情况第 5 题中，调查了小学教师接受过与生态相关的继续教育现状，统计结果如表 4-6。

表 4-6　苏南地区小学教师接受过与生态相关的继续教育级别统计结果

	国家级	省级	市县级	校级	没有
人数(人)	4	11	28	53	96
百分比(%)	2.1	5.8	13.7	27.9	50.5

由表 4-6 可以看出，有 50.5% 的教师没有接受过与生态相关的继续教育，接受高等级的相关生态的教育极少，这也表明了苏南地区教育主管部门需要加强生态教育方面的培训。

(2) 苏南地区小学教师生态与生态教育意识状况。

本问卷中，生态与生态教育意识涉及的内容包括：生态教育的重要性、生态教育的内涵、人与人的关系、人与大自然的关系和教师在教学中对生态教育的态度等。小学教师生态与生态教育意识统计结果见表 4-7，由此可知，苏南地区小学教师在“生态教育意识”维度的每题平均分均高于 2.5 分。

表 4-7　苏南地区小学教师生态与生态教育意识统计结果

题号	题目	选项	分值	人数(人)	百分比(%)	平均分(分)
1	生态教育的重要性并不亚于经济建设	很符合	4	120	63.1	3.48
		比较符合	3	48	25.3	
		不大符合	2	16	8.4	
		很不符合	1	6	3.2	
2	我们应当先提高生活水平再谈生态教育	很符合	1	14	7.3	3.20
		比较符合	2	21	11.1	
		不大符合	3	70	36.8	
		很不符合	4	85	44.7	
3	生态教育就是环境教育	很符合	1	16	8.4	2.78
		比较符合	2	49	25.8	
		不大符合	3	85	44.9	
		很不符合	4	40	21.0	

续表

题号	题目	选项	分值	人数（人）	百分比(%)	平均分(分)
4	人类应该征服大自然，谋求自身的幸福	很符合	1	25	13.2	3.18
		比较符合	2	21	11.1	
		不大符合	3	39	20.5	
		很不符合	4	105	55.3	
5	政府和舆论应加强对一切生命的关注	很符合	4	78	41.1	3.19
		比较符合	3	80	42.2	
		不大符合	2	23	12.1	
		很不符合	1	9	4.7	
6	设计教学目标时，应考虑生态教育问题	很符合	4	58	30.5	2.77
		比较符合	3	62	32.6	
		不大符合	2	39	20.5	
		很不符合	1	31	16.3	
7	应将生态教育列入教学评价指标中	很符合	4	83	43.7	3.07
		比较符合	3	58	30.5	
		不大符合	2	29	15.3	
		很不符合	1	20	10.5	
总均分						3.10

从表4-7可知，第1题的均分为3.48分，这说明教师很认同生态教育的重要性，小学教师已经认识到了我们不能仅仅发展经济；第2题的均分为3.20分，表明苏南小学教师已经知道重视生态建设是我们每个公民应该做的，生态教育并不亚于提高生活水平；第3题的均分为2.78分，这显示仍然有一部分(34.2%)教师认为生态教育就是环境教育，这可能与长期以来国家和相关管理部门侧重提倡环境保护有关，许多教师已经形成了定式思维，对生态教育的扩展涵义没有更深刻的理解；第4题的均分为3.18分，这说明教师已经认识到人与自然应该和谐相处，应有度地使用大自然给予我们的宝贵财富，而不应盲目地开发自然；第5题的均分是3.19分，这表明很多教师比较注重生命教育，尊重人与人之间的平等关系；第6题的均分是2.77分，大多数教师表示设计教学目标时，应考虑生态教育问题，但仍有36.8%的教师没有认识到在其学科教学中将生态教育思想传达给学生的重要性；第7题均分为3.07分，大部分教师认为应将生态教育列入教学评价指标中，这表明目前的评价体系中可能没有这方面的内容，而它对衡量学生的生态素养又很重要。就总均分3.10分而言，苏南小学教师的生态与生态教育意识总体处于较高水平。

(3) 苏南地区小学教师生态与生态教育行为状况。

本问卷中，关于生态与生态教育行为的题目共有 10 题，主要涉及个人的生态行为，包括宣传环保观念、纸张的使用、是否点食野生动物和一些在具体教育学生的行为中有无涉及生态教育等内容，统计结果见表 4-8。

表 4-8 苏南地区小学教师生态与生态教育行为调查结果

题号	题目	选项	分值	人数（人）	百分比（%）	平均分（分）
1	向你周围的人宣传生态环保观念	一直如此	4	67	35.3	2.87
		经常如此	3	90	47.4	
		偶尔如此	2	27	14.2	
		从未如此	1	6	3.2	
2	双面使用纸张	一直如此	4	99	52.1	3.35
		经常如此	3	67	35.3	
		偶尔如此	2	16	8.4	
		从未如此	1	8	4.2	
3	跟亲友聚餐时，会点食野生动物	一直如此	1	3	1.6	3.33
		经常如此	2	14	7.4	
		偶尔如此	3	60	27.7	
		从未如此	4	113	60.3	
4	教学科目测验中包含生态环保类知识	一直如此	4	26	13.7	2.45
		经常如此	3	45	23.7	
		偶尔如此	2	85	44.7	
		从未如此	1	34	17.9	
5	制定蕴含生态思想的教学目标	一直如此	4	28	14.7	2.31
		经常如此	3	53	27.9	
		偶尔如此	2	98	51.6	
		从未如此	1	11	5.8	
6	开展生态教育的各类活动	一直如此	4	26	13.7	2.46
		经常如此	3	70	36.9	
		偶尔如此	2	74	38.9	
		从未如此	1	20	10.5	
7	主动阅读有关环境教育学、生态学、保护生物学等著作	一直如此	4	35	18.4	2.51
		经常如此	3	83	48.9	
		偶尔如此	2	45	23.7	
		从未如此	1	27	8.9	
8	将生态教育的理念与教学内容结合起来	一直如此	4	37	19.5	2.33
		经常如此	3	79	46.8	
		偶尔如此	2	45	23.7	
		从未如此	1	29	10.0	

续表

题号	题目	选项	分值	人数（人）	百分比（%）	平均分（分）
9	在具体的教学过程中实施生态教育目标	一直如此	4	30	15.8	2.41
		经常如此	3	75	44.7	
		偶尔如此	2	58	30.5	
		从未如此	1	27	8.9	
10	实施生态教育后，对教育的效果进行评价	一直如此	4	26	13.7	2.28
		经常如此	3	60	31.6	
		偶尔如此	2	66	34.7	
		从未如此	1	38	20.0	
总均分						2.63

由表 4-8 可知：

问卷的第 1、第 2、第 3、第 7 题反映教师自身生态行为，即第 1 题“向你周围的人宣传生态环保观念”、第 2 题“双面使用纸张”、第 3 题“跟亲友聚餐时，会点食野生动物”、第 7 题“主动阅读有关环境教育学、生态学、保护生物学等著作”问题上，平均分都高于中间分 2.5 分，而且这 4 题的总均分为 3.02 分，表明教师生态行为水平较佳。

而在涉及具体的生态教育行为时，平均分则均低于中间分 2.5 分。例如，第 4 题“教学科目测验中包含生态环保类知识”、第 5 题“制定蕴含生态思想的教学目标”、第 6 题“开展生态教育的各类活动”、第 8 题“将生态教育的理念与教学内容结合起来”、第 9 题“在具体的教学过程中实施生态教育目标”、第 10 题“实施生态教育后，对教育的效果进行评价”，这些均体现教师在学科教学中是如何实施生态教育的，其总均分为 2.37 分。从统计结果来看，小学教师生态行为与生态教育行为存在一定的偏差，这也表明大部分教师在生态教育意识与生态教育行为上有所脱节。

为更详细地了解他们的生态教育方式，特设置多选题，即问卷选择题部分的第 9 题，统计结果见表 4-9。

表 4-9 苏南地区小学教师生态教育方式的统计结果

	课堂教学	社会实践	参观	实地调查	环保讲座	角色扮演与游戏	其他
人数（人）	88	33	19	16	20	14	21
百分比（%）	46.3	17.4	10.0	8.4	10.5	7.4	11.1

表 4-9 结果显示，46.3% 的教师会选择在“课堂教学”中进行生态教育，其

余使用方式依次是“社会实践”、“其他”、“环保讲座”、“参观”、“实地调查”、“角色扮演与游戏”，这表明小学教师主要通过课堂教学将生态教育渗透融入学科教学中，这可能与我们当前的教育制度有一定关系。

2. “苏南地区学前教育教师生态教育调查问卷”统计分析

(1) 苏南地区学前教育教师生态与生态教育知识状况。

本问卷中，生态与生态意识涉及的内容与小学教师卷相同，其中第1、第2题调查学前教育教师对生态教育和“绿色学校”指标的了解状况(见表4-10)，其余生态与生态教育知识统计结果见表4-11。

表4-10 苏南地区学前教育教师对生态教育和绿色学校指标的了解状况

题号	题目	选项	人数(人)	百分率(%)
1	您对生态教育的了解程度是( )	知道，且比较了解	19	24.7
		仅听说过而已	35	45.5
		不知道	23	29.9
2	您是否知道“绿色学校”的评价指标( )	知道	30	39
		不知道	47	61

4-11 苏南地区学前教育教师生态与生态教育知识统计结果

题号	题目	选项	人数(人)	百分率(%)	正确率(%)	均分(分)
3	生态圈是由( )构成的	动物、植物、微生物和无机环境	52	67.5	67.5	2.3
		动物、植物和微生物	18	23.4		
		动物、植物和无机环境	6	7.8		
		动物和植物	1	1.3		
4	南极上空臭氧空洞的形成是因为( )	太阳光太强	1	1.3	48.1	2.0
		南极太冷	7	9.1		
		人类活动中排放大量氟氯烃	37	48.1		
		空气中二氧化碳太多，形成温室效应	32	41.5		
5	您认为“绿色学校”指的是( )	绿化率高的学校	4	5.5	81.1	2.8
		环境卫生好的学校	10	13.4		
		以可持续发展思想为指导，提高师生环境素养的学校	63	81.1		
		建筑物是绿色的学校	0	0		
6	酸雨的形成与( )的排放有关	硫和氮的氧化物	69	90.3	90.3	3.7
		二氧化碳	8	9.7		
		灰尘和水蒸气	0	0		
		氮气	0	0		

续表

题号	题目	选项	人数（人）	百分率（%）	正确率（%）	均分（分）
7	江苏省“爱鸟周”的时间是（　）	4月2日—8日	13	16.9	63.6	2.2
		4月20日—26日	49	63.6		
		4月23日—29日	13	16.9		
		5月1日—7日	2	2.6		
8	导致温室效应主要与（　）的增多有关	二氧化碳	66	85.7	85.7	3.2
		氮气	5	6.5		
		一氧化碳	0	0		
		二氧化硫	6	7.8		
总正确率					74.9	
总均分					2.7	

由表4-10可知：第1题调查显示有45.5%的学前教育教师对生态教育的了解程度是仅听说过而已，29.9%的教师不知道什么是生态教育，这表明学前教育教师对生态教育的认识还不够深刻；尽管第5题均分为2.8分，表明学前教育教师知道“绿色学校”的概念，但第2题调查显示有61%的学前教育教师不知道“绿色学校”的评价指标，对如何评价一所学校能否成为“绿色学校”并不关注。由表4-11可知：第3题的均分为2.3分，表明学前教育教师在生态圈的构成问题上掌握欠缺，有32.5%的教师不知道生态圈是由哪些部分构成的；第4题的均分是2.0分，绝大部分教师会错误选择“空气中二氧化碳太多”这个选项，说明他们不能正确认识南极上空臭氧空洞形成的真正原因是因为人类活动中排放大量氟氯烃；第6题的均分为3.7分，这表明学前教育教师对于酸雨是由硫和氮的氧化物的过量排放造成的这一知识认识较为深刻；第7题的均分为2.2分，这表明学前教育教师对江苏省“爱鸟周”的具体时间了解不够；第8题的均分是3.2分，这表明学前教育教师可能在平时比较关注温室效应方面的信息，知道温室效应是由于二氧化碳气体导致的。

由此维度的总平均分2.7分（高于中间分2.5分）可以看出，总体上，学前教育教师生态与生态教育知识水平还是可以的。

在问卷的基本情况第5题中，调查了学前教育教师接受过与生态相关的继续教育现状，统计结果如表4-12。

表 4-12　苏南地区学前教育教师接受过与生态相关的继续教育的级别统计结果

	国家级	省级	市县级	校级	没有
人数(人)	0	2	3	22	50
百分比(%)	0	2.6	3.9	28.6	64.9

由表 4-12 可以看出,有 64.9% 的学前教育教师没有接受过与生态相关的继续教育,没有人接受过国家级与生态相关的继续教育,接受省级及县市级生态教育的教师也很少。这表明了苏南地区学前教育教师非常需要加强在生态教育方面的培训。

(2) 苏南地区学前教育教师生态与生态教育意识状况。

本问卷中,学前教育教师生态与生态教育意识涉及的内容同“苏南地区小学教师生态教育调查问卷”,统计结果见表 4-13。

表 4-13　苏南地区学前教育教师生态与生态教育意识统计结果

题号	题目	选项	分值	人数(人)	百分比(%)	平均分(分)
1	生态教育的重要性并不亚于经济建设	很符合	4	48	62.3	3.53
		比较符合	3	23	29.9	
		不大符合	2	5	6.5	
		很不符合	1	1	1.3	
2	我们应当先提高生活水平再谈生态教育	很符合	1	5	6.5	3.03
		比较符合	2	14	18.2	
		不大符合	3	32	41.6	
		很不符合	4	26	33.8	
3	生态教育就是环境教育	很符合	1	22	28.6	2.17
		比较符合	2	23	29.9	
		不大符合	3	29	37.7	
		很不符合	4	3	3.9	
4	人类应该征服大自然,谋求自身的幸福	很符合	1	5	6.5	3.11
		比较符合	2	12	15.6	
		不大符合	3	18	23.4	
		很不符合	4	42	54.5	
5	政府和舆论应加强对一切生命的关注	很符合	4	40	51.9	3.02
		比较符合	3	24	31.1	
		不大符合	2	11	14.3	
		很不符合	1	2	2.6	

续表

题号	题目	选项	分值	人数(人)	百分比(%)	平均分(分)
6	设计教学目标时,应考虑生态教育问题	很符合	4	35	62.3	2.77
		比较符合	3	13	16.9	
		不大符合	2	23	13.0	
		很不符合	1	6	7.8	
7	应将生态教育列入教学评价指标中	很符合	4	30	45.5	2.67
		比较符合	3	22	28.6	
		不大符合	2	16	14.3	
		很不符合	1	9	11.7	
总均分						2.90

由表4-13可知,苏南地区学前教育教师在“生态教育意识”维度中有6题的平均分都高于中间分2.5分,且总均分为2.90分,表明学前教育教师在生态教育意识方面表现亦较好。而第3题的均分为2.17分,显示仍然有一部分教师认为生态教育就是环境教育,这可能是由于国家和相关管理部门一贯倾向于提倡环境保护,以致教师们也形成了定式思维,误认为环境教育和生态教育是等同的。

(3)苏南地区学前教育教师生态与生态教育行为状况。

本问卷中,学前教育教师生态与生态教育行为内容同“苏南地区小学教师生态教育调查问卷”,详细统计结果见表4-14。

表4-14 苏南地区学前教育教师生态与生态教育行为调查结果

题号	题目	选项	分值	人数(人)	百分比(%)	平均分(分)
1	向你周围的人宣传生态环保观念	一直如此	4	18	23.4	2.89
		经常如此	3	29	37.7	
		偶尔如此	2	23	29.9	
		从未如此	1	7	9.0	
2	双面使用纸张	一直如此	4	40	51.9	3.27
		经常如此	3	25	32.5	
		偶尔如此	2	10	13.0	
		从未如此	1	2	2.6	
3	跟亲友聚餐时,会点食野生动物	一直如此	1	1	1.3	3.12
		经常如此	2	6	7.8	
		偶尔如此	3	10	13.0	
		从未如此	4	60	77.9	

续表

题号	题目	选项	分值	人数(人)	百分比(%)	平均分(分)
4	教学科目测验中包含生态环保类知识	一直如此	4	16	20.8	2.56
		经常如此	3	31	40.3	
		偶尔如此	2	21	27.3	
		从未如此	1	9	11.7	
5	制定蕴含生态思想的教学目标	一直如此	4	15	29.9	2.45
		经常如此	3	30	39.0	
		偶尔如此	2	19	24.7	
		从未如此	1	13	6.5	
6	开展生态教育的各类活动	一直如此	4	8	10.4	2.79
		经常如此	3	43	55.8	
		偶尔如此	2	19	24.7	
		从未如此	1	7	9.1	
7	主动阅读有关环境教育学、生态学、保护生物学等著作	一直如此	4	7	9.1	2.49
		经常如此	3	16	20.8	
		偶尔如此	2	35	45.5	
		从未如此	1	19	24.7	
8	将生态教育的理念与教学内容结合起来	一直如此	4	10	13.0	2.64
		经常如此	3	28	33.4	
		偶尔如此	2	25	32.5	
		从未如此	1	14	5.2	
9	在具体的教学过程中实施生态教育目标	一直如此	4	11	14.3	2.43
		经常如此	3	25	32.5	
		偶尔如此	2	33	42.9	
		从未如此	1	8	10.4	
10	实施生态教育后,对教育的效果进行评价	一直如此	4	5	6.5	2.37
		经常如此	3	14	18.2	
		偶尔如此	2	42	54.5	
		从未如此	1	16	20.8	
总均分						2.70

由表4-14可知:问卷的第1、第2、第3、第7题反映了教师自身生态行为,即第1题“向你周围的人宣传生态环保观念”、第2题“双面使用纸张”、第3题“跟亲友聚餐时,会点食野生动物”、第7题“主动阅读有关环境教育学、生态学、保护生物学等著作”的问题上,平均分都高于或接近中间分2.5分,而且这4题的总均分为2.94分,表明教师生态行为水平较佳。

与小学教师不同的是,在涉及具体教育行为时,如第4题“教学科目测验中包含生态环保类知识”、第6题“开展生态教育的各类活动”、第8题“将生态教育的理念与教学内容结合起来”，其均分也高于中间分 2.5 分，这说明学前教育教师能够将生态环保类的知识和活动放到具体教学中，这可能与学前教育和小学教育有着不同的教学理念和教学方式有关。而在第 5 题“制定蕴含生态思想的教学目标”、第 9 题“在具体的教学过程中实施生态教育目标”、第 10 题“实施生态教育后，对教育的效果进行评价”的结果上，其总均分为 2.42 分，说明学前教育教师也同样不能够将这些行为落到实处。

由上述统计显示，小学和学前教育教师在个人生态行为方面有较高的觉悟，均分都在 2.7 分以上；而在具体教育学生方面，包括在教学目标中、教学过程中和教学评价中，均分偏低，表明虽然教育部门在极力倡导和要求教师在教学中不断培养学生良好的情感态度价值观，使之成为高素质公民，但在具体的实施过程中很多教师都不能够落实这一方面的要求。

有关学前教育教师生态教育方式的调查结果见表 4-15。

表 4-15　苏南地区学前教育教师生态教育方式的统计结果

	课堂教学	社会实践	参观	实地调查	环保讲座	角色扮演与游戏	其他
人数(人)	22	12	16	8	5	14	13
百分比(%)	28.6	15.6	20.8	10.4	6.5	18.2	16.9

表 4-15 统计结果显示，学前教育教师选择最多的是在“课堂教学”中进行生态教育，其余使用方式依次是“参观”、“角色扮演与游戏”、“其他”、“社会实践”、“实地调查”、“环保讲座”。与小学教师相比，这些方式的比例悬殊较小，且学前教育教师通常会选择一些充满趣味性的游戏或角色扮演等方式来进行生态教育，这与学前教育对象身心发展的特点有密切关系。

3. 苏南地区小学教师生态教育差异分析

分析被调查对象个体特征对生态与生态教育知识、生态与生态教育意识、生态与生态教育行为单项因素的影响，试图通过调查问卷、分析数据来了解本地区学校教师生态教育的现状及存在的问题，并试图找出本地区学校教师生态教育的可行方法，使之能够对当前苏南地区教育改革的理论和相关决策提供理论支持。

(1) 苏南地区小学教师生态教育差异的分析。

表 4-16　苏南地区小学教师生态教育因素的分析

影响因素		*M*	*SD*	生态与生态教育知识		生态与生态教育意识		生态与生态教育行为	
				t 或 *F*	*p*	*t* 或 *F*	*p*	*t* 或 *F*	*p*
性别	男	2.89	1.74	3.73	0.061	0.26	0.478	2.68	0.079
	女	2.91	1.68						
学历	研究生	3.14	1.43	3.18	0.129	1.67	0.003	1.578	0.004
	本科	3.13	1.47						
	大专	2.98	1.35						
	中专	2.86	1.35						
	高中	2.84	1.14						
职称	高级	2.99	1.38	4.25	0.381	2.63	0.064	3.01	0.134
	一级	2.92	0.85						
	二级	2.83	0.94						
	暂无	2.97	1.03						
来源	城区	2.94	1.66	3.64	0.263	2.342	0.013	2.006	0.034
	乡镇	2.78	1.45						

从表 4-16 可以看出，因素“性别”对生态教育三个维度均没有显著影响。因素“学历”对“生态与生态教育知识”维度无显著的影响，因为本问卷考查的是生态的一般知识，因此与学历高低关系不大；对“生态与生态教育意识”、“生态与生态教育行为”两个维度都有显著的影响（其 p 值分别是 0.003、0.004），这也显示了学习、教育的重要性。

因素“职称”对生态教育三个维度无显著影响。

因素“来源”对“生态与生态教育知识”这个维度没有显著的影响，对“生态与生态教育意识”和“生态与生态教育行为”两个维度有显著影响（其 p 值分别是 0.013、0.034）。这可能是由于城区较乡镇学校的师生对生态教育更加重视以及具备更有利的实施条件，因此他们的生态教育意识和行为水平也就会相对较高。

(2) 苏南地区小学教师生态教育各维度差异分析。

小学教师生态教育各维度差异比较，分析结果见表 4-17。

表 4-17　苏南地区小学教师生态教育各维度差异分析

维度	M	SD	F	p
生态与生态教育知识	3.10	1.56	4.93	0.004
生态与生态教育意识	2.88	1.43		
生态与生态教育行为	2.48	1.24		

由表 4-17 可以看出,苏南地区小学教师在"生态与生态教育知识"、"生态与生态教育意识"及"生态与生态教育行为"三个维度上存在显著差异;生态与生态教育知识和生态与生态教育意识水平高于生态行为水平。这表明许多教师在知识的掌握和意识觉悟的方面是较好的,但是在行为上不能落到实处。

(3) 苏南地区学前教育教师生态教育差异的分析。

苏南地区学前教育教师生态教育差异的分析见表 4-18。

表 4-18　苏南地区学前教育教师生态教育因素的分析

影响因素		M	SD	生态与生态教育知识		生态与生态教育意识		生态与生态教育行为	
				F	p	F	p	F	p
学历	研究生	2.96	1.49	3.15	0.137	2.56	0.003	1.694	0.038
	本科	2.94	1.74						
	大专	2.89	1.43						
	中专	2.86	1.32						
职称	高级	2.99	1.55	4.25	0.381	2.63	0.064	3.01	0.134
	一级	2.92	1.43						
	二级	2.83	1.78						
	暂无	2.97	1.28						
来源	省优园	2.94	1.93	5.74	0.043	2.342	0.013	2.006	0.034
	市优园	2.93	1.49						
	普通园	2.90	1.49						

从表 4-18 中的数据可以看出,因素"学历"对"生态与生态教育知识"维度无显著的影响($p=0.137$),因为本问卷考查的是生态的一般知识,因此与学历高低关系不大;对"生态与生态教育意识"、"生态与生态教育行为"两个维度都有显著的影响(其 p 值分别是 0.003、0.038),这也显示了学习、教育的重要性。

因素"职称"对生态教育三个维度无显著影响。职称高的教师,在生态教育各个维度的现状和刚踏入工作的年轻教师相似。

因素"来源"对"生态与生态教育知识"、"生态与生态教育意识"、"生态与生态教育行为"三个维度均有显著影响(其 F 值和相对应的 p 值分别是

$F=5.74, p=0.043; F=2.342, p=0.013; F=2.006, p=0.034$）。这可能与省优秀幼儿园和市优秀幼儿园对生态教育的重视程度及其教师的生态素质相对较高有一定的关系。

（4）苏南地区学前教育教师生态教育各维度差异分析。

表 4-19　苏南地区学前教育教师生态教育各维度差异分析

维度	M	SD	F	p
生态与生态教育知识	2.93	1.69	5.74	0.008
生态与生态教育意识	2.83	1.82		
生态与生态教育行为	2.46	1.47		

由表 4-19 可见，苏南地区学前教育教师在“生态与生态教育知识”、“生态与生态教育意识”及“生态与生态教育行为”三个维度上存在显著差异；生态与生态教育知识水平和生态与生态教育意识水平高于生态与生态教育行为水平。

二、访谈结果与分析

以上研究主要是利用问卷调查的方式，可以在短时间内快速获得苏南地区小学及学前教育教师生态教育的现状。但问卷调查无法深入了解教师的真实思想，所以为了弥补调查问卷的不足，本研究在问卷调查的基础上，对苏州某实验小学的语文 Y 老师、苏州工业园区某幼儿园的 W 老师进行了访谈。

对语文 Y 老师的访谈内容如下（访谈提纲见附录 3）：

问：您所教科目有无涉及生态教育的内容？

答：有，我所教的科目是语文，课文中经常会涉及生态教育方面的内容，比如说课文《松鼠和松果》啊，《天鹅的故事》《碧螺春》《灰椋鸟》等。我会在课堂教学时教育学生要爱护动植物，爱护地球等。

问：您在哪些教学环节中会涉及生态环保方面的内容？

答：我们现在要求教学目标不仅要体现知识和能力目标，还要体现情感态度与价值观目标，这一目标就要求教师在备课和授课环节上要注重落实对小学生价值观的培养，培养他们对大自然的热爱之情。

问：你们教研室在进行教研活动时会不会重视教师生态意识的培养？

答：有时会的。我们教研室在进行集体备课时有时会组织教师观看相关的教学短片，在积累教学经验的同时培养了教师的生态意识。

问：教务处、年级组有没有明确的各学科生态教育渗透实施计划和具体要求？

答：语文和科学要多些，其他学科相对较少。

问:学校有没有建立有地方生态环境特点和学校特色的生态环境教育和“绿色学校”信息交流渠道?

答:有一些,但不多,而且不够深入。

对幼儿园 W 老师的访谈内容如下(访谈提纲见附录3):

问:您所教科目有无涉及生态教育的内容?

答:有,幼儿园所教科目和小学不一样,包括健康、语言、社会、科学、艺术,每一科基本都会涉及生态教育,科学和社会科目要多些。

问:您在哪些教学环节中会涉及生态环保方面的内容?

答:我们在备课的时候会有意识地确立生态教育的目标,因为启蒙阶段的教育是非常重要的,我们要从小培养学生的这种生态意识。

问:你们教研室在进行教研活动时会不会重视教师生态意识的培养?

答:有时会的。教师的言传身教对学生影响很大,教师的生态意识和行为会直接影响到他们。我们园会组织老师观看《可可西里》《永不屈服》之类的生态环保教育电影。

问:教务处、年级组有没有明确的各学科生态教育渗透实施计划和具体要求?

答:好像没有明确的要求说老师一定要把生态教育的实施计划落实,我们就是在课上和学生交流的过程中,学生提出相关的问题,我们在解答的同时会注意涉及这个方面。

问:学校有没有建立有地方生态环境特点和学校特色的生态环境教育和“绿色学校”信息交流渠道?

答:好像没有。

从上述访谈可以看出,虽然在苏南地区小学与学前教育教学过程中开始关注生态教育问题,但是生态教育还没有被作为素质教育的重要组成部分,特别是没有被作为教育实施的目标之一来看待,对生态教育的重视程度还远远不够。

三、研究结论

对苏南地区小学及学前教育教师生态教育进行定量和定性考查,得出的主要结论如下:

(1) 苏南地区小学及学前教育教师的整体生态素养尚可。对于生态与生态教育知识的掌握程度良好,但有些生态教育知识比较薄弱,有待加强;生态与生态教育意识良好,能够平等地对待地球上的生命,能够意识到生物圈中的每种生物都有其存在的价值和意义,合理利用资源、科学发展的生态意识较强,基本符合生态教育及科学发展观和可持续发展的要求;生态行为得分较高而生态教育行为得分较低，表明教师生态行为与生态教育行为存在一定的偏差；教师在“生态教育知识”、“生态教育意识”、“生态教育行为”维度存在显著差异，生态教育行为得分差于生态教育知识和生态教育意识，这亦表明大部分教师生态教育行为与生态教育知识和生态教育意识有所脱节。

（2）苏南地区小学教师生态教育影响因素中，“性别”和“职称”对生态教育三个维度均没有显著影响；“学历”、“来源”对“生态与生态教育知识”这个维度没有显著的影响，对“生态与生态教育意识”、“生态与生态教育行为”方面有显著影响；苏南地区学前教育教师生态教育影响因素中，除了无性别的比较（均为女教师），其他因素对生态教育三个维度的影响与小学教师相同。

第二节　苏南学校中学生生态教育调查研究

一、问卷调查研究方法与过程

（一）问卷设计

苏南学校初中生、高中生生态教育调查问卷（分别见附录4、附录5）均包括三部分，第一部分是生态知识，采用的是选择题的形式，在3到4个选项中有一个答案是正确的，每题的分值为5分。第二部分是生态意识，第三部分是生态行为，这两部分是叙述题。问题的设计考虑到学生在认识程度上的区分，尽量减少在调查中出现偏度和峰度，因此均采用五级量表进行度量。每个题目的得分都是1～5之间的整数。由于反向叙述可能导致人们的回答有偏差，同时又考虑到心理导向问题，所以在问卷中部分问题采用正向叙述，部分问题采用反向叙述的方式。“苏南学校初中学生生态教育问卷”中生态意识及生态行为共包含正向叙述题15道，反向叙述题5道，“苏南学校高中学生生态教育问卷”中生态意识和生态行为共包含正向叙述题19道，反向叙述题1道，且正反向的问题随机排列。生态意识部分的选项分别为：“完全符合”、“比较符合”、“基本符合”、“不太符合”、“不符合”，分别计5分、4分、3分、2分、1分。生态行为部分的选项分别为：“一直”、“经常”、“有时”、“偶尔”、“从不”，分别计5分、4分、3分、2分、1分。单题分数以3分为中间分。两份问卷各有30个题目。

（二）调查对象

问卷的调查对象是苏州、无锡、常州苏南三市部分中学的八年级、高二年级在校学生，涉及城市和农村的中学分别有13所和6所。

本研究调查共发放问卷1 749份，其中初中生问卷856份，高中生问卷893份，共回收问卷1 632份，对所有回收的问卷都逐一认真检查，剔除不合格的问卷 241 份，实际获得有效问卷为 1 391 份，其中初中生有效问卷 712 份，高中生有效问卷 679 份，有效率为 85.2%，有效调查样本的基本构成见表 4-20。

表 4-20 （N=1 391）有效问卷的基本构成

项目	性别		学校属性		城市		
	男生	女生	城市	农村	苏州	无锡	常州
初中生人数（人）	365	347	578	134	513	89	110
百分比（%）	51.3	48.7	81.2	18.8	72.1	12.5	15.4
高中生人数（人）	357	322	551	128	315	235	129
百分比（%）	52.6	47.4	67.3	32.7	46.4	34.6	19

本调查问卷中男女生的比例相仿，调查的城市与农村学校的比例与苏南地区因工业化、城镇化而造成的学校分布情况基本吻合，抽样具有一定的代表性。

（三）数据处理

对本研究所进行的问卷调查收集的数据资料采用 SPSS17.0 软件进行相应的统计处理，得出统计学结果，主要对苏南学校中学生在“生态知识”、“生态意识”和“生态行为”三个维度上的状况进行差异比较。

（四）苏南学校中学生生态教育调查的结果与分析

1.“苏南学校初中学生生态教育调查问卷”结果与分析

（1）苏南学校初中学生生态知识调查结果与分析。

本问卷中，“生态知识”维度考查的是学生对于动植物、自然环境保护、能源利用、生物圈等问题的掌握情况。苏南三市初中学生生态知识状况的详细统计结果见表 4-21。

表 4-21 苏南学校初中学生生态知识状况统计结果

题号	题目	选项	人数（人）	百分比（%）	正确率（%）
1	我国“植树节”定为每年的（ ）	3 月 10 日	30	4.2	88.6
		3 月 15 日	51	7.2	
		3 月 12 日	631	88.6	
2	江苏省“爱鸟周”的时间是（ ）	4 月 1 日—7 日	146	20.5	28.9
		4 月 11 日—17 日	360	50.6	
		4 月 20 日—26 日	206	28.9	

续表

题号	题目	选项	人数（人）	百分比（%）	正确率（%）
3	若大量生活及工业污水排入太湖,那么太湖中食物链营养级别越高的生物,体内的有害物质积累(　)	越多	585	82.1	82.1
		越少	60	8.4	
		一样多	67	9.5	
4	温室效应产生的原因是地球大气中的(　)	氧气增多	34	4.8	90.0
		二氧化碳增多	641	90.0	
		氮气增多	37	5.2	
5	利用天敌控制农林病虫害的防治方法称为(　)	生物防治	621	87.2	87.2
		化学防治	60	8.4	
		物理防治	31	4.4	
6	如果食物链的一环被破坏,那么对整个生态环境(　)	没有影响	28	3.9	88.8
		有影响但是不大	52	7.3	
		导致生态环境失调	632	88.8	
7	绿色食品指的是(　)	蔬菜水果	59	8.3	85.3
		绿颜色的食品	31	4.3	
		安全无污染的食品	607	85.3	
		营养价值丰富的食品	15	2.1	
8	某市要建立一个城郊公园,为了维持原有的生态系统,合理的措施是(　)	定期清理树林的枯枝落叶,以利于种子萌发和幼苗生长	319	44.9	34.4
		开荒种植荔枝等果树,供游人观赏、品尝	114	16.0	
		进行区域性简单隔离,避免人类过多的干扰	245	34.4	
		建环山公路,为游人提供方便	34	4.7	
9	复印机带高电压的部件与空气进行化学反应产生的浓度较大的臭氧(　)	对人类没有影响	70	9.8	73.7
		对人类有害	525	73.7	
		对人类有益	117	16.4	
10	施用农药 DDT 的地区虽然只占陆地面积的一部分,但是远离施药地区的南极,动物体内也发现了 DDT,这种现象说明(　)	考察队将 DDT 带到南极	62	8.7	63.5
		DDT 是挥发性物质	98	13.7	
		物质循环带有全球性	452	63.5	
		含有 DDT 动物的迁移	100	14.1	
总正确率					72.3

由表4-21可知：

第1题意在考查学生对“植树节”这个环境纪念日的知晓程度，总的正确率是88.6%。基于“植树节”的时间是一个常识性的知识，因而此结果并不十分令人满意，有待提高。

第2题考查了学生对江苏省“爱鸟周”时间的知晓程度，正确率只有28.9%，这与学生参加“爱鸟周”活动较少有一定的关系。

第3题是关于水域污染、有毒物质积累的知识，总的正确率是82.1%，大多数学生知道生物的营养级别越高，有毒物质积累越多。

第4题考查了产生温室效应的原因是二氧化碳增多这一问题，正确率为90.0%，表明大多数的学生已经开始关注温室效应问题。

第5题考查了生物防治的知识，正确率为87.2%，大多数学生知道生物防治不但可以防治病虫害，还可以控制生物入侵。

第6题检验了学生对生态系统知识的掌握情况，正确率是88.8%，表明绝大多数的学生知晓生态系统是一个有机的整体，食物链中的一环破坏，会影响整个生态系统的协调和平衡。

第7题是有关绿色食品的知识，调查的正确率是85.3%，表明大多数的学生知晓绿色食品的安全知识。

第8题欲了解学生对维持原有生态系统的正确做法。仅仅34.4%的学生选择了简单隔离，不去打扰，这表明学生在维持生态稳定方面知识匮乏，有待进一步学习。

第9题考查的是臭氧层与人类的关系，73.7%的学生认为臭氧层对人类有危害。

第10题是想了解学生对生态系统中物质循环的掌握情况，正确率是63.5%，这体现了学生对于生态的全球性认识并不充分。

苏南学校初中生生态知识的总正确率是72.3%，掌握程度一般，表明苏南学校初中生仍需加强生态知识的学习。

（2）苏南学校初中学生生态意识调查结果与分析。

问卷中的生态意识内容包括生态危机意识、生态科学意识、生态忧患意识、生态价值意识、生命意识、可持续发展意识、绿色生活方式意识等。详细统计结果见表4-22。

表 4-22 苏南学校初中学生生态意识统计结果

题号	题目	选项	分值	人数(人)	百分比(%)	平均分(分)
1	生态系统中的其他生物和人类享有同等权利	不符合	1	19	2.6	4.20
		不太符合	2	44	6.2	
		基本符合	3	101	14.2	
		比较符合	4	163	22.9	
		完全符合	5	385	54.1	
2	生物圈中有害的生物也应该保护	不符合	1	74	10.4	3.15
		不太符合	2	174	24.4	
		基本符合	3	193	27.1	
		比较符合	4	116	16.3	
		完全符合	5	155	21.8	
3	为了保护生态环境应该大力发展一切高科技	不符合	5	147	20.6	3.33
		不太符合	4	220	30.9	
		基本符合	3	155	21.8	
		比较符合	2	104	14.6	
		完全符合	1	86	12.1	
4	生态知识中考不考,我们学不学无所谓	不符合	5	514	72.2	4.41
		不太符合	4	99	13.9	
		基本符合	3	20	2.8	
		比较符合	2	35	4.9	
		完全符合	1	44	6.2	
5	要积极美化校园,促进环境的良性循环	不符合	1	37	5.2	4.43
		不太符合	2	20	2.8	
		基本符合	3	53	7.4	
		比较符合	4	93	13.1	
		完全符合	5	509	71.5	
6	生物多样性对生态系统有重要作用,而对社会其他领域作用较小	不符合	5	226	31.6	3.6
		不太符合	4	217	30.5	
		基本符合	3	108	15.2	
		比较符合	2	78	11.0	
		完全符合	1	83	11.7	
7	人类应合理开发利用资源	不符合	1	16	2.2	4.54
		不太符合	2	21	2.9	
		基本符合	3	60	8.4	
		比较符合	4	81	11.4	
		完全符合	5	534	75.1	

续表

题号	题目	选项	分值	人数（人）	百分比（%）	平均分（分）
8	人类应注重与其他生物的和谐发展	不符合	1	21	2.9	4.53
		不太符合	2	22	3.1	
		基本符合	3	40	5.6	
		比较符合	4	106	14.9	
		完全符合	5	523	73.5	
9	经济发展优先于生态问题	不符合	5	188	26.4	2.98
		不太符合	4	128	18.0	
		基本符合	3	87	12.2	
		比较符合	2	101	14.2	
		完全符合	1	208	29.2	
10	与古代的酷刑相比，虐待小动物没什么大不了	不符合	5	461	64.8	4.14
		不太符合	4	70	9.8	
		基本符合	3	59	8.4	
		比较符合	2	67	9.5	
		完全符合	1	55	7.7	
总均分						3.93

由表4-22可以看出，第1、第2、第10题的平均分均在3分以上，表明学生能够站在一定的高度来看待生物圈中的所有生命，认同即使是有害的生物也应该保护，生态伦理意识达到了一个较高的程度。

第3题调查的是学生对于生态环境与科技发展之间关系的认识情况，平均分为3.33分，高于3分，亦即大多数学生已经开始意识到科技是一把“双刃剑”，这是生态教育的一大进步。

第4题是关于生态知识要不要学习的问题，平均分是4.41分，远远高于3分，这意味着以学科知识为本位的思想正在瓦解，大家开始重视作为人的全面发展的重要标志的生态知识。

第5、第7、第8题平均分都在4.4分以上，可知学生可持续发展及人与自然和谐发展的意识很强，能够意识到生态环境良性循环的重要性及能源合理开发的重要性。

第6题的平均分为3.6分，高于3分，表明学生对于生物的多样性及其在其他领域的作用已经有了较清晰的认识。

第9题的平均分为2.98分，低于3分，即学生认为经济的发展应该优先于保护生态环境，表明学生认为要以经济为中心的思想还是根深蒂固的，生态价值的教育有待进一步加强。

总样本的平均分是3.93分,表明苏南地区初中学生的生态意识较强。

(3) 苏南学校初中学生生态行为调查结果与分析。

本问卷中生态行为涉及的内容包括:节约资源与环境保护行为、爱护生物行为、生态监督行为、绿色生活方式等。苏南学校初中学生生态行为的详细统计见表4-23。

表4-23 苏南学校初中学生生态行为得分情况

题号	题目	选项	分值	人数(人)	百分比(%)	平均分(分)
1	每年都积极参加学校组织的绿化活动	从不	1	77	10.8	3.22
		偶尔	2	124	17.4	
		有时	3	218	30.6	
		经常	4	148	20.8	
		一直	5	145	20.4	
2	在"爱鸟周"积极参加宣传活动	从不	1	188	26.4	2.47
		偶尔	2	197	27.6	
		有时	3	185	26.0	
		经常	4	88	12.4	
		一直	5	54	7.6	
3	室内使用节能灯	从不	1	20	2.8	3.72
		偶尔	2	55	7.7	
		有时	3	193	27.1	
		经常	4	279	39.2	
		一直	5	165	23.2	
4	记录身边野生动物和鸟类及其生态环境的情况	从不	1	277	38.9	2.18
		偶尔	2	204	28.7	
		有时	3	114	16.0	
		经常	4	58	8.1	
		一直	5	59	8.3	
5	不吃野生动物做成的美味食物	从不	1	162	22.8	3.46
		偶尔	2	74	10.4	
		有时	3	82	11.5	
		经常	4	60	8.4	
		一直	5	334	46.9	
6	即使有电梯可以乘坐,也还是会爬楼梯	从不	1	246	34.6	2.08
		偶尔	2	138	19.4	
		有时	3	217	30.4	
		经常	4	50	7.0	
		一直	5	61	8.6	

续表

题号	题目	选项	分值	人数(人)	百分比(%)	平均分(分)
7	使用动物做实验时设法减少动物的痛苦	从不	1	67	9.5	3.99
		偶尔	2	53	7.4	
		有时	3	90	12.6	
		经常	4	111	15.6	
		一直	5	391	54.9	
8	外出就餐时不使用泡沫饭盒和一次性筷子	从不	1	68	9.6	3.65
		偶尔	2	67	9.4	
		有时	3	183	25.7	
		经常	4	125	17.5	
		一直	5	269	37.8	
9	夏天将空调温度设为26摄氏度以上	从不	1	81	11.4	3.54
		偶尔	2	127	17.8	
		有时	3	108	15.2	
		经常	4	116	16.3	
		一直	5	280	39.3	
10	将自己用过的电池扔进回收箱	从不	1	100	14.1	2.98
		偶尔	2	118	16.5	
		有时	3	288	40.4	
		经常	4	111	15.6	
		一直	5	95	13.3	
总均分						3.13

表4-23中第1题是关于学生参加绿化活动的情况，平均值为3.22分，表明初中学生能够较积极地参与绿化活动。

第2题调查结果的平均分为2.47分，说明多数学生不能积极参加“爱鸟周”的活动，这与生态知识调查部分关于江苏省“爱鸟周”纪念日一题的正确率偏低相吻合。

第3题是关于初中生使用节能灯节约能源行为的情况调查，平均分为3.72分，说明初中生在这一方面的环保行为还是比较好的。

第4题调查的是学生对于周围生态环境的关注程度，平均分仅为2.18分，反映出学生对于周围生态环境的关注缺乏主动性。

第5题考查学生对野生动物的保护情况，平均分是3.46分，即学生在野生动物保护行为上达到比较高的层次。

第6题从放弃乘坐电梯改爬楼梯的行为来考查学生的节约能源行为情况，平均分只有2.08分，表明学生在这一方面有待改进。

第 7 题调查的是学生爱护动物的行为,平均分为 3.99 分,表明学生在动物保护方面做得较好。

第 8、第 9 题都是关于学生节约能源、提倡绿色生活方式的情况调查,平均分分别为 3.65 分和 3.54 分,反映出学生在不使用一次性餐具及节约用电方面做得比较好。

第 10 题调查的是学生对于废旧电池的处理情况,平均分是 2.98 分,说明了初中学生在处理废旧电池方面还需要较大的改进。

本次调查学生的生态行为平均得分为 3.13 分,这反映出苏南初中生在接受了生态教育后自觉的生态行为表现一般,还须作出更大的努力。

(4) 苏南初中学生生态教育的差异性分析。

在苏南初中学生生态教育三个维度的比较上采用的是卡方检验,在“学校属性”、“学生性别”方面采用的是独立样本 t 检验。苏南学校初中生生态教育三个维度的比较见表 4-24。

表 4-24　苏南学校初中学生在生态教育不同维度的比较

维度	M	SD	F	p
生态知识	3.61	1.343	5.86*	0.001
生态意识	3.98	0.452		
生态行为	3.13	1.078		

($^{*}p<0.05$, $^{**}p<0.01$)

从表 4-24 可知:p 值为 0.001,说明苏南学校初中生在生态知识、生态意识及生态行为上存在显著性差异;生态知识和生态意识水平高于生态行为水平。

而苏南学校初中学生生态教育在不同因素上的比较见表 4-25。

表 4-25　苏南学校初中学生生态教育在不同因素上的差异比较

因素			M	SD	t	p
性别	生态知识	男生	3.54	1.221	1.792	0.231
		女生	3.67	0.993		
	生态意识	男生	3.79	0.782	4.337*	0.045
		女生	4.12	0.726		
	生态行为	男生	3.01	1.793	2.339*	0.026
		女生	3.22	0.992		

续表

因素			M	SD	t	p
学校属性	生态知识	城市	3.69	0.760	3.335*	0.027
		农村	3.45	0.697		
	生态意识	城市	4.23	1.754	2.194**	0.009
		农村	3.76	1.698		
	生态行为	城市	3.25	0.702	4.834*	0.018
		农村	3.04	0.735		

（$^{*}p<0.05$，$^{**}p<0.01$）

由表4-25可得到如下结论：

① 苏南学校初中生在性别因素上，生态知识不存在显著差异；在生态意识和生态行为存在显著差异，女生的生态意识和生态行为强于男生。

② 苏南学校初中生在学校属性上，生态知识、生态意识和生态行为上均存在显著差异；城市学生的生态知识、生态意识及生态行为都强于农村学生。

2. “苏南学校高中学生生态教育调查问卷”结果与分析

（1）苏南学校高中学生的生态知识调查结果与分析。

苏南学校高中学生生态知识现状的详细统计见4-26。

表4-26　苏南学校高中学生生态知识状况统计结果

题号	题目	选项	人数（人）	百分数（%）	正确率（%）
1	江苏省“爱鸟周”的时间是（　）	4月1日—7日	201	29.6	43.3
		4月11日—17日	184	27.1	
		4月20日—26日	294	43.3	
2	“世界环境日”是（　）	6月2日	139	20.5	49.8
		6月5日	338	49.8	
		7月2日	154	22.7	
		7月5日	48	7.1	
3	同样的环境中，在食物链和食物网中位于能量金字塔顶部的生物体内的有害成分（　）	少	49	7.2	85.4
		多	580	85.4	
		取决于具体情况	50	7.4	
4	温室效应产生的主要原因是地球大气中的（　）	氧气增多	33	4.9	90.6
		二氧化碳增多	615	90.6	
		氮气增多	31	4.5	

续表

题号	题目	选项	人数（人）	百分数（%）	正确率（%）
5	利用天敌控制农林病虫害的防治方法称为生物防治，它最大的优点是（　）	彻底杀死病虫害	23	3.4	92.2
		控制虫害的同时不污染环境	626	92.2	
		降低害虫种群密度	30	4.4	
6	有人发起“多吃素食，少吃肉食”的运动来支援粮食短缺地区的灾民。其生态学解释最合理的是（　）	多吃肉食会增加心血管疾病的发病率	118	17.4	57.1
		以低营养级生物为食消耗生态系统更多的能量	133	19.6	
		多吃肉食比多吃素食消耗的能量总量更多	388	57.1	
		节省的肉食可以帮助灾民提高营养水平	40	5.9	
7	绿色食品指的是（　）	蔬菜水果	13	1.9	87.5
		绿颜色的食品	22	3.2	
		安全无污染的食品	594	87.5	
		营养价值丰富的食品	50	7.4	
8	有关生态系统的稳定性的叙述，不正确的是（　）	生态系统具有自我调节能力，这是生态系统稳定性的基础	68	10	52
		生态系统内部结构与功能协调，可以提高生态系统的稳定性	86	12.7	
		生物多样性对于维持生态系统稳定性体现出其直接价值	353	52	
		食物网越复杂，生态系统越稳定	172	25.3	
9	城市闹市区的空气里细菌比绿化区多7倍以上，原理是有些植物能分泌（　）	抗生素	451	66.4	66.4
		抗体	80	11.8	
		黏液	67	9.9	
		杀菌剂	81	11.9	
10	酸雨形成的原因是空气中的（　）	二氧化碳增多	58	8.5	86.3
		臭氧增多	35	5.2	
		硫和氮的氧化物增多	586	86.3	
总正确率					71.1

表4-26中的第1题,有关江苏省"爱鸟周"情况的正确率是43.3%,第2题,有关"世界环境日"情况的正确率是49.8%,可见高中生对生态环境纪念日的知晓程度较低,有待加强学习。

第3题85.4%的正确率说明大多数学生认识到食物网中处于金字塔顶端的生物体内有毒物质逐渐积累增多。

第4题总体的正确率是90.6%,但对于高中学生而言这样的结果并不尽如人意,因为初中和高中阶段的生物、物理、化学等科目中均会涉及温室效应。

第5题的正确率是92.2%,表明学生对于生物防治的优点认识深刻。

第6题的正确率是57.1%,说明学生关于生态系统中的能量传递知识的掌握程度不够理想,仍有很大的提升空间。

第7题87.5%的正确率,表明学生对于食品安全问题的重视程度及知晓程度比较高,具有较丰富的相关知识。

第8题调查的正确率是52%,表明高中学生对生物多样性的多种价值认识模糊,有待加强。

第9题是关于植物在城市净化中的作用,学生回答的正确率是66.4%,说明学生对于杀虫剂是农药的一种,而不是植物分泌的物质这一知识的匮乏,同时说明学生对于抗生素的概念模糊。

第10题的正确率是86.3%,显示高中学生对酸雨的形成原因认识较为清楚。

总体上,苏南学校高中生对于生态知识的总正确率是71.1%,表明苏南地区高中学生的生态知识认知程度一般,仍须加强学习。

(2)苏南学校高中学生生态意识调查结果与分析。

苏南学校高中生生态意识得分详细统计情况见4-27。

表4-27 苏南学校高中学生生态意识得分情况

题号	题目	选项	分值	人数(人)	百分比(%)	平均分(分)
1	经济发展应优先于生态保护	完全符合	1	90	13.2	3.91
		比较符合	2	48	7.1	
		基本符合	3	58	8.5	
		不太符合	4	118	17.4	
		不符合	5	365	53.8	

续表

题号	题目	选项	分值	人数（人）	百分比（%）	平均分（分）
2	不能与艾滋病人拥抱，那样太可怕了	完全符合	1	11	1.6	4.56
		比较符合	2	14	2.1	
		基本符合	3	61	9.0	
		不太符合	4	90	13.2	
		不符合	5	503	74.1	
3	与古代酷刑比，虐待小动物没什么大不了	完全符合	1	15	2.2	4.69
		比较符合	2	15	2.2	
		基本符合	3	29	4.3	
		不太符合	4	44	6.5	
		不符合	5	576	84.8	
4	生物圈中的有害生物应全部消灭掉	完全符合	1	16	2.3	4.53
		比较符合	2	26	3.8	
		基本符合	3	34	5.1	
		不太符合	4	111	16.3	
		不符合	5	492	72.5	
5	绿色产品价格高没有必要选择它们	完全符合	1	7	1.0	4.57
		比较符合	2	23	3.4	
		基本符合	3	31	4.6	
		不太符合	4	131	19.3	
		不符合	5	487	71.7	
6	超市实行塑料袋收费是为了赚钱	完全符合	1	49	7.2	4.3
		比较符合	2	21	3.1	
		基本符合	3	47	7	
		不太符合	4	102	15	
		不符合	5	460	67.7	
7	生物多样性对生态系统有重要作用，而对社会其他领域作用较小	完全符合	1	52	7.6	4
		比较符合	2	33	4.9	
		基本符合	3	87	12.8	
		不太符合	4	201	29.6	
		不符合	5	306	45.1	
8	人类是地球的主人，要充分利用大自然为人类服务	完全符合	1	62	9.1	3.87
		比较符合	2	40	5.9	
		基本符合	3	91	13.4	
		不太符合	4	216	31.8	
		不符合	5	270	39.8	

续表

题号	题目	选项	分值	人数（人）	百分比（%）	平均分（分）
9	会有新能源研发出来，不需要节能	完全符合	1	48	7.1	4.43
		比较符合	2	14	2.1	
		基本符合	3	45	6.6	
		不太符合	4	63	9.2	
		不符合	5	509	75.0	
10	沙尘暴、赤潮等是大自然对人类的惩罚	完全符合	5	247	36.3	3.42
		比较符合	4	110	16.2	
		基本符合	3	128	18.9	
		不太符合	2	69	10.2	
		不符合	1	125	18.4	
总均分						4.23

由表4-27可知，第1题的调查结果平均得分是3.91分，表明高中学生已意识到生态保护的重要性，对于经济发展与生态保护之间关系的认识较为清楚。

第2、第3、第4题调查的是学生的生命意识，平均分分别是4.56分、4.69分和4.53分，这表明高中生能够尊重生物圈中的人类生命和非人类生命，已经具备了较强的生态伦理观。

第5和第6题调查的是高中生的绿色消费意识，平均分分别是4.57分和4.3分，反映出学生的绿色消费观念较强。

第7题是有关生物多样性的价值问题，平均分是4分，说明高中生对于生物多样性的价值已经有了较正确的认识。

第8题的平均分是3.87分，表明了高中生已经能意识到可持续发展的必要性。

第9题平均分达到了4.43分，反映出学生有关能源开发的重要性以及生态不能透支的认识较强。

第10题平均分是3.42分，表明了高中生已经在生态危机的大形势下感知并认同生态危机的存在。

苏南三市的高中生的生态意识总均分是4.23分，数据显示苏南高中学生的生态意识较强。

（3）苏南学校高中学生生态行为调查结果与分析。

苏南学校高中学生生态行为详细统计见4-28。

表 4-28　苏南学校高中学生生态行为得分情况

题号	题目	选项	分值	人数(人)	百分比(%)	平均分(分)
1	积极参加“爱鸟周”的宣传活动	从不	1	347	51.1	1.96
		偶尔	2	151	22.2	
		有时	3	94	13.8	
		经常	4	36	5.3	
		一直	5	51	7.6	
2	在外面就餐时不使用泡沫饭盒和一次性筷子	从不	1	58	8.5	3.15
		偶尔	2	149	21.9	
		有时	3	207	30.5	
		经常	4	162	23.9	
		一直	5	103	15.2	
3	夏天将空调温度设为26 摄氏度以上	从不	1	79	11.6	3.39
		偶尔	2	98	14.4	
		有时	3	147	21.6	
		经常	4	186	27.4	
		一直	5	169	25	
4	记录身边野生动物和鸟类及其生态环境的情况	从不	1	371	54.6	1.99
		偶尔	2	128	18.9	
		有时	3	64	9.4	
		经常	4	50	7.4	
		一直	5	66	9.7	
5	不吃野生动物做成的美味食物	从不	1	140	20.6	3.30
		偶尔	2	112	16.5	
		有时	3	88	13.0	
		经常	4	86	12.7	
		一直	5	253	37.3	
6	即使有电梯可以乘坐,也还是会爬楼梯	从不	1	153	22.5	2.72
		偶尔	2	129	19	
		有时	3	233	34.3	
		经常	4	91	13.4	
		一直	5	73	10.8	
7	使用动物做实验时尽可能减少动物的痛苦	从不	1	82	12.1	3.74
		偶尔	2	50	7.4	
		有时	3	125	18.4	
		经常	4	128	18.9	
		一直	5	294	43.2	

续表

题号	题目	选项	分值	人数(人)	百分比(%)	平均分(分)
8	使用无磷洗衣粉洗衣服	从不	1	82	12.1	3.60
		偶尔	2	50	7.4	
		有时	3	125	18.4	
		经常	4	128	18.9	
		一直	5	294	39.2	
9	室内使用节能灯	从不	1	38	5.6	3.73
		偶尔	2	88	13.0	
		有时	3	192	28.3	
		经常	4	148	21.8	
		一直	5	213	31.3	
10	不买野生植物做的工艺品或家具	从不	1	42	6.2	3.65
		偶尔	2	64	9.5	
		有时	3	172	25.3	
		经常	4	159	23.4	
		一直	5	242	35.6	
总均分						3.12

由表4-28可知,第1题平均分为1.96分,远低于中间值3分,表明学生在“爱鸟周”活动中表现并不理想,这与生态知识调查研究部分第1题的正确率不高相吻合。

第2、第3题平均分分别是3.15分和3.39分,表明学生具有较佳的绿色生活方式。

第4题调查的平均分是1.99分,亦远低于中间值3分,反映了高中学生对周围生态环境的关注程度较低。

第5题平均分是3.30分,表明高中生在野生动物的保护方面做得较好。

第6题是关于能源节约的问题,平均分是2.72分,反映出节约能源的行为还没有成为高中生自觉的行为准则。

第7、第10题的平均分分别是3.74分、3.65分,表明学生对于生物的保护行为和自我约束能力较强。

第8题平均分是3.60分,说明高中生保护生态环境已落实到了使用无磷洗衣粉这一具体行动之中。

第9题考查的是学生节约能源的行为,平均分是3.73分,说明学生的节约能源行为较强,但是还没有成为学生日常的行为准则。

苏南三市高中生的生态行为总均分是3.12分,这一结果充分说明学生要将生态知识和意识转化为现实的生态行为还须付出更大的努力。

（4）苏南学校高中学生生态教育比较。

生态教育的三个维度的比较采用的是卡方检验；“学校属性”、“学生性别”的比较采用的是独立样本 t 检验。苏南学校高中学生生态教育不同纬度之间的比较统计数据见表4-29。

表4-29　苏南学校高中学生在生态教育不同纬度的比较

维度	*M*	*SD*	*F*	*p*
生态知识	3.52	1.492		
生态意识	3.88	1.086	4.79*	0.014
生态行为	3.14	1.293		

（$^{*}p<0.05$，$^{**}p<0.01$）

从表4-29可以得到如下结论：p 值为0.014，表明苏南学校高中生在生态知识、生态意识及生态行为上存在显著性差异；生态知识和生态意识得分高于生态行为。

苏南学校高中学生生态教育在不同因素上的比较见表4-30。

表4-30　苏南学校高中学生生态教育在不同因素上的差异比较

			M	*SD*	*t*	*p*
性别	生态知识	男生	3.24	1.321	0.935	0.069
		女生	3.67	0.783		
	生态意识	男生	3.65	0.692	1.425	0.074
		女生	3.96	0.723		
	生态行为	男生	3.09	1.683	2.503*	0.021
		女生	3.21	0.762		
学校属性	生态知识	城市	3.78	0.814	4.275**	0.004
		农村	3.45	0.707		
	生态意识	城市	4.15	1.424	5.27*	0.013
		农村	3.57	1.548		
	生态行为	城市	3.24	1.399	3.982*	0.016
		农村	3.09	1.007		

（$^{*}p<0.05$，$^{**}p<0.01$）

由表4-30可以看出：

① 苏南学校高中学生在“性别”因素上，生态知识和生态意识不存在显著差异；在“生态行为”维度上存在显著差异，女生的生态行为高于男生。原因可能是女生更具有人文情怀，更加关注生态、关注生命。男生则更加关注科学的

发展。

② 苏南学校高中生在“学校属性”因素上,生态知识、生态意识和生态行为均存在显著差异,城市学生高于农村学生。

二、访谈结果与分析

以上研究主要是利用问卷调查的方式,其优点是可以在同一时限内快速搜集并获得苏南学校中学生的生态教育现状,从而便于做定量的对比。为了解调查问卷中无法涉及但又需要澄清的生态教育问题,深入了解学生的真实思想,本研究还进行了学生的个案访谈。

中学生(包括初中生和高中生)生态教育访谈提纲(见附录6)涉及的主要内容是生态教育中的生态意识及生态行为两个方面。以下是对来自苏州两所初中、两所高中的共4名中学生的访谈,访谈的结果归纳如下(初中生分别用S1、S2表示,高中生分别用S3、S4表示):

问题1:你们学校有没有专门的有关生态教育的课程?你觉得苏州的生态环境有没有受到破坏?

S1:好像没有专门的课程,没听说过;苏州的环境挺好的,但是应该也受到了破坏,听老师在课上讲苏州的河流受到了不同程度的污染。

S2:不清楚有没有专门的课程;苏州被称为“人间天堂”,环境优美,应该没有受到破坏。

S3:专门的课程好像没有,但是在好多科目中都有涉及生态方面的知识、环保的知识,还有保护生态多样性、保护地球的知识。苏州的环境很美,这是毋庸置疑的,至于有没有受到破坏,这个我讲不好,但是众所周知,工业化都会带来污染吧!

S4:没有专门的课程。苏州的生态环境肯定受到破坏了,世界上工业发达的城市其环境大多受到了破坏,苏州市工业发达,不能例外吧!

4名受访者的表述稍有不同,但是呈现了两个信息,一是苏南学校的生态教育现实状况:学校基本上还没有开设专门的生态教育课程;二是占多数的受访者已经意识到了苏州生态环境已遭到破坏。访谈说明苏南学校教育中还没有健全有效的生态教育内容体系,生态教育的内容也不够翔实,中学生生态教育的深度和广度尚未拓展开来。但是在现实生活中,学生的生态意识已经被唤醒,学生对于生态危机有了较强的感知力。

问题2:在实际的各科学习中你接触过哪些有关生态环境的知识?请具体阐述。

S1:在生物、地理、语文、政治中都有,学过生物入侵、植物和动物保护、温室效应、自然保护区、大熊猫等珍稀动物的保护、大气污染、河流污染、植树造林等很多生态环境知识。

S2:生物上学到的最多,有生态环境保护、生物入侵、生物防治、植树节、温室效应。地理上也有,如植被保护、自然保护区、沙漠植树造林。

S3:很多科目上都学过,如生物入侵、水污染、大气污染、土壤污染、噪音污染、温室效应、酸雨、土壤沙化。

S4:生物、地理、化学、政治上比较多,大气污染、噪音污染、生物入侵、植被保护、森林保护、湿地保护,还有臭氧破坏、温室效应、酸雨。

4 名受访者陈述中列举的有关生态环境的知识可以归结为以下几点:直接的环境污染,如水污染、大气污染、土壤污染、噪音污染;间接的破坏,如温室效应、酸雨、生物入侵;保护的措施,如生物防治、生物多样性保护、建立自然保护区、湿地保护、森林保护。在受访者提供的信息中,各种生态知识是比较全面的,但是现代的生态环境的污染还包括核污染。总之,在学校的学习中,学生已经具备了生态方面的基本知识,即已经奠定了生态教育的基础。

问题 3:在学习了有关生态保护的知识之后,你在行为上最大的改变是什么?请具体阐述。

S1:觉得环境生态破坏很严重!行为上的改变应该是学会监督了,监督我爸妈。在公共场所还有家里会注意到爸爸妈妈做的事情会不会破坏生态环境,然后告诉他们环境污染的危害,并且告诉他们应该怎么做。比如经常告诉妈妈白色污染够严重了,让她尽量少使用塑料袋。

S2:有了改正错误行为的意识,如随意扔掉垃圾之后会意识到自己做错了,然后会再把垃圾捡起来。

S3:老师在课堂上讲到生态环境的破坏,人类若寻求长远的生存和发展,就会产生强烈的保护生态环境的意识。行为上的改变,主要是经常会注意到自己或者他人的行为是否会破坏生态环境。比如在日常生活中会注意自己的行为是否会浪费资源,是否会危害到生物的生命,是否会破坏生态环境等,同时也关注别人的行为是否会造成以上的危害。

S4:这是个信息化时代,我们几乎每天都会在网络上、电视上看到天灾人祸:火山地震、气候异常、生态环境恶化,结合课本上学习的知识,就会增强生态忧患意识和环境保护意识。至于行为上有没有较大的改变我不敢下定论,因为我有时候很矛盾,觉得生态保护应该从自己做起,但是看到很多人都在破坏环境的时候,会很气愤,又很悲观失望,觉得自己一个人的力量太渺小了,只自己一个人保护环境也不一定有用。

通过访谈,可以了解到 4 位受访者中有 3 位都会在意识上有所改变,进而影响行为,使行为发生改变。但是也有一位受访者,在生态环境的意识上已经有了提升，但是受到外界环境的影响产生了自我怀疑，这说明了生态教育的迫切性，并且它应该是一种全民教育。

问题4：在课堂教学中，老师有没有在学习有关生态环境方面的知识时加强对你们生态行为的教育（即强调大家应该怎样做）？

S1：有吧，老师有时候会告诉我们要如何去做。而且，有时生物考卷中也会涉及保护某个环境或者保护某种生物应采取哪些措施。

S2：有时候老师会说一下，有时候就过去了，估计考试考不到。

S3：有的，比如政治上的可持续发展战略，老师会强调，要有什么样的发展策略、措施等，可能老师认为这是高考的内容，因为老师反复强调这是新近提出的内容，也许会成为高考的考点。

S4：有的科目的老师会讲要怎样做才能保证人类的长远发展，保证子孙后代的幸福之类的。有的科目的老师不会讲这些。

在4名受访者的陈述中，3位学生提到了教师之所以强调生态知识是因为考试会考到，可见在教师或者学生的意识中应试思想还是占第一位的。生态知识重不重要还是取决于它是不是考试的重点，这种思想或许是制约生态教育在学校广泛开展的一个重要障碍。

问题5：如果有保护生态环境的活动，你会主动要求参加吗？

S1：看是什么样的活动吧！有意义的、增长知识的活动有时还是会参加的。

S2：我一般不会参加，我不爱参加活动。

S3：会参加，因为我觉得参加活动能更加真实地接触现实，能身临其境，学习到的知识会更多吧！

S4：一般都不会去，现在我们的学习比较紧张，参加活动比较浪费时间。

从以上访谈结果可以看到，学生中只有一个愿意主动参加生态环境的活动，这就可以解释在调查问卷中关于参加"爱鸟周"宣传活动问题的平均分为什么偏低了。学生并没有在根本上改变意识，而是将活动看成是浪费时间，或者无意义的事情。

问题6：老师要求搜集一些有关生态环境的资料，你会认真完成吗？

S1：老师平时要求我们去收集一些实验或者教学用的素材，或到网上搜集一些资料，我都会认真去完成的。

S2：老师如果检查就会去搜集。因为老师强调检查，估计比较重要。

S3：看是什么性质的资料吧！比如自己不知道或者不是很清楚的问题，就会去搜集，如果自己已基本了解，就不会去搜集。

S4：现在网络这么发达，很容易查到较多信息，而且老师要求搜集的资料应该有用吧。

从上面的访谈结果可知,教师的生态意识和学生生态知识的获取有一定的关系,而且学生对于生态知识的学习缺乏主动性,比较依赖教师的监督。

问题7:你觉得大力发展科技能够有效保护生态环境吗?如果能,请说明理由,如果不能,那么你的建议是什么?

S1:应该可以吧!因为科技的发展带来了社会的巨大进步,可能没有科技不能解决的问题吧!但有时科技的发展也会破坏生态环境,然而,总体上科技的正面作用要大得多。

S2:能。因为我们的教材中清楚地阐明,科技是第一生产力,科学技术的发展可以促进社会的进步,当然也可以保护环境不受到破坏。

S3:一方面,改善生态环境就要大力发展生产力,发挥科技在生态保护方面的作用;但另一方面,科技的发展会带来更大的破坏。俗话说科技就是两刃剑,看怎么利用吧!科技利用得好则利大于弊,反之,则会带来灾难,这种灾难不仅仅是生态环境方面,还关系到人类的生存。发展无害于生态环境、人类、生物的科技是最佳的选择。

S4:科技的发展可以说改变了世界,给人类带来许多的便利和惊喜。但是发展高科技就可以保护生态环境我觉得未必,生态环境的破坏恰恰是由于高科技的发展。至于怎样保护生态环境,重点还是在于人们的意识吧,因为太多的生态恶化的例子均证明了人类的意识存在缺陷,改变人们的意识至关重要。

从以上4名受访者的观点可知,初中学生的生态意识还处于较低阶段,认为科技的发展可以改变环境,而高中生的思维方式及对生态与科技关系的认知已经达到了一定的高度。学生的生态教育在初中阶段有待提高。

三、研究结论

通过分析,本研究得到以下结论:

(1)苏南学校中学生对于生态知识掌握程度一般,且有些知识比较薄弱,生态教育有待加强。

(2)苏南学校中学生的生态忧患意识和生命意识比较强,能够客观公平地对待生物圈中的所有生命,能够意识到生物圈中的每种生物都有其存在的价值和意义。合理利用资源、科学发展的生态意识比较强,符合时代的发展和生态教育及科学发展观和可持续发展的要求。学生的审美意识也比较强,但是在绿色消费和节约能源等意识上还存在欠缺。有极少数的学生认为生态保护应该放在经济发展之后。

(3)苏南中学生生态行为得分较低,表明学生还没有将生态行为作为日常的行为准则,生态行为有待进一步加强。苏南学校中学生在“生态知识”、

"生态意识"和"生态行为"三个维度上存在显著性差异,生态行为水平显著低于生态意识和生态知识水平。

(4)本研究调查结果显示初中生在"性别"、"学校属性"影响因素上,生态教育的三个维度会存在显著差异,高中生在"性别"、"学校属性"影响因素上,生态教育的三个维度也存在显著差异。

(5)通过访谈分析发现,学生的生态意识和生态行为在接受生态知识教育之后会有所改观,而且学生的生态意识和生态行为的培养和强化与教师有很大的关系。初中生受应试教育思想的影响较深。

(6)访谈及相关的案例反映出苏南三市的生态教育活动已经开展,并且收到了一些效果,但是同时也发现,苏南地区生态教育还没有规范的教育内容和完整的教育体系与教材,因此目前需加强此方面的建设。

虽然调查存在着一定的局限性,但是它反映了苏南学校生态教育存在的一些问题,这给我们提供了有价值的第一手材料,促使我们去思考和改革。生态危机的紧迫性使得基础教育阶段生态教育的作用凸显,通过对苏南学校生态教育的调查研究与分析,教育部门及学校可以了解生态教育的不足,从而制定实施与发展生态教育的对策。

第三节　苏南地区中学教师生态教育的调查研究

一、问卷调查研究方法与过程

(一)问卷设计

本研究采用自制"苏南地区中学教师生态教育问卷调查"(见附录7)。问卷包括6个部分,第一部分简述了本次问卷调查的目的和要求。第二部分主要考查中学教师的生态知识与生态教育知识,共8道题,以选择题的形式呈现,包括7个单项选择题和1个多项选择题,每道选择题4分,总分32分,中间分为20分。根据教师的总平均分来判断教师的生态与生态教育知识掌握情况,若是低于20分则代表教师的生态知识掌握情况较差,若是高于20分则代表教师对这部分的掌握情况合格,分数越高代表教师的生态知识掌握得越好。单项选择题选项正确得4分,选项错误得0分;第1题为多项选择题,正确答案包括四个选项,答对一个选项得1分,空选得0分。第三部分调查教师的生态教育行为,共8道题,以表格的形式呈现。每题包括"从未"、"偶尔"、"有时"、"经常"四个选项,分别记做1分、2分、3分、4分,中间分为2.5分,此部分总分32分,中间分20分。第四部分考查教师的生态意识与生态教育意识,共11道题,其中有7题是正向叙述题,其余4题为反向叙述题,正向题每题包括“很不符合”、“不大符合”、“比较符合”、“很符合”四个选项，分别记做1分、2分、3分、4分，反向题中答“很不符合”、“不大符合”、“比较符合”、“很符合”分别计4分、3分、2分、1分(即赋分反转)，总分44分，中间分27.5分。第五部分为多选题，主要了解教师具体采用的生态教育教学方法、评价方法等。第六部分是基本情况调查，包括教师的性别、教龄、学历、所教的科目、教师所在的地区。

(二) 调查对象与数据收集

问卷的调查对象是苏州、无锡、常州苏南三市17所中学的初中和高中的部分教师。本研究调查共发放问卷345份，废卷43份，有效问卷302份，有效率为87.54%。有效调查样本的基本构成见表4-31。

表4-31 ($N=302$)有效问卷的基本构成

项目		人数(人)	百分比(%)
性别	男性	147	48.7
	女性	155	51.3
教育阶段	初中	151	50
	高中	151	50
学校属性	农村	105	34.8
	城市	197	65.2

表4-31中，教师的男女比例相当，初、高中教师比例相等，而随着苏南地区工业化、城镇化程度的不断提高，部分乡级学校逐渐划入城区，这使苏南地区城区学校的比例增大，表中比例与苏南学校分布情况基本吻合。

(三) 数据处理

本研究问卷调查的数据资料采用SPSS11.5软件包进行统计处理，得出苏南学校中学教师生态教育素养的统计学结果，在此基础上分析苏南学校中学教师生态教育不同维度的状况，比较不同影响因素下中学教师的生态教育情况。

二、问卷调查结果与分析

1. 苏南学校中学教师生态与生态教育知识的统计与分析

此维度考查的是苏南中学教师对于生态教育内容、“绿色学校”、食物链、温室效应等相关知识的掌握情况，调查的详细结果见表4-32。

表 4-32　苏南学校中学教师生态与生态教育知识统计

题号	题目	选项	人数（人）	百分比（%）	平均分（分）
1	你认为生态教育应包括哪些内容(多选)(　　)	环境保护教育	288	95.3	2.8
		生态道德教育	228	75.5	
		可持续发展的教育	256	84.8	
		生命教育	145	48.0	
2	你认为“绿色学校”指的是(　　)	绿化率高的学校	45	14.9	2.9
		环境卫生好的学校	30	9.9	
		以可持续发展思想为指导,提高师生环境素养的学校	219	72.5	
		建筑物是绿色的学校	8	2.6	
3	2007 年太湖蓝藻的暴发是由于(　　)	含有氮、磷等元素的有机物被排放到太湖中	274	90.7	3.6
		含有钠、镁等元素的无机物被排放到太湖中	21	6.9	
		太湖水温降低	7	2.4	
4	鹰捕捉食蛇,蛇捕食青蛙,青蛙吃蚂蚱,蚂蚱吃庄稼,这是(　　)	生物圈	12	3.9	3.6
		能量链	16	5.4	
		食物链	274	90.7	
5	我国华北地区,一种甲虫曾经泛滥成灾,有人从澳大利亚引入甘蔗蟾蜍,可以捕杀该害虫,随后甘蔗蟾蜍开始泛滥,这种现象是(　　)	群落演替	21	6.9	3.3
		生物入侵	251	83.1	
		生物迁徙	30	10.0	
6	气候变暖主要与二氧化碳浓度增大有关,现实中可主要依靠哪些生物来降低二氧化碳浓度(　　)	动物	0	0	3.6
		植物与藻类	273	90.4	
		微生物	16	5.3	
		细菌	13	4.3	
7	江苏省的“爱鸟周”是每年的(　　)	4 月 2 日—8 日	46	15.2	1.9
		4 月 20 日—26 日	150	49.7	
		4 月 23 日—29 日	68	22.5	
		5 月 1 日—7 日	38	12.6	

续表

题号	题目	选项	人数（人）	百分比（%）	平均分（分）
8	酸雨的形成与（　　）的排放有关	二氧化硫气体和氮的氧化物	287	95	3.8
		二氧化碳	7	2.3	
		灰尘和水蒸气	0	0	
		氮气	8	2.7	
总平均分合计					25.5

由表4-32可知：

第1题考查了苏南地区中学教师对生态教育内容的理解，平均分为2.8分，高于中间分2.5分，表明教师对生态教育内涵的理解比较准确，但仍有一些教师对于不断变化与发展的生态教育新动态不了解，反映出教师的生态知识更新相对滞后。

第2题主要考查内容为“绿色学校”的评价指标，平均得分为2.9分。苏南地区作为经济和教育较发达的区域，仍然有27.5%的教师对于“绿色学校”的评价标准不了解，这在一定程度上体现了教师对生态教育的关注程度不足。

第3题考查了太湖蓝藻暴发的原因，平均分为3.6分，可见苏南地区的教师能关心身边的生态环境问题。

第4题是生态学中的一个基本概念问题，即“食物链”的含义，平均分为3.6分，高于中间分2.5分，表明苏南地区中学教师对于这一生态知识普遍知晓。

第5题主要考查苏南地区教师对生态入侵问题的了解情况，平均分为3.3分，高于中间分2.5分，但相比较第3题与第4题的高正确率，苏南教师在这方面的生态知识掌握情况还需进一步改善。

第6题平均分为3.6分，高于中间分2.5分，可以看出大部分的中学教师对于气候变暖的形成原因还是比较了解的，这与生态环境问题的长期宣传有直接的关系。

第7题考查了苏南地区中学教师对江苏省“爱鸟周”的知晓程度，平均分为1.9分，显著低于中间分2.5分。这是一个常识性的问题，显示了“爱鸟周”活动宣传的力度不够，也表现出了生态教育存在的不足。同时教师对此问题的疏忽也直接影响了学生在这方面的生态水平。

第8题考查了酸雨的形成原因，平均分为3.8分。这充分显示了中学教师对酸雨问题的关注和对酸雨形成原因的认识比较深刻。

苏南地区中学教师的生态与生态教育知识部分得分最大值是32分，最小值是8分,平均分是25.5分,高于中间分20分。从整体上看,苏南地区的中学教师整体对生态知识的掌握情况良好,具备了开展生态教育的基本素养。

2. 苏南地区中学教师生态教育行为的统计与分析

此维度主要从生态活动的组织、生态教育的评价和生态理念的渗透情况等方面进行考查,具体统计结果见表4-33。

表4-33 苏南学校中学教师生态教育行为统计结果

题号	题目	选项	分值	人数(人)	百分比(%)	平均分(分)
1	参加生态教育类校本课程的开发	从未	1	186	61.6	1.5
		偶尔	2	92	30.5	
		经常	3	19	6.3	
		一直	4	5	1.7	
2	设计教学目标时,包含提高学生生态意识的目标	从未	1	37	12.3	2.4
		偶尔	2	122	40.4	
		经常	3	115	38.1	
		一直	4	28	9.3	
3	将生态教育的理念与教学内容结合起来	从未	1	23	7.6	2.4
		偶尔	2	151	50	
		经常	3	97	32.1	
		一直	4	31	10.3	
4	组织以生态保护为主题的活动	从未	1	102	33.8	1.9
		偶尔	2	148	49.0	
		经常	3	40	13.2	
		一直	4	12	4.0	
5	考查学生生态知识掌握的情况	从未	1	103	34.1	1.9
		偶尔	2	140	46.4	
		经常	3	49	16.2	
		一直	4	10	3.3	
6	运用多种手段培养学生的生态观念	从未	1	43	14.2	2.3
		偶尔	2	144	47.7	
		经常	3	93	30.8	
		一直	4	22	7.3	
7	在测验时,设计生态教育方面的试题	从未	1	95	31.5	1.9
		偶尔	2	139	46	
		经常	3	52	17.2	
		一直	4	16	5.3	

续表

题号	题目	选项	分值	人数(人)	百分比(%)	平均分(分)
8	找出生态教育失败的原因,并进行改进	从未	1	119	39.4	1.8
		偶尔	2	133	44	
		经常	3	42	13.9	
		一直	4	8	2.6	
总分合计						16.1
总均分						2.0

由表4-33可知:

第1题调查了中学教师是否曾经参与过生态教育类的校本课程的开发,平均分为1.5分,远低于中间分2.5分,这表明苏南地区的中学教师利用校本课程进行生态教育的状况亟待改善。

第2题意在调查教师是否经常将生态教育的目标作为自己课堂教学的目标之一,平均分为2.4分,低于中间分2.5分,表明中学教师在有意识地进行生态教育的行为方面,表现差强人意。

第3题考查中学教师在教学时渗透生态教育的程度,平均分为2.4分,与第2题的答题水平基本相同,可见教师在生态教育的一些行为上具有一致性。

第4题调查了教师的生态类活动组织情况,平均分为1.9分,远小于中间分2.5分,可以看出中学教师对生态活动的组织行为处于一个较低的水平,这也体现了中学教师对生态教育的重视程度还不够。

第5题和第7题的目的均为考查教师在进行生态教育以后的评价行为,平均分都为1.9分,小于中间分2.5分,表明苏南地区的中学教师在进行生态教育的评价方面,行为水平普遍较低。由此可见,苏南地区的中学教师在生态教育方面一定程度上存在着只教不评的问题。

第6题意在考查苏南地区的中学教师在运用多种手段培养学生的生态观念方面的情况,平均分为2.3分,小于中间分2.5分,这表明中学教师在生态教育行为方面还需要改进。

第8题考查的是更高层次的生态教育评价问题,平均分为1.8分,远低于中间分2.5分。故教师应认识到所有评价的最终结果均为了更好地促进教育,教育的总体目标是一致的,因此要求教师不断优化自身的生态教育行为。

苏南地区中学教师的生态教育行为总得分最小值是8分,最大值是30分,平均分是16.1分,低于中间分20分。教师在生态教育的渗透、活动的组织、生态教育的评价方面都暴露出一些问题:首先是教师在课堂教学中未能做到将生态教育的内容与自己所教的科目有效结合起来;其次教师普遍忽视了生态教育的评价问题。从整体上看,中学教师的生态教育行为没有满足生态教育的需求,这与我国生态教育的现状基本符合,但苏南地区作为经济和教育都相对发达的区域,理应走在生态教育的前列,所以苏南地区中学教师的生态教育行为有待改进。

3. 苏南地区中学教师生态与生态教育意识的统计与分析

问卷中的"生态与生态教育意识"维度包括生态危机意识、生命意识、可持续发展意识、绿色生活方式意识和对生态教育的态度等,得分统计见4-34。

表4-34　苏南地区中学教师生态与生态教育意识得分统计结果

题号	题目	选项	分值	人数(人)	百分比(%)	平均分(分)
1	所有生物都具有生存的权利	很不符合	1	7	2.3	3.5
		不大符合	2	16	5.3	
		比较符合	3	84	27.8	
		很符合	4	195	64.6	
2	保护濒危物种应引起足够的重视	很不符合	1	4	1.3	3.4
		不大符合	2	34	11.3	
		比较符合	3	96	31.8	
		很符合	4	168	55.6	
3	教育对生态保护起重要的作用	很不符合	1	7	2.3	3.4
		不大符合	2	15	5.0	
		比较符合	3	105	34.8	
		很符合	4	175	57.9	
4	应尽量使用太阳能产品,因为太阳能是可再生的能源	很不符合	1	5	1.7	3.4
		不大符合	2	21	7.0	
		比较符合	3	99	32.8	
		很符合	4	177	58.6	
5	运用图片、视频等多种手段展示生态教育内容太麻烦	很不符合	4	109	36.1	3.0
		不大符合	3	115	38.1	
		比较符合	2	48	15.9	
		很符合	1	30	9.9	
6	如果考试不考生态类的内容,我们就不用教授该方面内容	很不符合	4	140	46.4	3.2
		不大符合	3	114	37.7	
		比较符合	2	37	12.3	
		很符合	1	11	3.6	

续表

题号	题目	选项	分值	人数（人）	百分比（%）	平均分（分）
7	生态意识与行为具有长期性，教师应关注生态知识的传授	很不符合	4	18	6.0	2.2
		不大符合	3	86	28.4	
		比较符合	2	124	41.1	
		很符合	1	74	24.5	
8	人类应当征服自然来谋求幸福	很不符合	4	180	60	3.2
		不大符合	3	23	7.6	
		比较符合	2	77	25.5	
		很符合	1	22	7.3	
9	教师应当多组织一些生态类的活动	很不符合	1	9	3.0	3.2
		不大符合	2	30	10	
		比较符合	3	151	50.0	
		很符合	4	112	37.1	
10	将现有的生态教育资料融入学科教育当中是教师的义务	很不符合	1	8	2.6	3.2
		不大符合	2	27	8.9	
		比较符合	3	152	50.3	
		很符合	4	115	38.1	
11	对生态教育的成效进行评价是必要的	很不符合	1	7	2.3	3.2
		不大符合	2	35	11.6	
		比较符合	3	153	50.7	
		很符合	4	107	35.4	
总分合计						34.9
总均分						3.2

由表4-34可知：

第1题和第2题考查了苏南地区中学教师对生命的态度，平均分分别为3.5分和3.4分，明显高于中间分2.5分，表明中学教师对生物的态度是非常积极的，能够站在一个较高的高度来看待生物的生存权利，认同保护生物的行为。

第3题意在考查中学教师对教育可以提高生态保护意识这一观点的认同程度，平均分为3.4分，高于中间分2.5分，表明大多数中学教师对于生态教育的态度是积极的，因此，在中学范围内全面开展生态教育已经具备了比较好的教师基础。

第4题考查了中学教师对能源的认识水平，平均分为3.4分，高于中间分2.5分，反映了苏南地区的大部分教师也已经认识到了“能源危机”，愿意为节约能源贡献自己的一份力量。

第5题和第6题是考查教师对于生态教育的态度，平均得分分别为3.0分和3.2分，高于中间分2.5分，这表明中学教师对生态教育具有较高的信念，不会因为生态教育过于复杂或者是因为没有和考试联系起来而放弃进行生态教育。但同时我们在“生态教育行为”维度中发现，事实上许多教师并没有坚持不懈地进行生态教育，所以，中学教师的生态教育意识与行为在某种程度上存在着不平衡的现象。

第7题考查了教师对于生态教育知识、意识、行为三者关系的理解，平均分为2.2分，低于中间分2.5分，这说明中学教师知识本位思想的局限性。

第8题的目的是调查教师对人与自然关系的理解，平均分为3.2分，高于中间分2.5分，这充分表示中学教师在人与自然的关系上大多数持有一种积极正确的态度。

第9题旨在调查中学教师对组织生态教育活动的态度如何，平均分为3.2分，高于中间分2.5分，这与第5题和第6题的调查结果相一致，即教师在意识上乐于做一些对生态教育有益的事情，但在行为上却又没能达到和意识同等积极的效果。

第10题仍然考查了教师对生态教育的态度，平均分为3.2分，中学教师认为在学科中渗透生态教育是教师的义务，这是生态教育意识的一个较大的进步。

第11题考查了教师对于生态教育评价的态度，平均分为3.2分，证明大多数中学教师也认为评价对生态教育来讲是很重要的一部分，如果中学教师能够将这一理念转化为一种行动的话，生态教育将会拥有更广阔的发展空间和更长远的发展道路。

调查结果显示，苏南地区中学教师的生态与生态教育意识总得分最高是44分，最低是19分，总分是35.84分，高于中间分20分。从整体上看苏南地区中学教师的生态意识水平较高，对于生态环境的态度也很积极。

然而，值得关注的是，教师的生态与生态教育意识、生态与生态教育知识及其生态教育行为之间存在着脱节的现象，具体比较见表4-35。

表4-35　苏南地区中学教师生态教育各维度比较

维度	M	SD	F	p
生态与生态教育知识	3.21	5.5	2.27	0.00
生态教育行为	2.01	4.61		
生态与生态教育意识	3.25	4.31		

这表明苏南地区中学教师的生态教育行为与其知识和意识存在着一定的

差距($p=0.00<0.01$),访谈调查中也证实了教师在进行生态教育时存在着有心无力的现象。这种现象的产生有其深远的背景,一方面教师在应试教育的背景下压力较大,教学工作繁忙,根本无暇顾及生态教育;另一方面学校的支持有一定的限度,导致教师无法深入开展相关的生态教育活动。

4. 苏南地区中学教师生态教育的教学方式和评价方式调查分析

生态教育的教学方式以多选题的形式呈现,主要调查的内容包括课内外进行生态教育的方式,调查结果见表4-36。

表4-36 苏南地区中学教师生态教育的教学方式调查结果

项目	课堂渗透	安排专家讲座	创设情境,让学生进行角色扮演	组织学生在校内外进行调查	带领学生进行探究实验	举办生态保护知识竞赛	其他
人数(人)	196	12	9	38	21	7	36
百分比(%)	64.9	4.0	3.0	12.6	7.0	2.3	11.9

如表4-36所示,教师进行生态教育的方式、方法相对单一和保守,大多以课堂渗透为主,较少会采用创设情境、实验、活动、竞赛等方式,而这样单一的教学模式明显不利于生态教育。

生态教育的评价方式以多选题的形式呈现,主要调查的内容包括是否评价以及如何评价生态教育,调查结果见表4-37。

表4-37 苏南地区中学教师生态教育的评价方式

项目	未进行评价	笔试	观察并记录	个人或集体访谈	写感想	其他
人数(人)	167	68	5	11	29	92
百分比(%)	55.3	23.2	1.7	3.8	9.9	30.5

苏南地区中学教师的生态教育评价方式以多选题的形式呈现,调查结果显示:有55.3%的中学教师没有对生态教育的效果进行评价。在进行评价的教师中,47.3%的教师评价方式是书面考查。生态教育的目的是在提高学生的生态知识及意识水平的同时,培养学生的生态保护行为,单一的书面考查很难对学生进行多维的、全面的评价。

5. 苏南中学不同因素下教师的生态教育水平比较

不同性别、不同属性、不同教育阶段的苏南中学教师的生态教育素养的调查结果见表4-38。

表 4-38　不同性别、属性、教育阶段苏南中学教师生态教育素养比较

			M	*SD*	*t*	*p*
性别	生态与生态教育知识	男教师	3.28	5.173	0.009	0.457
		女教师	3.19	5.651		
	生态与生态教育意识	男教师	3.24	3.822	3.249	0.715
		女教师	3.27	4.550		
	生态教育行为	男教师	1.99	4.543	1.971	0.733
		女教师	2.03	4.664		
学校属性	生态与生态教育知识	城市	3.18	0.645	0.236	0.244
		农村	3.29	0.696		
	生态与生态教育意识	城市	3.32	0.362	0.864	0.117
		农村	3.23	0.412		
	生态教育行为	城市	1.93	0.605	1.840	0.037
		农村	2.09	0.547		
教育阶段	生态与生态教育知识	初中教师	3.15	0.731	3.783	0.119
		高中教师	3.28	0.636		
	生态与生态教育意识	初中教师	3.22	0.406	0.239	0.067
		高中教师	3.48	0.370		
	生态教育行为	初中教师	2.23	0.609	2.704	0.094
		高中教师	1.99	0.541		

（1）不同性别中学教师的差异分析。

在三个维度上对不同性别的中学教师进行显著性差异分析，其中“生态与生态教育知识”维度 $p = 0.457 > 0.05$；“生态与生态教育意识”维度 $p = 0.715 > 0.05$；“生态教育行为”维度 $p = 0.733 > 0.05$。调查结果显示：不同性别的中学教师的生态教育水平没有显著差异。

（2）城市、农村中学教师的差异分析。

在三个维度上对城市和农村的中学教师进行显著性差异分析，其中“生态与生态教育知识”维度 $p = 0.244 > 0.05$；“生态与生态教育意识”维度 $p = 0.117 > 0.05$；“生态教育行为”维度 $p = 0.037 < 0.05$。调查说明：在“生态与生态教育知识”和“生态与生态教育意识”维度上，城市中学教师与农村中学教师均无显著的差异，而在“生态教育行为”部分，城市中学教师与农村中学教师表现出了显著的差异（$p = 0.037 < 0.05$），其中农村中学教师的得分高于城市中学教师的得分。一方面，这可能是由于农村中学学校和师生对生态教育更加重视以及农村中学具有得天独厚的生态教育资源；另一方面，近年来，农村发生的翻天覆地的变化也使农村中学教师更为深刻地感受到进行生态教育的重要性和必要性，因此他们的生态教育行为水平也就会相对较高。

(3) 初中、高中教师的差异分析。

在三个维度上对不同教育阶段的中学教师进行差异分析，其中“生态与生态教育知识”维度 $p=0.119>0.05$；“生态与生态教育意识”维度 $p=0.067>0.05$；“生态教育行为”维度 $p=0.094>0.05$。调查结果显示：不同教育阶段的中学教师的生态教育水平没有显著差异。

(4) 不同教龄中学教师的差异分析。

苏南不同教龄的中学教师生态教育素养的调查结果见表4-39。

表 4-39　苏南不同教龄的中学教师生态教育素养调查结果

维度	教龄	*M*	*SD*	*F*	*p*
生态与生态教育知识	1~5年	3.36	4.263	1.551	0.051
	5~10年	3.20	5.582		
	10~15年	3.38	4.614		
	15~20年	2.94	6.861		
	20年以上	3.00	6.092		
生态与生态教育意识	1~5年	3.25	4.450	2.990	0.560
	5~10年	3.21	4.363		
	10~15年	3.30	3.393		
	15~20年	3.29	4.282		
	20年以上	3.30	5.004		
生态教育行为	1~5年	2.01	4.525	2.203	0.001
	5~10年	1.83	3.672		
	10~15年	2.02	4.566		
	15~20年	2.20	5.275		
	20年以上	2.21	4.756		

在三个维度上对不同教龄的中学教师进行差异分析，其中“生态与生态教育知识”维度 $p=0.051>0.05$；“生态与生态教育意识”维度 $p=0.560>0.05$；“生态教育行为”维度 $P=0.001<0.01$。调查表明：在“生态与生态教育知识”维度和“生态与生态教育意识”维度上，教龄的不同对于苏南地区中学教师并无影响。

而对苏南地区中学教师的生态教育行为进行分析时发现，教龄在5~10年的中学教师，其生态教育的行为水平最低，与其他教龄的中学教师存在显著的差异（$p=0.001<0.01$），这种现象产生的原因可能是由于教龄在5~10年之间的教师，进入了职业的倦怠期，一方面这个阶段的中学教师通常面临着较大的压力，另一方面他们较新入职的教师缺乏了一种冲劲和热情，较老教师又缺少一些教学经验。

(5) 不同学科中学教师的差异分析。

不同学科中学教师的差异分析见表4-40。

表4-40　不同学科中学教师的差异分析

	科目	*M*	*SD*	*F*	*p*
生态教育总体	数学	2.62	4.407	1.663	0.005
	语文	2.83	4.780		
	外语	2.75	4.350		
	物理	2.66	5.284		
	化学	2.92	4.233		
	历史	2.78	5.311		
	地理	2.91	4.102		
	生物	3.13	3.533		
	艺术	2.74	5.064		
	体育	2.73	4.644		
	政治	2.85	4.010		

在参加调查的所有科目的教师中,生物教师的平均得分最高,然后依次是化学教师、地理教师、政治教师、语文教师、历史教师、外语教师、艺术教师、体育教师、物理教师、数学教师。将教师的问卷得分作差异性分析,发现苏南地区不同科目的中学教师之间的生态教育水平存在着极其显著的差异($p=0.00<0.01$)。由于相对而言,生物、地理、化学等学科的教材中有较多的生态教育内容,而数学、物理、艺术、体育等学科则缺少对生态教学内容的挖掘,所以导致了不同科目的教师在生态教育水平上存在差异。

近几年来,随着人们对生态环境危机认识的加深,国家相关部门对生态教育也提出了要求。因此,历史、语文、政治等科目也越来越重视在学科中渗透生态环保的理念,在本次调查中也充分体现了这几门学科在生态教育领域的进步。总体说来,生物教师、地理教师、化学教师、政治教师的生态教育水平较高,语文教师、外语教师、历史教师的生态教育情况处于中等水平,数学教师、物理教师、艺术教师、体育教师的生态教育水平较低。

第四节　苏南中小学生态教育的问题与对策

一、苏南中小学生态教育存在的问题

1. 苏南基础生态教育重视度不够

2001 年,国家教育部印发了《基础教育课程改革纲要(试行)》,把培养生态环境意识作为体现时代要求的培养目标列入其中,但是由于受目前我国教育体制的制约,传统的应试教育体制尚未真正被素质教育体制取代,生态教育没有引起人们的足够重视,中小学生的生态教育还较薄弱。

一方面,生态教育在我国中小学教育中仍然是没有明确要求的软任务,中小学生态教育没有被纳入教学计划和教育管理的体系之中,更无具体细致的生态教育考评方案。本书问卷与访谈调查的结果显示,大部分中小学的校领导没有给予生态教育应有的重视,对生态教育在时间、设施、经费等方面的支持力度不够。

另一方面,大多数苏南中小学教师认为学科教学中渗透生态理念是理所当然的,但不会花过多的精力去实施;同时一些教师认为,生态教育应该是政府部门的职责,所以也不会付出太大的努力去执行,因此,教师进行生态教育往往只凭自己的热情和兴趣。调查发现,苏南中小学教师的生态教育行为水平与其生态教育知识和生态教育意识水平存在差异,即教师对生态教育行为不够关注。

此外,苏南中学生对生态教育的重要性认识不足。访谈调查中发现,只有作为考试重点的生态知识,学生才会认真学习,而且一部分中学生将参加生态教育的活动看成是浪费时间,或者是无意义的事情。问卷调查结果显示,苏南中学生参加“爱鸟周”宣传及“植树节”活动的积极性不高,这些都是中学生忽视生态教育的真实反映。

2. 苏南中小学教师生态教育素养不足

从调查结果可以看出,总体上讲,苏南基础教育教师的生态素质即生态知识、生态意识和生态行为都处于较高水平,而其生态教育的素养,包括生态教育知识、生态教育意识及生态教育行为等情况却差强人意。例如,对生态教育含义认识不够深刻,甚至理解出现偏差,认为生态教育等同于环境教育,将具有丰富内涵的生态教育曲解为简单的环境保护教育,且将生态教育误认为是生态知识的单向传递,无法脱离传统应试教育观念的轨道。截至 2000 年 10 月,全国已经有 16 个省、3 000 多个学校开展了创建“绿色学校”活动,苏南地区作为经济和教育较发达的区域,仍然有相当比例的教师对于“绿色学校”的

评价标准不了解。在生态教育的行为中,教师不能将生态教育知识与生态教育意识很好地衔接和内化,表现在:部分教师没有自觉地制定蕴含生态理念的教学目标,也没能充分挖掘学科教学与生态教育的切合点,具体的教学过程中更没有真正落实生态教育目标,进行生态教育的途径主要为课堂渗透,方式较为单一;生态教育以讲授为主,形式呆板,很少对生态教育的效果进行评价,即使进行评价其方式也以书面考查为主,很难对学生进行多维的、全面的评价。从差异性比较来看,有些科目的教师没有意识到生态教育是国家《基础教育课程改革纲要(试行)》的要求,也没有意识到生态教育是任何学科的教师均应有的职责,是每个教师在教育及教学过程都要考虑的问题,因此在生态教育素养方面与生物、地理等学科教师有一定差距。

3. 生态教育的实效性不尽如人意

问卷调查表明,苏南地区的中学生生态知识掌握程度一般,多数学生能够知晓基本的生态知识,然而在这方面仍有很大的提升空间;中学生的生态意识水平尚可,处于中等水平,仍有待加强。维度差异性分析显示,中学生的生态行为与生态知识和意识存在明显的差异,这就意味着,学生的知与行不统一,存在知与行脱节的现象。访谈发现,中学生仍以中、高考为指挥棒,不愿积极参加生态教育的实践活动。这些充分说明苏南学校的生态教育实效性并不尽如人意,亟待采取一系列措施来改善这种局面。

二、苏南地区基础生态教育的对策

2002 年,联合国可持续发展世界首脑会议在南非约翰内斯堡举行,会议对可持续发展教育提出了具体的要求,并且强调了儿童的基础教育和终身学习的重要性。此外,此次会议还建议联合国大会审议通过从 2005 年至 2015 年为"可持续发展教育的 10 年"。2001 年,国家教育部印发的《基础教育课程改革纲要(试行)》提出要将培养中小学生树立正确的生态环境意识作为其培养目标,这对我国中小学生态教育的发展具有十分重要的意义。这些均标志着生态教育已进入新的发展时期。

作为我国东部经济较发达的地区,苏南由于其自然地理环境较为脆弱,经济发展模式粗放,生态环境立法不健全,生态考核指标不完善,人们的生态环境意识水平较低等原因,造成了空气、水体、土壤等污染,生物多样性下降等生态问题,生态素养的提高已成为苏南人民必须认真思索的问题,生态教育尤其是基础生态教育的紧迫性尤为明显。

苏南中小学的生态教育尽管已经得到了一定程度的发展,但正如上述调查研究中所反映的,苏南基础生态教育没有受到足够的重视,生态教育的效果满足不了苏南区域的政治、经济、文化等可持续发展的要求。因此,苏南中小学应该采取一些必要的教育对策,以改善这种状况。

1. 加强高素质的基础生态教育师资队伍建设

教师是生态教育的主要传授者,同时也是学校教育的主体与社会教育的客体,他们承担着先受教育、后再教育学生的重任,应该说未来生态教育效果的好坏,关键在于教师自身生态思想的积淀以及生态意识的强弱。我国的生态专业教育,如环境工程、环境科学、资源环境与城乡规划管理、园林等本科专业的开设几乎与国外同步发展,但是非常遗憾的是,我国目前还没有类似以培养生态环境教育师资为主的专业,没有专门从事生态教育的师范专业人才也就成为必然,这是导致我国各级生态教育师资力量薄弱的主要因素。因此,建设生态教育的师资队伍已刻不容缓。

加强基础生态教育师资力量可以从职前培养和职后培训两方面着手。职前培养主要通过各级师范教育进行,而职后培训主要通过在职的继续教育来实施。

职前的生态教育师资培养工作是一项专业性和艺术性很强的工作,必须由高等师范院校或拥有师范专业的综合性大学和中等师范院校来进行。有条件的地方或苏南地区师范院校或综合性大学可以尝试率先开办生态教育的师范专业,专业名称可定为"生态师范",将其设置为生命科学或资源环境科学等院或系的一个专业,或由这些相关院系共同联合招生培养。这一新专业的培养目标、基本培养规格、学制和学习年限、学位授予、课程结构及学分要求、主要实践性教学环节等的培养方案按照师范教育的要求标准而制定。培养目标可确定为:培养能掌握生态学基本理论、基本知识和基本技能,有志于为我国生态环境保护教育事业、生态文明建设与可持续发展教育事业履行自己的义务,能够在高等和中等学校及幼儿园进行生态教学和教学研究的教师、教学研究人员和其他教育工作者,以及能在政府环保部门、新闻媒体等单位从事生态环保宣传教育的工作者。生态师范专业的主干课程可以涉及:生态学、环境微生物学、环境分析与监测技术、大气污染控制技术、环境质量评价、环境工程综合实验、环境科学与技术前沿研究方法、生态哲学、生态美学、保护生物学、生物伦理学、生态教育史、生态教育学科教学论、教育学、心理学、教师口语、现代教育技术等。生态师范教育的学术性培养可由以上各院系承担,而教育性的实现可利用相应院系的课程与教学论力量、教育科学院系的资源以及管理科学类力量共同完成,以培养真正的专业人才充实生态教育队伍,并逐渐带动整体基础生态教育质量的提高。

职前培养的另一重要途径则是在各级师范教育中同时加强生态教育,因为生态教育是每一位教师责无旁贷的事情,而且需要各学科通力合作。但调查研究显示，苏南学校不同学科教师的生态素质存在差异，部分学科的教师误认为生态教育与己无关，这就意味着培养各级各类教师的师范教育必须担当起相应的责任，应该为基础生态教育做出一份贡献；另外，在我国目前专门培养生态师范专业人才条件不是十分成熟的情况下，这是增强基础生态教育师资力量的较佳选择。在师范教育现有的框架结构基础上增加生态教育的功能，也许是较为现实和可行的。加强对师范生的生态教育，使未来的教师具备生态科学的基本知识、基本技能，树立正确的生态观，积极主动地参与资源与生态环境建设，实现师范生全面素质的提升，就是要改善师范生态教育的环境，完善师范生态教育的课程体系，整合生态文明的教学内容，倡导多元的生态教学方法。

在职培训也是解决苏南生态教育师资问题的重要途径之一。联合国教科文组织推荐的美国威尔克等人编写的《环境教育师资培训策略》与印度德·拉希里等人编写的《环境教育师资培训与课程开发》中提出的有益建议对我国环境教育师资培训有很多启示作用。苏南中小学师资总体上来说数量大，如果按照常规的办培训班进行脱产学习集中培训的办法，那么培训任务一定十分艰巨，而且也不一定能收到预期的效果。开展苏南生态教育师资培训，可以在中小学教师学历教育和岗位培训计划中，把生态环境教育的要求和内容纳入其中。例如，在教育硕士、专升本以及其他各种函授教育中，或利用各学科课程在岗培训的契机渗透生态教育的内容。这样，可以使从事生态环境教育的教师能够与时俱进，不断地更新生态教育知识，强化生态教育意识，在不断学习生态环境教育理论以充实、提高自身的同时，可以把生态环境最前沿的信息传递给学生，同时实现师生生态教育与生态行为的实质性转化。

2. 提高苏南基础生态教育的有效性

生态教育的实效性如何，生态教育的效果究竟达到何种程度，受教育者即学生的生态素质是其直接的体现和反映。而从目前苏南中学生的调查现状来看，学生的生态基本理论与技能、生态世界观、生态伦理道德观和生态价值观、生态行为素养仍有很大的提升空间。因此，采取哪些措施，如何进行苏南基础生态教育已经成为我们共同关注的焦点。

一是确立全面的生态教育目标。访谈调查发现，生态环境教育教学目标不全面，主要表现在：强调对学生生态环境知识、技能的传授，缺乏对目前生态环境的高度关注与关爱；注重静态的生态知识传授，对动态的生态环境实践不够重视，忽视要积极投身生态伦理的意识和理念的培养，使学生掌握的生态理论知识和技能不能内化为实际生活中自觉和具体的生态行动；即使属于生态行为的教育也会以知识的形态传授，知识本位和应试教育的思想仍然占统治地位。学校生态教育的最终目的是让每个学生都具备生态意识，行动上自觉节约资源、爱护环境、实施绿色消费、保护生物的多样性，以实现人与自然和谐共处、人类社会可持续发展的目标。也就是说，生态教育的目的是培养学生的综合生态素养，从生态知识、生态技能到情感态度、价值观、思维方式、行为方式的全面转变。因此，生态教育的目标是多维度的，也是多方面的。

苏南地区基础教育教师在设置生态教育目标时，首先应考虑充分挖掘学科中与生态知识、生态技能紧密联系的切合点。例如，中学生物学科教学中“生物与环境”、“生态系统与生物圈”、“绿色植物是有机物的生产者”、“人类与环境的和谐发展”、“生态系统及其稳定性”、“生态环境的保护”等章节内容，中学化学学科教学中“化学反应与能源”、“化石燃料的应用”、“化学与环境”、“化学与可持续发展”等内容，物理学科教学中“令人厌烦的噪声”、“人眼看不见的光”等内容都可以成为进行生态教育的切合点，使学生通过多学科、多途径、全方位获得生态基础知识，深刻理解人与自然和谐相处的基本原理。其次，结合学科特点开展各种生态实践活动，创造机会让学生走近自然、接触自然，聆听大自然的声音，与大自然进行对话，感受大自然的温情。例如，通过在苏州太湖湿地公园、苏州白塘生态园、苏州相城区荷塘月色公园、苏州沙湖生态公园、苏州悦丰岛有机农场、无锡太湖鼋头渚、无锡羊尖绿羊生态园、无锡长广溪湿地公园、无锡宜兴竹海、常州三勤生态园、常州溧阳天目湖、常州大水牛市民农园的野外观察和采风，引导学生全面、历史、发展地看待苏南的生态状况，激发学生通过自己的实际行动来保护家乡的生态环境意识。俗话说“日久生情”，有感情才能去关爱，有关爱才能尊重，有尊重才会和谐相处。这样，生态教育多维目标才有可能同时实现。

二是完善生态教育的方法。生态教育的目标是多维的，内容是丰富多彩的，因此，生态教育的途径与方法也应该是多元的。而调查结果显示，苏南中小学及学前教育教师生态教育的教学方式主要是课堂教学的渗透融入，除此以外依次是“社会实践”、“环保讲座”、“参观”、“实地调查”、“角色扮演”、“实验”、“竞赛”等方式。这就意味着课堂渗透成为了生态教育的主渠道，这种传统的课堂讲授教学方式相对保守和单一，不能引起学生浓厚的学习兴趣，加之生态教育的校本课程开设状况也并不理想，这些可能是学生生态知识和行为模式脱节的重要原因。因此，不断丰富和完善生态教育的形式、方法是提高知识到行动转化率的必由之路。显性课程和隐性课程是实施生态教育的两种重要形式。

显性课程为学校情景中以直接的、明显的方式呈现的课程，这部分的经验是教育者直接表现出来的。在苏南中小学的基础型学科课程中（包括社会实践课程）渗透生态教育，即在保留现有基础型学科课程完整性的基础上，将生态教育渗透到其中，化整为零地、有效地实施生态教育。除此之外，还应改变传统的讲授方式，在课堂教学中充分利用视频、竞赛、讨论等多种方法，激发学生主动学习的兴趣。在物理、化学、地理、生物、科学等自然科学的教学过程中侧重让学生掌握生态、环境保护等方面的知识，提高学生的科学观、价值观，培养学生爱苏南、爱自然、爱地球的高尚情操，实现个人与自然的和谐。而语文、政治、英语、历史等学科则应侧重于帮助学生在思想上树立生态文明意识，表现良好的思想道德行为，实现个人与他人、个人与社会的和谐发展。而在幼儿的各领域活动课程中，应着重运用游戏、故事、谜语、角色扮演等方式，充分利用苏南的自然资源、社会资源、人文资源，引导幼儿初步了解周边的生活环境和粗浅的生态知识，学习简单的环境保护技能，培养幼儿亲近大自然、热爱绿色生态环境、热爱家乡的情感，使其初步具有生态保护意识和文明生活的行为习惯。

开发生态教育拓展型课程，也就是生态教育的苏南地方课程或校本课程，亦是运用显性课程实施其目的的重要途径。苏南生态建设的核心问题是"生态人的建设"，即培养新一代苏南人的生态素养，而生态素养的培养离不开生态教育课程。为此，我们可以在苏南地方层面的课程自主开发空间里，进行如《生态苏南》《太湖，母亲湖》等地方课程专题的构建，或在苏南各校进行相关校本课程的构建，如《生态教育的校本课程的开发与实践》、"Air Resource"等，进而使未来苏南人关于生态建设的应知应会教育在课程层面上得以落实。

隐性课程为学校情景中以间接的、内隐的方式呈现的课程，如学生团体交往、校园文化等，这些活动并不直接传授经验。苏南中小学的学生社团活动、校园文化和生态环境建设与苏南高校大学生的隐性教育有相似之处，具体的对策措施也可参照第六章"苏南地区高等学校生态教育的对策"之隐性教育的内容。

三是确定合理的生态教育评价体系。苏南地区中学教师的生态教育评价方式调查结果显示：有 55.3% 的中学教师没有对生态教育的效果进行评价。在进行评价的教师中，47.3% 的教师评价方式是书面考查。生态教育的目的是在提高学生的生态知识及意识水平的同时，能够培养学生的生态保护行为，单一的书面考查很难对学生进行多维的、全面的评价，这充分反映了苏南基础教育中生态教育评价存在着诸多问题，必须引起我们足够的关注。

首先，确立多维的生态教育评价内容。对生态教育的评价，不同于对某一具体学科进行评价，仅仅以学生作为评价对象是不全面的。应该既要对苏南中小学行政管理部门实施生态教育的效果进行评价（如学校行政管理部门是否鼓励本校教师积极探索生态教育相关问题，学校在制定开展生态教育的方案、策略方面是否发挥了应有的作用，学校是否形成适合学校自身特点的生态教育的方案、策略，这些生态教育方案、策略是否具有可操作性，能否为学校教师所接受等）；又要对生态教育的教与学的效果进行评价（如教师是否主动关注生态教育的新动向，在教学中能否真正将生态教育落到实处，能否运用强调学生在学习中的体验性与感受性的方式、方法进行教学，能否在教学中利用已有的苏南生态环境对学生进行教学，是否注意创设生态学习情景进行相关教学，学生能否将过去的经历和体验运用到学习生态新知识、新技能方面，学生学习的主动性是否增强，学生的生态素养是否提高等）；也要对各科融入生态教育进行评价（如各学科教学设计和教学评价的有关内容是否提出生态教育方面的要求，是否突出本学科对生态教育的独特贡献，各学科渗透生态教育是否符合本学科的特点等）；更要对苏南中小学生生态素养进行评价（如生态教育的目的是使学生具备生态教育的科学知识与技能，正确的生态情感、态度和价值观，生态道德的基本准则和行为规范，使学生成为具有生态综合素养的新人类等）。

其次，确定多元的生态教育评价主体。仅以教师作为评价的主体是不合理的。评价的主体可以是实施生态教育的全体教师和接受生态教育的全体学生，也可以是学校的行政管理人员、生态教育的教学研究人员、学生家长等。

再次，采用形成性生态教育的评估方式。例如，在对学生学习效果的评价方面，要求教师着重对学生的学习过程进行评价，如经过阶段性学习，学生生态知识、技能的掌握情况如何，通过行为观察反映其价值观方面有何变化等。同时，这种形成性的评价又是一种动态的评价，如对学生生态成效的评价，应从纵向的发展来看，发现学生的进步与发展，并且能有效顾及学生个体间的差异性。

3. 制定苏南地区生态教育一体化规划

苏州、无锡、常州苏南三市在生态方面应是一个不可分割的有机整体，苏南地区生态联系异乎寻常的紧密，用“唇齿相依”来形容不足为过。苏南三市同属太湖平原，其中水网密布，以一湖（太湖）一江（长江下游）为核心，以密布的水网为连接线，三市在水生态上形成了“一荣俱荣、一损俱损”的格局。除却水的因素，苏南三市在大气、地质等方面也有着密切的关联性。从生态行为角度来分析，各市市民生态行为的水平，不仅仅关乎自身，更关乎整个地区的生态安全，生态安全一体化应是三市的理性选择。而从社会经济角度来分析，苏南三市文化又为同源，经济联系尤为密切，区域内人流、物流、能量流、信息流频繁而且强度较大，可以说初步形成了“你中有我，我中有你”的局面。树立行政壁垒，缺乏整体性地考虑问题，对各方来讲，都是不理性的选择。

由此可见，苏、锡、常三市谋求生态安全不能再沿袭"画地为牢"与"独善其身"的模式，必须走一体化的道路，而为了应对苏南地区的生态危机而进行的苏南基础生态教育一体化也就成为其必由之路，这也是生态教育本土化、有效化的理想抉择。所以苏南三市建立一套行之有效的联动的管理机制和参与机制，制定适宜的一体化生态教育策略，并确立一体化的生态教育评价体系也就显得尤为迫切。具体而言，可以从以下几方面进行规划：

第一，成立苏南地区生态教育研究机构。挂靠于苏州大学教育学院的"苏南地区大学生心理健康教育研究中心"是由苏州、无锡、常州 3 个市 27 所高校分管学生工作的校领导组成的大学生心理健康教育指导委员会，旨在对该地区大学生心理健康教育提供咨询与指导。因此，苏南三市也应在江苏省教育厅基础教育部门的关心下，成立类似的苏南地区生态教育研究所（或中心），挂靠于苏南某大学教育学院或苏南某教育科学研究院。研究所（或中心）的领导体制和工作机制可以是由苏南三市主管教育的市领导、教育局主管教学的领导及中小学领导组成生态教育指导委员会，对该地区中小学深入开展有效的生态教育提供帮助与指导，并积极开展生态教育科学研究，为加强和改进苏南生态教育提供理论支持和决策依据。研究所（或中心）的运作经费从三市的企业税收中列支，尤其应由那些对苏南生态环境造成影响的单位提供支持。

第二，探索苏南生态教育一体化策略。首先，组织编写苏南生态教育教材。一套良好的教材是提高苏南学校生态教育水平的基本前提，也是实现苏南生态教育一体化的必要条件。我国虽然已经出版了较多生态环境教育的教材，但其普遍适应性和专业性较强而针对性较差，没有特定适合苏南地区中小学的生态教育教材。可在苏南地区生态教育研究所（或中心）的统筹管理下，集中苏南三市的优质教育资源，编写出版具有苏南地区一体化生态特点的，符合苏南地区的经济发展趋势的教学材料。该教材应包含苏南地区的生态状况，生态教育的目标、内容、有效的教学方式等，并且尽可能列举有苏南特色的教学设计案例和活动案例。其次，开展苏南地区生态教育一体化竞赛活动。例如，可在苏南地区生态教育研究所（或中心）领导的组织下，举办以"生态苏南"为主题的中小学（包括学前教育）教师优秀教案或优秀活动案例评比活动，或开展"生态苏南"中小学生生态知识竞赛，以进一步激发师生对生态教育的重视。再次，建立苏南地区生态教育网络平台。可以在苏南地区生态教育研究所（或中心）挂靠单位的网站上搭建此平台，并由专人负责建设和维护。其内容可以包括此研究所（或中心）的机构设置、工作职责、理论探讨、实践研究、生态前沿、教育论坛等内容，为苏南教师提供具有前瞻性的生态教育措施，并为苏南师生实施生态教育、进行相互经验交流提供机会和途径。

4. 加快建立苏南地区生态教育相关法规

苏南作为东部经济较发达地区，工业化、城镇化带来的生态污染较为严重，生态环境教育要在提高生态意识的前提下，使学生明白生态化生产方式和生活方式的重要性，引导学生建立“保护生态、治理生态从我做起”的理念，并教育学生要时刻检点自己的行为。因此，生态教育具有非即时性、非直接性的特点，是一项长期性、复杂性的工作。这也意味着在苏南生态教育的过程中要有相应的法律、法规作为支撑，通过必要的、鲜明的赏罚事件，营造崇尚生态环境保护的浓厚氛围，保障生态教育的顺利实施。

此外，在江苏省政府法制办和环保部门的支持下，可以尝试出台《苏南地区生态教育条例》，通过法制的力量，推动苏南生态教育更快更好地发展。该条例可量化苏南生态教育的推进措施，如要求苏南各中小学和幼儿园应指定专人负责学校的生态教育；每学期均要制定具有苏南生态特点的生态教育计划；安排所有在校教师和学生参加不少于2小时的生态教育活动，成绩显著者将予以褒奖，成绩不理想者公布其名单并限期改进。倘若不遵照上述规定执行的，要处以3 000 ~5 000元罚款，其学校在2年内不得参加“绿色学校”、“生态学校”、“文明学校”等的评比活动。条例中还可要求苏南地区学生升入中小学时，将其生态素养作为素质教育的指标之一纳入评价体系，不合格者应补考或重修。

第五章　苏南中小学生态教育案例分析

第一节　学科教学与苏南中小学生态教育

一、生物学科与生态教育

（一）生物学科与生态教育的相关性

生物学科是一门以实验研究为主的自然科学学科。中学生物课程主要包括生物活动的基本规律，生物学知识在生活、生产、科学技术发展和生态环境保护等方面的应用，生物学保健及现代生物科学技术的主要成就和发展趋势等内容。当新世纪的生态环境问题变得更为严峻之时，在我国新课程改革后，学校教育更关注学生的全面发展和整体素养的提高，生物学科作为一门与生态环境关系最为密切的科学课程，成为进行生态教育的主要途径。

《初中生物新课程标准》对具体课程目标作出了规定：了解我国的生物资源状况和生物科学技术发展状况，培养爱祖国、爱家乡的情感，增强振兴祖国和改变祖国面貌的使命感与责任感；热爱大自然，珍爱生命，理解人与自然和谐发展的意义，提高环境保护意识。〔1〕

《高中生物课程标准》也提出了相应的要求：了解生物科学知识在生活、生产、科学技术发展和环境保护等方面的应用；形成生物体的结构与功能、局部与整体、多样性与共同性相统一的观点，生物进化观点和生态学观点，树立辩证唯物主义自然观，逐步形成科学的世界观；关心我国的生物资源状况，对我国生物科学和技术发展状况有一定的认识，增强振兴中华民族的使命感与责任感；热爱自然、珍爱生命，理解人与自然和谐发展的意义，树立可持续发展的观念。〔2〕

〔1〕 中华人民共和国教育部. 全日制义务教育生物课程标准（实验）. 北京：北京师范大学出版社，2001：4－5.

〔2〕 中华人民共和国教育部. 高中生物课程标准（实验）. 北京：人民教育出版社，2003：7－8.

而心理学上的知情意行要求生物课程中进行生态教育首先须从学生的生态认知入手。有时人们并不是故意污染环境或打破生态平衡，只是他们不知其中的生态原理。比如，20 世纪 50 年代有一时期提倡“除四害”，麻雀被视为四害之一，人们误以为麻雀祸害庄稼，就想将其一网打尽，殊不知倘若麻雀真的全都被消灭的话，没有了麻雀作为天敌的蝗虫同样会危害庄稼。所以，利用生态学的原理和规律提高学生的生态认知水平是十分必要的，它是学生对生态环境保护产生认同感的前提和基础。

在生物课程中进行生态教育也应注重引起学生的情感共鸣。情感影响和支配着人的行为，是人前进的主要动力，学生如果对生态环境产生了真诚的道德情感，那么即使在没有监督的条件下，也不会做出违背生态原则的事情。进行生态教育时，可以尝试运用强烈的对比激发学生的情感。例如，在宣传野生动物保护时，先给学生播放动物们快乐生活的视频，然后再播放一段它们被偷猎者捕获囚禁的视频，这种鲜明对照会使学生爱护动物之情油然而生。

（二）生物学科渗透生态教育教案示例

1. 初中生物学科教案

课题：生物对环境的影响（江苏科学技术出版社，《生物》七年级上册）[1]

教学目标：

知识目标：描述生物对环境的影响。

能力目标：学会使用干湿计，尝试收集和处理数据的多种方法，进一步提高科学探究能力。

情感态度与价值观目标：认同生物对环境具有不同的影响，意识到合理开发、利用生物资源的重要性。

教学重点：描述生物对环境的影响。

教学难点：尝试收集和处理数据的科学探究方法、干湿计的使用。

教学用具：干湿计。

教学思路：通过实验，证明生物对环境的影响，再延伸出生物对环境的影响有有利的方面也有有害的方面，如人类的活动对环境造成的影响等。

教学课时：1 课时。

教学步骤：

（1）引言。

教师述：通过上节课的学习，我们知道了环境中的各种因素对生物的生活

---

〔1〕 本教案设计者为江苏省苏州市第二十六中学生物学科吴小岚老师，修改者朱玉芳。

是有影响的，比如，鱼是不能生活在陆地上的，沙漠中生活的仙人掌是不能生活在热带雨林的，那么反过来，生物的生活对环境是否有影响呢？

(2) 新课。

板书：

第3节　生物对环境的影响 一、分析生物(动物)对环境的影响

教师请学生参阅教材第11页的一段资料(见彩图1)：

教师引导学生思考和讨论：资料环境中的生物是什么？他们之间是什么样的关系？动物对环境有影响吗？

教师总结：牛的粪便对环境造成不良的影响，蜣螂对环境产生良好的影响。那么，在我们的生活中，我们是否也应该注意自己的行为可能会给环境造成不良影响呢？请同学们考虑一下，我们有哪些行为会影响环境的质量。

学生讨论：(略)(启发：如往河里倒生活垃圾，往河里排放污水，随便丢弃废电池，随便吐痰，汽车的尾气排放等。)

板书：

结论：动物对环境的影响有破坏性的或者改善性的，在生产和生活中人们应该注意自己的不良行为会对环境产生不良的影响

教师述：上面的例子是关于动物对环境的影响，那么植物的生活对环境有影响吗？

板书：

二、探究不同植被对空气湿度的影响

教师述：空气湿度表示的是空气的潮湿程度。空气湿度过大或过小时，都有利于一些细菌和病毒的繁殖与传播。经科学测定，空气的相对湿度在45%～55%时病毒死亡较快。下面我们就通过干湿计来测定一下裸地、草坪、灌木丛在不同时间段对环境的影响。(下面先教会学生使用和读取干湿计上的数据。)

板书：

1. 干湿计的使用(干湿计见彩图2)

红色温度计是干表，蓝色温度计是湿表。在红色温度计和蓝色温度计上分别读出数字，再在干湿计下面的圆盘刻度上查出相对湿度的百分比。

板书：

2. 初步测定

学生活动安排：学生分组，先在一个时间段测定校园中裸地、草坪、灌木丛中空气的相对湿度。

板书：

3. 完成测定并记录数据

教师总结：同学们，今天这节课所测得的一组数据，已经能够看得出草地、灌木和裸地的相对湿度是有所不同的，为了使结果更加准确，我们必须在一天的不同时间段分别采集三次数据，求得平均值，才能得到一个比较合理的数据。由于课上的时间有限，剩下的测量由同学们课后完成。请将测得的数据记录在下面的表格中。

	植被状况								
	裸地			草地			灌木丛		
	早	中	晚	早	中	晚	早	中	晚
第一次测试									
第二次测试									
第三次测试									
平均值									

作业布置：完成剩下的测定。

课后反思：该节课的难点是收集数据的科学探究方法和干湿计的使用。要让每个同学都学会干湿计的正确摆放、数据的正确读取等方法，从而获得科学的结论。

2. 高中生物学科教案

课题：生态系统的稳定性(人民教育出版社，高中《生物》必修3)[1]

教材分析：

生态系统的稳定性是对一个成熟的生态系统特征的高度概括，它涉及生态系统中生产者、消费者、分解者之间的相互联系，又涉及生物群落与无机环境之间的相互作用。因此生态系统稳定性的概念、生态系统抵抗力稳定性和恢复力稳定性及其原因是这部分学习的重点，也是难点；而人类活动对生态平衡的影响和破坏，是培养学生可持续发展的观点和生态环保意识的良好素材。

---

〔1〕 本教案设计者为江苏省苏州工业园区星海实验中学生物学科张凌俊、尹德光老师，修改者朱玉芳。

《生态系统的稳定性》包括生态系统的自我调节能力、抵抗力稳定性和恢复力稳定性、提高生态系统的稳定性等内容。在生态系统的自我调节能力的内容中,负反馈调节是重要概念。教材通过两个种群之间负反馈调节的实例,阐述什么是负反馈调节。之后,安排了一个“思考和讨论”活动,让学生构建食虫鸟和害虫这两个种群之间的负反馈模型。再用森林中生物群落与无机环境之间存在负反馈调节的事例以及黄土高原的例子说明生态系统自我调节的能力是有一定限度的。

抵抗力稳定性和恢复力稳定性的关系:① 抵抗力稳定性和恢复力稳定性是同一事物的两个方面,是每一个生态系统都具有的两种属性。② 这两种稳定性都有一定限度,当外界干扰超出抵抗力稳定性的限度时,生态系统的结构和功能就会遭到破坏;生态系统遭到一定程度的破坏后可以靠恢复力稳定性得以恢复,但如果遭到破坏的程度超出了恢复力稳定性的限度,该生态系统将难以恢复原状。③ 不同生态系统在这两种稳定性的表现上有一定差别。本节最后将科学技术和社会联系起来阐述恢复生态学及其应用。另外技能训练中安排了“运用术语准确表达生命是什么”的环节,请学生从生态视角思考生命系统的内涵。

教学目标:

知识目标:(1) 阐明生态系统的自我调节能力。

(2) 举例说明抵抗力稳定性和恢复力稳定性。

(3) 简述提高生态系统稳定性的措施。

能力目标:(1) 提高分析、概括和表达信息的能力。

(2) 设计并制作生态缸,观察其稳定性。

情感态度价值观目标:认同生态系统稳定性的重要性,关注人类活动对生态系统稳定性的影响;关爱目前人类唯一的家园——地球生物圈。

教学重点与难点:

重点:阐明生态系统的自我调节能力。

难点:掌握抵抗力稳定性和恢复力稳定性的概念,能够用该原理解释一些生活实例。

教学准备:多媒体课件;“生物圈Ⅱ号”阅读材料,自主学习指导。

课前预习:生态系统稳定性的概念、生态系统的自我调节能力、抵抗力稳定性和恢复力稳定性、提高生态系统稳定性的措施。

教学时数:1 课时。

教学过程:

教学内容	教师活动	学生活动	设计意图
导入新课	前面我们学习了生态系统的类型、结构和功能。既然人类弄清了各种生态系统的成分、结构,也知道了它们如何通过能量流动和物质循环建立起有机的联系,从而形成一个统一的整体,那么,人类能否在生物圈之外建造一个适于人类长期生活的生态系统呢?	思考并回答,进入学习情境。	从人类科学史上重大的尝试事例,引出主题。
“生物圈Ⅱ号”的分析	美国的科学家们做了一个实验。 教师分发“生物圈Ⅱ号”实验资料(教师应对教材有关的内容加以补充,如:建造的时间、占地面积、空间大小、投入研究的资金、实验的时间和方法、出现的问题、实验结果及其分析),指导学生阅读,安排学生思考顺序。请学生讨论下列问题: 问题一:科学家们为什么要建造“生物圈Ⅱ号”并进行实验呢? 问题二:在“生物圈Ⅱ号”中模拟生物圈建立了哪些生态系统?里面有哪些成分? 问题三:8位科学家原打算在“生物圈Ⅱ号”中自给自足生活两年,为什么中途撤出了?这个实验过程中出现了什么问题?	回答问题一:深入研究生态系统的结构和功能,并试验人类离开地球能否生存。 回答问题二:有微型的森林、沙漠、农田、海洋、溪流;里面有土壤、水源、空气、太阳光,多种多样的动植物和微生物等成分。非生物的物质和能量、生产者、消费者和分解者应有尽有。 回答问题三:①由于土壤中的碳与氧气反应生成二氧化碳,部分二氧化碳又与建“生物圈Ⅱ号”的混凝土中的钙反应生成碳酸钙,导致氧气含量由21%下降到14%,二氧化碳含量猛增。②昆虫中除了白蚁、蟑螂和蝈蝈外基本死亡,食物链等营养结构联系中断。③靠花粉传播繁殖的植物都灭绝了,粮食严重减产……	在分析“生物圈Ⅱ号”的过程中,锻炼了学生获取文字资料信息并运用已有的生态学知识分析资料、获取新知的能力。让学生们意识到当前的地球是人类唯一的家园,必需好好珍惜爱护她。 最后引出生态系统稳定性的问题。进入本节课正题。

续表

教学内容	教师活动	学生活动	设计意图
	问题四："生物圈Ⅰ号"出现过这些问题吗？"生物圈Ⅱ号"实验失败说明了什么问题？ 讲述："生物圈Ⅱ号"这个生态系统的结构和功能难以像真正的生物圈那样，长期保持相对稳定并具备生态系统的稳定性。	回答问题四："生物圈Ⅰ号"没有出现这样的问题，整个生物圈保持相对稳定的状态。该实验的失败表明，在现有技术条件下，人类还无法建造一个脱离地球自然环境而又能让人类休养生息的生态系统。	
生态系统的稳定性	出示简单草原生态系统图（草→羊→狼） 提问：当该草原迁入一群羊后，将发生什么样的变化？ 讲述：由于生态系统中生物的迁入、迁出及其他变化使生态系统总是在发展变化，通过负反馈的调节方式，生态系统的结构和功能能够保持相对稳定，我们就把生态系统具有保持和恢复自身结构和功能相对稳定的能力，称为"生态系统的稳定性"。	回答：羊群迁入后，一方面吃草增多，草在短期内数量减少，造成羊群食物相对短缺；另一方面狼的食物充足，在一定时间内繁殖增多，两方面的结果使羊的数量又减少。随着羊的数量减少，狼食物短缺，种内斗争加剧，数量也减少，而草的数量由于羊的减少而逐渐增多，最后三者的数量保持在一定范围内。	锻炼学生的分析能力。 由已知到未知，得出生态系统稳定性的概念。

续表

教学内容	教师活动	学生活动	设计意图
抵抗力稳定性	同学们到苏州木渎的天平山游玩过吗？天平山以怪石、清泉、红枫“三绝”著称。山东南麓之古枫林，为明代万历年间宋代名臣范仲淹17世孙范允临从福建带回，植于这祖茔之地。深秋时节，满山红叶若红霞缭绕，层层片片，蔚为壮观，因而有“天平红枫甲天下”之誉。但是天平山曾遭受数次战火，并且林间有许多害虫。为什么在这种条件下，数百年后的今天我们依旧可以欣赏到美丽的红枫林呢？ 答得非常好。正是由于生态系统本身调整各成分的数量，从而抵抗了外界的干扰。在生物学上，生态系统抵抗外界干扰并使自身的结构和功能保持原状的能力，被称为“抵抗力稳定性”。 提问：你们还能举出一些能证明生态系统具有抵抗力稳定性的实例吗？ 组织学生讨论：① 抵抗力稳定性的本质（核心）是什么（抵抗干扰、保持原状）；② 判断同学们所举的例子是不是属于抵抗力稳定性。 利用学生所举的抵抗力稳定性实例提问：这些生态系统是怎样保持这种稳定性的？ 提问：是谁去调整的？ 讲述：生态系统之所以具有抵抗力稳定性，就是因为生态系统内部具有一定的自动调节能力。譬如，通过群落内部负反馈调节机制或者生物与无机环境相互制约。 展示北极苔原生态系统图片及食物网简图。 提问：该生态系统生物种类多吗？ 提问：该生态系统的营养结构如何？ 提问：假如地衣大面积死亡，将产生什么结果？ 提问：该生态系统的自动调节能力如何？ 讲述：生态系统的成分越单纯，营养结构越简单，其自动调节能力越小，抵抗力稳定性越低。 展示热带雨林生态系统图片及食物网简图，按相同步骤由学生总结出：生态系统中各个营养级的生物种类越多，营养结构越复杂，其自动调节能力越大，抵抗力稳定性就越高。	回答：战火可能烧毁了一些树木，但是火烧后的空地由于草木灰而增加了土壤营养，并且空地阳光充足，新的植株很快就能够在这里萌发和生长起来。而且当害虫数量增加时，食虫鸟类由于食物丰富，数量也会增多，这样害虫种群就会受到抑制。 学生联系生活经验思考并举例。 回答：调整生态系统自身的结构和功能。 回答：生态系统自身。 回答：略。	通过列举学生熟悉的旅游胜地，让学生进一步理解生态系统维持稳定的基础：生物与无机环境之间的相互关系以及生物之间通过食物网相互制约。

续表

教学内容	教师活动	学生活动	设计意图
恢复力稳定性	讲述:我故乡的双江河的变化(80年代还清澈见底,可以去游泳戏水,可以钓鱼和摸鱼;90年代开始,水草充斥河道,污浊不堪,已经很少见到鱼,也很少有人去游泳和玩耍了。鱼由于污染死亡,尸体腐败又增加了水中有机物的含量,富营养化程度加深,这种“恶性循环”的变化可以说是一种“正反馈”)。同学们所熟悉的太湖、金鸡湖可能也有类似的变化过程。 提问:这些水域在环境污染下,还能保持稳定性吗?这说明了什么问题? 讲述:金鸡湖水质受娄江及苏州外城河、周边地区工农业污染(化肥农药残留)的影响,以及沿湖居民生活污染及养殖业的影响,湖水处于富营养化状态,水体属于Ⅳ—Ⅴ类水。 1997年,苏州市花巨资请美国EDAW公司做了金鸡湖景观概念规划,经过十几年的治理,金鸡湖水质由原来的Ⅳ—Ⅴ类水体,逐步变成Ⅲ类水体,环湖陆域生态更趋多样性,植被覆盖率明显提高,并通过沿湖护岸、护坡等建设,使得湖岸线不受侵蚀,防止了水土流失,水环境得到明显改善。 提问:这些水域又出现什么变化?说明了什么? 讲述:生态系统在遭到外界干扰因素的破坏以后恢复到原状的能力,叫做“恢复力稳定性”(举例:一个人平时不得病是由于抵抗力,而病后恢复健康靠恢复力)。 讲述:生态系统的稳定性就包括抵抗力稳定性和恢复力稳定性等方面。	回答:不能,一个生态系统的自动调节能力是有一定限度的,如果外界因素的干扰超过了这个限度,生态系统的相对稳定状态就会遭到破坏。 回答:外界的干扰因素消除后,生态系统具有重建稳定状态的能力。	
抵抗力稳定性和恢复力稳定性的关系	请学生分组讨论: 讨论题1:河流、草原、北极苔原、森林生态系统,哪些具有抵抗力稳定性?哪些具有恢复力稳定性? 讨论总结:抵抗力稳定性和恢复力稳定性是生态系统中同时存在的两种稳定能力。 讨论题2:比较草原、北极苔原、森林生态系统,抵抗力稳定性谁强谁弱?恢复力稳定性谁高谁低? 接着提问:为什么抵抗力稳定性强的生态系统恢复力稳定性低(举例:小木屋或茅草房和钢筋水泥大厦的抗灾能力和灾后重建难度)? 讲述:抵抗力稳定性与恢复力稳定性之间往往存在着相反的关系。	思考并回答。	分析、理解、综合能力的锻炼。

续表

教学内容	教师活动	学生活动	设计意图
总结	提问:“生物圈Ⅱ号”实验给了我们什么启示? 提问:我们应该怎样维持地球生态系统的稳定性? 讲述:同学们讲得很好,我们要保护好地球——人类唯一的家园。	回答:人类既然离不开地球,就应保护好地球,保护好人类赖以生存的自然环境。 思考并回答:从自己做起,从小事做起。	培养学生关爱大自然、保护生态环境的意识。

板书设计:

第五节　生态系统的稳定性

(一) 生态系统稳定性的概念

(二) 抵抗力稳定性

1. 抵抗力稳定性的概念

2. 生态系统具有抵抗力稳定性的原因

3. 不同生态系统的自动调节能力不同

(三) 恢复力稳定性

1. 恢复力稳定性的概念

2. 抵抗力稳定性与恢复力稳定性的相互关系

(四) 生态系统稳定性的保护

教学反思:(略)

二、化学学科与生态教育

(一) 化学学科与生态教育的关联性

化学是在原子、分子水平上研究物质的组成、结构、性质及其应用的一门基础自然科学,其特征是研究分子和创造分子。迅猛发展的化学已成为生命科学、材料科学、环境科学、能源科学、信息科学等领域的重要基础,它在解决人类社会发展过程中面临的有关问题、提高人类的生活质量、促使人与自然和谐相处等方面发挥着重要的作用。为适应21世纪科学技术和社会可持续发展的需要,培养符合时代要求的高素质人才,新的化学课程标准对学生生态意识的培养提出了一定要求。

义务教育阶段的新化学课程标准对化学课程的性质作出了明确的规定,即帮助学生能从化学的视角去认识科学、技术、社会和生活方面的有关问题,了解化学制品对人类健康的影响,懂得运用化学知识和方法去治理环境污染,合理地开发和利用化学资源；增强学生对自然和社会的责任感；使学生在面临与化学有关的社会问题的挑战时，能作出更理智、更科学的决策。其化学课程目标之一为：使学生感受并赞赏化学对改善个人生活和促进社会发展的积极作用，关注与化学有关的社会问题，初步形成主动参与社会决策的意识，逐步树立珍惜资源、爱护环境、合理使用化学物质的观念。[1]

《高中化学课程标准》也明确提出：学生应有将化学知识应用于生产、生活实践的意识，能够对与化学有关的社会和生活问题作出合理的判断；要赞赏化学科学对个人生活和社会发展的贡献，关注与化学有关的社会热点问题，逐步形成可持续发展的思想。[2]

化学学科的教育内容与生态教育有着千丝万缕的联系，化学课程是进行生态教育的良好载体。新课程的教材也渗透了不少生态教育的内容。表 5-1、表 5-2、表 5-3 分别是初中和高中必修教材中所渗透的生态教育的内容。

表 5-1　上海教育出版社出版的初中义务教育化学教材渗透的生态教育的内容

章节		教学内容	生态教育内容
第一章开启化学之门	第一节	化学给我们带来什么	煤气炉的正常使用、农药的正确使用、抽烟的危害
	第二节	化学研究些什么	能量的转化
	第三节	怎样学习和研究化学	通风橱的使用、废液的处理
第二章我们身边的物质	第一节	由多种物质组成的空气	空气质量监测、空气主要污染物及其预防和治理
	第二节	性质活泼的氧气	催化剂的使用、为什么过氧化氢制取氧气比高锰酸钾环保、食品的储存和保鲜方法
	第三节	奇妙的二氧化碳	空气中的碳氧平衡对生态环境的意义、温室效应的原因和预防
	第四节	自然界中的水	水的净化、硬水的危害、水的污染以及水资源的匮乏
第三章物质构成的奥秘	第一节	用微粒的观点看世界	略
	第二节	构成物质的基本微粒	略
	第三节	组成物质的化学元素	元素与人体的健康、人体内元素缺乏与可能致病的关系
	第四节	物质组成的表示方法	略

[1] 中华人民共和国教育部. 全日制义务教育化学课程标准(实验). 北京：北京师范大学出版社, 2001：1.

[2] 中华人民共和国教育部. 高中化学课程标准(实验). 北京：人民教育出版社, 2003：8.

续表

章节		教学内容	生态教育内容
第四章化石燃料	第一节	燃烧与灭火	不完全燃烧的危害、CO 的污染
	第二节	定量认识化学变化	绿色化学:原子转化率达 100%
	第三节	化石燃料的应用	化石燃料造成的环境污染、能源的综合利用、能源的可持续发展
第五章金属与矿物	第一节	金属与金属矿物	地壳中金属的含量及其不可再生性
	第二节	铁的冶炼 合金	金属矿物的有限性及其可持续发展
	第三节	金属的防护和回收	金属生锈的危害和巨大损失,重金属对环境的污染
	第四节	石灰石的应用	略
第六章溶解的现象	第一节	物质的溶解	略
	第二节	溶液组成的表示	略
	第三节	物质的溶解性	略
第七章应用广泛的酸碱盐	第一节	溶液的酸碱性	酸碱性与生命活动的关系
	第二节	常见的酸和碱	酸和碱的腐蚀性及其任意排放后的危害
	第三节	酸和碱的反应	实验后酸和碱的处理
	第四节	酸、碱、盐的应用	植物生长和化肥的合理使用,赤潮、水华造成的原因及其危害
第八章食物中的有机物	第一节	什么是有机化合物	食物中的六大营养素和人体的健康
	第二节	淀粉和油脂	光合作用和呼吸作用及其对生态环境的意义、食物在人体内的消化和吸收
	第三节	蛋白质和维生素	维生素的存在与作用,食品化学与营养学
第九章化学与社会发展	第一节	化学与能源	21 世纪新能源的开发,一次能源和二次能源,绿色能源的大力推广
	第二节	化学与材料	塑料的使用以及白色污染的治理、室内装修材料的污染
	第三节	化学与环境	酸雨的来源及其治理、水资源的保护、固体废弃物的分类回收

表 5-2　人民教育出版社出版的高一化学教材(必修 1)渗透的生态教育的内容

章节	教学内容	生态教育内容
第二章 化学物质及其变化	物质的分类 氧化还原反应	胶体稳定性决定大气污染的长期性,合理运用化学知识能趋利避害,为社会进步、科学技术发展和人类生活质量提高服务
第三章 金属及其化合物	几种重要的金属化合物	铜盐的毒性 明矾净水
第四章 非金属及其化合物	硫和氮的氧化物	SO_2 的毒性 NO 对人体的作用 SO_2 和氮氧化物对空气的污染 酸雨的形成及危害

表 5-3　人民教育出版社出版的高一化学教材(必修 2)渗透的生态教育的内容

章节	教学内容	生态教育内容
第一章 物质结构　元素周期表	元素周期表	农药由含砷有机物发展为低毒的含磷有机物
第二章 化学反应与能源	化学能与热能 化学能与电能 化学反应的速率和限度	绿色能源 绿色的锂电池、环境友好的燃料电池 净化汽车尾气的催化剂及其载体 炼铁高炉尾气 提高煤的燃烧效率意义在于节约能源、节约资源、减少污染
第三章 有机化合物	最简单的有机化合物 石油和煤的两种基本化工原料 生活中两种常见的有机物	天然气是一种高效、低耗、污染小的清洁能源 苯或含有苯结构物质对环境的影响 以酒精代替汽油计划对环境的影响
第四章 化学与可持续发展	化学与资源综合利用 环境保护	煤、石油、天然气的综合利用,生产清洁能源、减少塑料废弃物对环境的压力 环境保护与绿色化学,涉及环境监测、三废治理、清洁生产 酸雨的控制、消除,含氮、磷污水、水体富营养化的治理

(二) 化学学科渗透生态教育教案示例

课题 1:使用燃料对环境的影响(人民教育出版社,初中《化学》九年级上册)[1]

教学设计理念:

本课题是在学生学习了燃烧的知识并学习了煤、石油、天然气等化石燃料,知道这些燃料完全燃烧的重要性等知识后来学习的。在前面的学习中,学生已经了解到燃料的使用给人们的生活带来了很多方便,但是,有些燃料在燃烧提供能量的同时,却对环境造成了不良的影响。本课题结合化石燃料燃烧对环境的影响,说明使用清洁燃料和开发新能源以及保护环境的重要性。学习本课,学生可通过亲身体验探究活动来认识化石燃料燃烧对空气的污染,增强保护环境的意识。随着科学技术的发展,人们开发和利用新燃料和新能源,将会大大降低环境污染,改善我们的生活环境。

本课题教学思路:

先展示数幅优美的自然风光和环境受污染的图片,以产生的强烈对比,激

〔1〕 本教案设计者为江苏省江阴市澄西中学化学学科的周瑛老师,修改者王伟群。

发学生对环境污染问题的思考，再通过酸雨的模拟实验，使学生亲身感受环境污染造成的后果，从而认识到清洁燃料及新能源开发的迫切需要，培养学生关注环境、关注社会的责任感。

在课前一周布置学生利用课余时间，通过社会访谈、上网、查阅资料等方式，获得与本课题有关的信息。通过组内分工，用绘画、图表、数据及多媒体展示的形式分析、讨论当前燃料的使用状况及污染原因和污染程度，课堂上让学生分享各自对新能源的看法。在此期间教师要思考：针对本课题学生可能提出的问题、可能遇到的困难，梳理学生需要哪些帮助，如何整理搜集到的资料使之更好地辅助教学；实验的安全性及如何降低污染，从而保证实验的顺利进行；怎样使课件更好地用于教学，帮助学生树立环保意识，让学生走出化学只会破坏环境的误区；怎样使学生通过化学知识的学习树立可持续发展的理念，并在今后的生活中付诸实践。

教学目标：

知识与技能：

（1）了解化石燃料燃烧对环境的影响，懂得选择对环境污染较小的燃料。

（2）认识使用和开发清洁燃料及各种新能源的重要性。

过程与方法：

（1）通过酸雨危害的模拟实验和对燃料的选用来培养学生比较、分类、归纳、概括等信息加工能力。

（2）通过学生查阅资料的过程，培养学生查阅资料的能力，并初步学会运用调查、资料查阅等方式搜集解决问题所需要的资料。

情感态度与价值观：

（1）通过本节课的学习，激发学生更强的求知欲。培养学生对化学、对科学的热爱。

（2）树立科学的物质观，培养学生用辩证的眼光看待“燃料的燃烧”。

（3）树立珍惜资源、保护环境、爱护地球的生态保护意识。

（4）积极关注与化学有关的社会问题，形成主动参与社会决策的意识，对一些与化学有关的社会问题能主动发表意见。

教学重点、难点：

重点：

（1）化石燃料的燃烧对环境的影响。

（2）使用和开发清洁燃料及各种新型能源的重要性。

难点：

（1）逐步培养学生对现有资料进行分析的能力。

（2）树立珍惜资源、保护环境、爱护地球的意识。

教学过程设计：

教学内容		过程展示	反思与评价
新课导入	展示优美的自然风光，再展示环境受到污染的图片。	[创设问题]造成这些现象的原因是什么？ [学生活动]查阅资料后发表自己的观点。	通过鲜明的对比，引发学生对环境问题的感慨和思考，激发学生求知欲望，树立关注环境的意识。
自主学习	一、使用燃料对环境的影响。	[设问]说一说，我们日常生活中使用的燃料有哪些。 [学生活动]列举常见的燃料。	从学生熟悉的生活现象入手，培养学生关注生活、了解生活的意识。
信息交流	1. 煤的使用——产生二氧化碳造成温室效应；产生二氧化硫造成酸雨。 2. 车用燃料——汽油、柴油的燃烧使尾气中存在多种污染物。 3. 使用煤和石油造成污染的原因。	[创设问题]结合化石燃料的成分考虑其燃烧会给环境带来哪些不良影响？ [学生活动]汇报交流自己搜集的资料，并作简单介绍、讲解。 [课件展示1]汽车尾气对环境的污染 [课件展示2]哥本哈根会议相关内容 [学生活动]设想自己有机会与美国总统奥巴马在此次会议中会晤，你最想对他说什么？	培养学生的环境生态意识和关注社会的情感，提高学生获取信息的能力。
实验探究	进行酸雨的形成模拟实验。 课件展示：酸雨对森林、河流、大理石雕像等的危害。	[演示]在盛有二氧化硫的塑料瓶中加入少量水，拧紧瓶盖后振荡。 [学生活动]分析瓶子变瘪的原因。 [创设问题]怎样证明瓶中液体显酸性？ [学生活动]滴加石蕊试液。 [反思]如果天上下的雨与这种溶液的酸性一样，会对自然界造成什么影响？ [学生实验]将叶片、大理石、锌粒分别放入酸雨中，观察现象，分析原因，并总结从中得到什么启示？ [学生活动]讨论交流酸雨对自然界造成的危害。	使学生对酸雨的形成有感性认识。 学会探究问题的一般方法。 通过模拟实验向生活实际迁移，培养学生关注环境、保护自然的意识。

续表

教学内容		过程展示	反思与评价
合作交流	讨论减少环境污染的措施。 课件展示:加气站	[创设问题]为了保护环境免受污染,我们可以采取哪些措施? [学生活动]分小组讨论交流,汇报结果。	使学生关注社会发展,树立环保意识。
探究学习	二、使用开发新的燃料和能源。 1. 清洁燃料:乙醇、氢气。 讨论:氢气作为新燃料的优缺点。	[演示实验]分别点燃沾有酒精和汽油的棉签,上方罩一个烧杯。 [创设问题]通过这个实验你得到什么启示? [学生活动]阐述观点。 [创设问题]酒精被称为绿色能源,那么你知道热值高、污染小的理想能源是什么吗? [学生活动1]交流氢气作为新燃料的优缺点。 [学生活动2]设想解决氢气储存困难和制取成本高的理想方案。	培养学生的创新精神和实践能力。
交流信息	2. 新能源:太阳能、风能、地热能、潮汐能等。 课件展示:新能源的开发和使用状况。 看学案中的"视野拓展":各种能源的使用对环境带来的影响。	[学生活动]介绍交流自己搜集的资料,感知能源匮乏的状况。 [设问]能源危机的解决方案是什么? [学生活动]开发新能源,如太阳能、风能、地热能、潮汐能等。结合图片汇报交流。	让学生参与解决能源危机的社会性大事中,使学生认识到化学是一门有用的学科,并树立可持续发展观念。
社会调查	不同燃料的使用状况、燃烧热值和价格。	[学生活动]① 调查燃料的变迁历程及燃烧热值、价格。② 讨论探究选择燃料应考虑的因素。	培养学生对社会的关注意识及社会责任感。
总结	归纳总结本课题主要内容。	师生共同回顾、复习、记忆。	再次强化学生的责任意识。

附:视野拓展

1. 化石燃料对环境的影响

由于化石燃料是目前世界一次能源的主要部分,其开采、燃烧、耗用等方面的数量及对环境的影响也令人关注。

对环境的影响最典型的是煤炭开采,包括开采对土地的损害、对村庄的损害和对水体的污染。据不完全统计，迄今为止平均每开采1万吨煤炭塌陷农田0.2公顷，平均每年塌陷农田2万公顷。开采时水污染对生态环境的影响也是量大面广，平均每开采1吨原煤需排放2吨污水。有些地区由于水体严重污染，造成居民用水短缺。

化石燃料在利用过程中对环境的影响主要是燃烧时的各种气体与固体废物以及发电时产生的污染。化石燃料产生的污染物对环境的影响主要有两个方面：一是全球气候变化。燃料中二氧化碳进入大气，使大气中二氧化碳的浓度增大，从而导致温室效应，改变全球的气候，这是热污染。二是水污染问题。火电站发电所剩“余热”被排出到河流、湖泊、大气或海洋中，在多数情况下，会使水温升高。例如，这种废热水进入水域时，其温度比水域的温度平均要高出7～8摄氏度，以致明显改变水域周围的环境，这是水热污染。

2. 原子能燃料对环境的影响

核动力是利用铀-235（或钚-239）在中子轰击下发生裂变，同时释放出核能，将能量用来驱动发电机组发出电来。由于核动力的燃料是核燃料（铀或钚），相比煤或石油具有无大气污染、无漏油等优点。它的缺点是存在放射性污染，因此为了保证安全，要求反应产生的废物应与环境隔离，不让它进入生态环境。目前国内外公认比较好的处理技术是将反应完全的放射性废物进行玻璃固化后，埋藏于数百米深的岩层中。首先在深部岩层中挖开洞室，将玻璃固化体装入不锈钢容器内，然后把容器放入洞底，用湿润土材料进行密闭，阻止万一情况下发生的放射性物质向周围扩散和转移。

3. 水力发电对环境的影响

水库建造的过程中与建成之后，对环境的影响主要包括以下几个方面：

自然方面：巨大的水库可能引起地表的活动，甚至有可能诱发地震。此外，还会引起水位改变，如下游水位降低或来自上游的泥沙减少等。水库建成后，由于蒸发量大，气候凉爽，炎热天气减少。

生物方面：对陆生动物而言，水库建成后，可能会造成大量的野生动植物被淹没、死亡甚至灭绝。对水生动物而言，由于上游生态环境的改变，会使鱼类受到影响，导致灭绝或种群数量减少。由于上游水域面积的扩大，使某些生物（如钉螺）的栖息地点增加，为一些地区性疾病的传播、蔓延创造了条件。

物理化学性质方面：流入和流出水库的水在颜色和气味等物理化学性质方面都会发生改变，深层水的密度、温度，甚至溶解氧等都会有所不同，深层水的水温低，而且沉积库底的有机物由于厌氧分解，水体的二氧化碳含量明显增加。

社会经济方面：修建水库可以防洪、发电，也可以改善水的供应和管理，增加农田的产量。不利之处如受淹地区城市搬迁、农村移民安置会对社会结构、地区经济发展等产生影响，若计划不周，对社会生产和人民生活安排不当，还会引起一系列的社会问题。另外，自然景观的淹没与破坏，更是文化和经济上的一大损失。应当事先制定保护规划并落实保护措施。

课题2：化学品的安全使用（江苏教育出版社，高中化学选修《化学与生活》）〔1〕

教学目标：

（1）知识与技能：

① 认识生活中常见的化学品，如洗涤剂、消毒剂、染发剂等。了解它们的作用原理及可能对人体带来的危害，认识到在生活中合理使用化学品的重要性。

② 认识染发剂中含有的重金属离子及有机物质对人体健康的危害。

③ 了解农业生产中常见化肥的主要成分及对植物生长的作用。

④ 了解常见农药的组成、对环境的影响以及对人体健康的危害，知道常见的防止农药中毒的措施。

（2）过程与方法：

①通过走访和查阅等方式了解各种化学品的使用及其危害。

②通过走访等方式了解化肥、农药对农作物生长的影响。

（3）情感态度与价值观：

①通过对化学品的认识，增强环保意识，树立合理使用化学品的观点。

②了解化肥、农药对农作物生长的影响，知道合理施加化肥、农药的必要性。

③知道化肥、农药对人体健康的危害，增强环保意识。

教学重点：认识各种化学品的使用。

教学难点：各种化学品对人体的危害。

化肥、农药对农作物的影响及对人体的危害。

教学方法：调查、比较、讨论、实验探究法。

课时安排：3节。

教学过程：

［教学准备］　布置课前活动：请找出家中的洗涤剂，选择两种，阅读它们的说明书，总结主要成分、作用原理、使用注意点，并从化学的角度进行分析。

---

〔1〕本教案的设计者为江苏无锡辅仁中学化学学科的倪一鸣老师，修改者王伟群。

［学生活动］　阅读洗涤剂使用说明，按要求进行总结。

交流并总结各种洗衣粉、洗洁精的主要成分、作用原理及使用注意点。

［创设情境引入］　日用化学洗涤剂正在逐步地成为当今社会人们的生活必需品。不管是在公共场所、豪华饭店，还是在每个家庭、大众小吃摊，我们都可以看到化学洗涤剂的踪迹。身边的新闻媒体，如广播、电视、报刊上也有大量化学洗涤剂的广告。在使用这些被包装得令人眼花缭乱的化学洗涤剂的过程中，人们正在不知不觉地逐渐加深对它们的依赖。在使用这些化学洗涤剂的同时，化学污染也通过各种渠道对人类的健康和生态环境产生危害。因此有些科学家以对人类负责的精神，呼吁要对化学洗涤剂进行再认识。

［提出问题］

(1) 洗衣粉、洗洁精的主要成分都是表面活性剂，它们的去污原理与肥皂相似，请说明它们的去污原理。

(2) 有些洗衣粉包装袋上标明含有碱性蛋白酶，强调宜在温水中浸泡而不宜在热水中浸泡，也不宜在高温下储存，你知道其中的原因吗？

(3) 有些洗涤剂中会加入一些漂白剂，如 $Ca(ClO)_2$，你知道漂白剂的作用吗？

(4) 某些洗衣粉包装袋上注明不含磷酸盐，你知道为什么要使用无磷洗衣粉吗？

(5) 有些洗涤剂的包装袋上会特别指出，不能让洗衣粉进入眼睛，若进入，应立即用大量清水冲洗，为什么？

［交流与讨论］

［小结］

(1) 洗涤剂的作用原理：洗涤剂的主要成分为表面活性剂，表面活性剂一般由亲水基团和亲油基团组成。当洗衣粉溶于水后，亲水基团与水相互吸引，而亲油基团则与油污相互吸引，从而将油污拉入水中，达到除去油污的目的。

(2) 为了提高洗衣粉的作用效果，常在洗衣粉中加入一些酶，利用酶的催化作用来分解难溶于水的蛋白质及脂肪。酶的活性受温度影响较大，过高或过低都会影响酶的作用效果。因此，使用加酶洗衣粉时要注意将水温控制在一定的温度范围。

(3) 在洗涤剂中加入漂白剂主要是利用它们的杀菌作用，以达到更好的洗涤效果。

(4) 磷是植物生长所必需的营养元素，但大量的磷流入水体后，会导致水藻生长过旺，消耗大量的氧气，使水中的溶解氧减少，致使其他水生生物由于缺氧而死亡。以上现象称为水体的富营养化。为了减少磷对水体的污染，国家已明令禁止使用含磷洗衣粉。

（5）虽然洗涤剂的主要成分为无毒物质，腐蚀性也很弱，但这些物质具有一定的刺激性。因此，不小心让洗衣粉进入眼睛时，应立即用大量的清水冲洗，以减少对眼睛的刺激。

［阅读］ 指导学生阅读课本第29页的“生活向导”。

［创设情境引入］ 在2003年抗击“非典”的过程中，有一种环境消毒剂发挥了巨大的作用，它就是过氧乙酸。过氧乙酸分子比乙酸分子多一个氧原子，含有一个特殊的过氧基，因此，其化学性质与乙酸有很大的不同。下面我们通过实验说明。

［探究活动］ 进行课本第31页的“活动与探究”项目，并补充将乙酸及过氧乙酸滴在有色布条上的实验。

［小结］ 从外观及气味上来说，过氧乙酸与乙酸并无明显区别，但由于过氧基的存在，使得过氧乙酸具有强氧化性，因而常被用做消毒剂。过氧乙酸是一种杀菌能力较强的高效消毒剂，它可以迅速杀灭各种微生物，包括病毒、细菌、真菌及芽孢。

［提出问题］ 在使用过氧乙酸消毒时应注意什么问题呢？请大家阅读教材中有关过氧乙酸的内容并加以总结。

［总结］

（1）由于过氧乙酸腐蚀性极强，必须按比例稀释后使用，否则会造成灼伤。使用时，应防止过氧乙酸接触皮肤和衣物，在稀释时应戴上橡胶手套；如药液不慎溅到皮肤上，应立即用大量清水冲洗。因此，过氧乙酸不能用于人体皮肤消毒。

（2）过氧乙酸溶液容易挥发、分解，其分解物是醋酸、水和氧，所以用过氧乙酸消毒液浸泡物品，不会留下任何有害物质。用过氧乙酸气体熏蒸消毒后，只要通风半小时，空气中的过氧乙酸就几乎全部分解、消散了，人们进入消毒过的房间不会受到伤害。过氧乙酸一般情况下主要用于医院和公共场所消毒。在家里用于病人房间消毒时，无论是擦拭或喷洒过氧乙酸，都要将原液稀释到0.2%～0.5%之间，不可直接用手接触原液。过氧乙酸原液在贮存放置过程中会分解，应当注意有效期。原液应贮存于塑料桶内，在阴暗处保存，远离可燃性物质。过氧乙酸稀释液更容易分解，宜随配随用。

［讲解］ 除了过氧乙酸之外，氯系消毒剂也十分常见。请大家完成课本第30页的“问题解决”，以深入理解氯系消毒剂的作用原理。

［学生活动］ 讨论、完成“问题解决”。

(1) 反应的化学方程式为:$Ca(ClO)_2 + CO_2 + H_2O = CaCO_3 + 2HClO$

(2) 氯系消毒剂长期置于空气中会失效,主要原因是其中起作用的次氯酸见光易分解。

(3)此人使用的洁厕剂的主要成分可能为盐酸,盐酸与次氯酸钙会发生如下的氧化还原反应:

$$Ca(ClO)_2 + 4HCl = CaCl_2 + 2H_2O + 2Cl_2$$

[小结] 使用消毒剂能很好地起到杀菌、清洁环境的效果,由于使用消毒剂存在一定的危险性,因此在使用时必须严格遵照使用说明。

[创设情境引入] 有时走在路上,我们可以发现一些人原来乌黑的头发不见了,展现在你面前的是一头金棕色、淡红色或酒红色的头发。的确,随着人们生活水平的提高,文化观念及审美观念也在改变,现代女性对染发的需求越来越强烈,要求也越来越高。染发尤其受到18~40岁女性的青睐。

[提出问题] 目前商场的染发产品越来越多,有些产品的染发效果有时与广告宣传有较大差距以致不少女性对染发产品的选择无所适从。到底哪种染发剂效果更好呢?

[查阅资料]

[小结] 根据配方和附着时间的长短,染发剂分暂时性、半耐久性和耐久性(永久性)三种。

暂时性染发剂主要包括彩光香波、彩色润丝和喷发胶,它像颜料一样附着在头发表面,对发质损伤极小,用它染出来的头发,会保持良好的光泽和弹性。

半耐久性染发剂大多指液、膏一类植物性染发剂,化学成分较少,毒性也较小,对人的伤害程度不大,缺点是染着力差,色彩也比较单调。

耐久性染发剂属氧化染料染发剂,它的染发程序较前两者要复杂一些,多使用金属染料,这种染发剂色彩极其丰富,附着力也很强。缺点是大量酸、碱等物质会进入头发,破坏原有的蛋白质链和氨基酸,染后的头发会变得干枯,失去光泽和弹性。如果选用含有营养成分的油染发剂,这种状况会有所缓解。

[问题] 染发剂会对人体产生什么样的危害?

[小结] 随着染发风靡一时,染发产品也越来越多。然而,不少专家警告说,各类染发剂均可能存在严重的健康隐患。

目前大多数染发剂中都含有过敏原——对苯二胺,对苯二胺可能造成皮肤红肿、发痒甚至湿疹等过敏症状。尽管迄今为止,尚无研究证实对苯二胺在人体内积聚到多少量会致癌,但它确实会破坏人体血细胞,阻碍代谢,更有可能造成贫血等疾病。据英国变态反应科医生蒙罗估计,过去20年她至少见过一万名妇女因使用染发产品而出现健康问题。

一些染发剂中还含有芳香胺类化合物,这是一种致癌物质。科学研究已经证实,吸烟也会产生这种芳香胺类化合物,它会导致吸烟者的膀胱癌发病率大大高于非吸烟者。

另外,染料经皮肤、毛囊进入人体,然后进入血液。专家担心染料的浓度过高或染发频率太高会破坏人体血细胞,从而成为淋巴瘤和白血病的致病元凶。

一些专家认为,染发剂只简单标注有可能引起过敏反应,警告内容不够全面,容易使消费者低估产品潜在的危险。

[创设情境引入] 在农村地区,为了促进农作物的生长,常使用化肥与农药。请大家列举几种常见的化肥与农药,并说明它们的作用。

[交流与讨论]

[总结] 常见的化肥有氮肥、磷肥、钾肥、复合肥等,使用化肥的主要目的是提供作物生长所需要的营养元素。常见的农药有敌敌畏、乐果、甲胺磷等,使用农药的主要目的是杀死影响植物生长的害虫和杂草等。

[展示]

类型	主要物质
氮肥	NH_4HCO_3、NH_4Cl、$(NH_4)_2SO_4$、NH_4NO_3
	尿素[$CO(NH_2)_2$]
磷肥	过磷酸钙[$Ca(H_2PO_4)_2$和$CaSO_4$]
	重过磷酸钙[$Ca(H_2PO_4)_2$]
钾肥	草木灰[K_2CO_3]
	KCl

[转引] 如果化肥使用不当,不但可能降低肥效,还有可能引发安全事故。请大家讨论课本第 33 页的“各抒己见”,对合理使用已板结的硝酸铵提出建议。

[讨论、总结] 对于已板结的硝酸铵,绝对不能采用敲击的方法加以粉碎,可以将其溶于水后使用。

[讲解] 为了更好地促进作物的生长,有时需要将化肥混合使用,但需要注意的是,将化肥混用有时可能导致肥效下降。例如,由于铵态氮肥显酸性,草木灰显碱性,将两者混合使用时会发生反应,导致铵态氮肥肥效下降。为了解决这个问题,人们常使用含氮、磷、钾元素的复合肥。

[转引] 目前使用的农药大都具有一定的毒性,因此在储存和使用农药

时更应注意安全。请大家讨论有关农药使用时的几个问题：

（1）为什么盛放农药的容器不能随处清洗？不能用来盛放食品？

（2）在食用瓜、果、蔬菜时应注意什么问题？

［讨论、小结］　在使用化肥、农药时，应防止农药与皮肤接触，更应防止农药通过各种途径进入人体消化道。因此，盛放农药的容器不能随处清洗，洗涤液不能流入饮用水源，更不能用这样的容器来盛放食品。在食用瓜、果、蔬菜前应将其浸泡几分钟以除去残留的农药，绝对不能食用刚喷洒过农药的瓜、果、蔬菜。

［转引］　若不慎发生农药中毒事故，应立即清除毒物并将中毒者送往医院治疗。请大家完成课本第35页的“交流与讨论”，解释解毒方法的原理。

［讨论、小结］　由于敌敌畏、甲胺磷等均为磷酸酯，性质和有机酸酯类似，在碱性条件下水解比较完全，但若用强碱会引起腐蚀，因此常用 $NaHCO_3$ 溶液洗肠。使用泻药的目的是尽快排出体内的毒物。

［讲述］　中国环境科学研究院首席专家、生态所所长高吉喜近日在“可持续农业：全球的挑战”论坛上指出，农业生产给中国带来的环境污染问题不容忽视。他说，农业生产过程中，化肥、农药等的大量使用已经造成了严重的大气、土壤和水污染。具体表现在温室气体不断增多；重金属、硝态氮在土壤中累积，土壤板结，肥力下降；地表水出现富营养化，地下水则受到硝酸盐、亚硝酸盐的污染。

农业污染给本已脆弱的农业生态系统造成的严重危害，从现象上看，是直接或间接地影响农产品的数量和质量，对人体健康产生危害。从本质上看，它对农业、农村经济的可持续发展、国家的粮食安全甚至社会稳定带来的负面影响已成为一个重大的社会问题。

［总结］　化肥、农药为解决人类的温饱问题做出了巨大的贡献，但化肥、农药的过度使用也带来了一系列问题，如环境问题、生态问题等。因此，必须科学、合理地使用化肥与农药。

【视野拓展】农业污染（供学生课外阅读）

农业污染现状堪忧。过量使用化肥、农药、兽药以及对规模化畜禽养殖中所产生的畜禽粪便管理不利等都是造成农业污染的重要因素。

● 化肥、农药过量使用问题严重

近年来，在耕地面积不断减少的情况下，化肥的使用量一直处于上升态势。2004年全国化肥使用总量已达到4 637万吨，比上一年增长5.1%。我国耕地面积不到世界的1/10，但是，氮肥使用量为世界的30%，每公顷耕地氮肥使用量高出世界平均水平2.05倍；磷肥的使用量为世界的26%，每公顷耕地磷肥使用量高出世界平均水平1.86倍。我国使用化肥的强度平均每公顷达400公斤(太湖流域曾高达600公斤),平均使用量是发达国家化肥安全使用上限的2倍,远远超过发达国家为防止水体污染而设置的225公斤/公顷的安全标准。

由于氮肥过量使用,未被植物吸收的部分,通过地表径流、淋洗和蒸发等途经对环境产生影响。中国科学院南京土壤研究所的研究显示,每年我国有123.5万吨氮通过地表水径流到江河湖泊,49.4万吨氮进入地下水,299万吨氮进入大气。长江、黄河和珠江每年输出的溶解态无机氮达到97.5万吨,其中90%来自农业,而氮肥占了50%。

我国不仅是世界上最大的化肥使用国,也是最大的农药使用国。1983年农药的使用量是86.2万吨,而到了2003年,仅仅20年时间,全国农药使用量就达到132.5万吨。在一些高产地区,每年施用农药30多次,每公顷耕地用量高达300公斤,有的甚至超过450公斤,过量使用农药的问题十分严重。

● 农业污染危害严重

1. 水安全面临严重威胁

我国的淡水资源严重不足,人均占有量仅为世界平均值的1/4~1/5,而化肥、农药的不合理使用及畜禽粪便的管理不利造成的农业污染,致使水体污染日益严重,对我国的水安全构成了极大威胁。根据2003年《中国环境状况公报》的数据和中国农业科学院在北京、天津、河北、山东、陕西等地的600个地下水样的调查显示,我国一些地区地下水正面临被硝酸盐(硝酸盐是氮肥、动物粪便、动植物尸体等中所含氮化合物降解的终端产品)污染的严重威胁。

2. 土壤环境受到严重破坏

由于过量使用化肥、农药及污水灌溉等多种原因,一方面,土壤板结,肥力下降;另一方面,土壤受到重金属、无机盐、有机物和病原体等物质的污染情况严重。

3. 部分农产品安全质量下降

目前影响我国农产品安全的主要问题是农药、兽药残留,重金属残留和硝酸盐污染。

4. 农产品出口贸易遭遇绿色壁垒

我国加入世贸组织以来,农产品出口不畅的主要原因和影响我国农业国际竞争力的重要因素之一是农产品的质量问题。

5. 严重危害人体健康

(1)加重肠道传染病的流行。

许多地方畜禽粪便直排入水体,这在加重水体富营养化的同时,也加剧了当地肠道传染病的流行。

（2）婴儿发生出生缺陷的危险性提高。

据全国妇幼卫生监测办公室的统计资料显示，全国从1996年至2000年，出生缺陷发生率呈逐年上升趋势，且农村高于城市。

6. 制约农业和农村经济的可持续发展

农业污染造成的经济损失十分严重。一些农业污染严重的地区，出现了农作物减产，质量下降，甚至传统农作物无法继续种植的现象。农业污染还造成渔业、畜牧业、旅游业的经济损失。

三、数学学科与生态教育

（一）数学学科与生态教育的关联性

数学是一门工具学科，通过数学知识的应用可以加强学生解决现实问题的能力，培养学生的逻辑思维能力。将数学与生态教育相结合，在数学知识的学习过程中渗透人口、资源与环境等问题可以唤起学生对生态环境的关注，使学生形成对资源的开发利用的具体认识。通过平时的课堂教学，建立生态问题与课本知识的沟通与衔接，列举资料，编拟习题，通过计算，深化学生对自身周围生态环境的理解，使学生形成一种珍惜生态环境的情感体验。例如，2000年北京市西城区初中毕业、升学统一考试中数学卷第四大题的几个小题均涉及环境资源问题：

（1）据《北京日报》2000年5月16日报道：北京市人均水资源占有量只有300立方米，仅是全国人均占有量的1/8，世界人均占有量的1/32。问：全国人均水资源占有量是多少立方米？世界人均水资源占有量是多少立方米？

（2）北京市一年漏掉的水，相当于新建一个自来水厂。据不完全统计，全市至少有6×10^5个水龙头、2×10^5个抽水马桶漏水。如果一个关不紧的水龙头，一个月能漏掉a立方米水；一个漏水马桶一个月漏掉b立方米水，那么一个月造成的水流失量至少是多少立方米（用含a、b的代数式表示）？

（3）水源透支现象令人担忧，节约用水迫在眉睫。针对居民用水浪费的现象，北京市将制定居民用水标准，规定三口之家楼房每月标准用水量，超标部分加价收费。假设不超标部分每立方米水费1.3元，超标部分每立方米水费2.9元，某住楼房的三口之家某月用水12立方米，交水费22元，请你通过列方程求出北京市规定三口之家楼房每月标准用水量为多少立方米。

（二）数学学科渗透生态教育教案示例

小学数学学科教案

课题：了解我们的生存空间（江苏教育出版社，小学《数学》四年级下册）[1]

教学目标：

(1) 了解我们的生存空间状况及影响人类生存空间的主要因素；能设计简单的统计活动。

(2) 能对常州市生活垃圾产生及处理情况等统计数据进行合理的分析和简单的判断、猜测，体会统计是解决问题的策略之一；进一步培养学生的统计能力。

(3) 能积极主动地和同学合作，感受统计在生活中的应用；发展统计观念，能感受到生态环境保护的意义与重要性；初步树立保护环境的意识，促进情感态度和价值观的发展。

课前准备：

学生通过各种途径（如上网搜集、查阅图书、调查等）了解环境及环境保护的相关问题。

教学流程：

——交流认识、明确主题：

(1) 课前，同学们去搜集了有关环境问题的资料，你对环境问题知道了哪些，你是怎么知道的？

(2) 学生利用实物投影仪充分交流搜集的材料（图片、文字、数据等），并说明是怎么搜集到的。

(3) 出示"优美图片组合"，这么美好的生活空间，我们人类却不懂得珍惜和爱护，大量采伐树木，大量制造垃圾……在人类对大自然不断索取的同时，大自然也对我们作出了无情的报复，我们的生存空间变得越来越糟糕。

(4) 出示"环境污染"图片组合。看了这些图片，你想说些什么？

人口和环境就是影响我们生存空间的重要因素。我们就从这两方面着手，来进一步了解我们的生存空间。（板书课题）

——主动探究、增强体验：

通过观看图片资料，我们对环境污染已有了一个直观的感受，下面我们以水污染为例，从数学的角度看看环境污染的情况。

(1) 出示"我国城镇生活污水排放总量变化情况（1999—2003 年）"统计图（图略）。

① 观察统计图你能得到哪些信息呢？

---

[1] 本教案设计者为江苏省常州市新北区汤庄桥小学许爱华老师，修改者朱玉芳。

学生观察统计图,并进行自由交流。从图中看生活污水排放最多的是哪一年?增长最快的又是哪一年?你还能得到哪些信息?

② 通过观察统计图,你有什么想说的?

③ 地球上97%的水是海水,不能饮用,仅3%是淡水,且大部分以冰的形式贮存在南极和北冰洋。我国600多个城市,有300多个城市缺水,其中185个城市严重缺水,水资源十分有限。

我们一定要珍惜水资源,否则最后一滴水,将是我们自己的眼泪。

过渡:猜一猜,是什么原因导致我国城镇生活污水排放总量的变化呈上升趋势的?

(2) 出示“常州市生活垃圾产生及处理情况(1981—2005年)”统计图(图略)。

① 说一说你通过观察得到了哪些信息?

② 你有什么想法或建议呢?

(3) 出示“常州市新北区罗溪镇绿化面积增长情况”统计图(图略)。

学生自由交流。

师:我镇在保护生态环境方面已经做了大量的工作,也取得了很大成绩。我们不管住在市区,还是住在农村,都要争做环保小卫士,以确保我们有良好的生存空间。

(4) 小结:今天学习了“了解我们的生存空间”一课,从我国城镇生活污水排放总量变化,到我镇绿化面积增长情况,都说明全国人民都在为争取美好的生存空间而努力。

——动手实践、明理内化:

你想不想自己动手做一做?老师布置大家课前搜集了一些数据,谁来说一说你们小组搜集的数据是哪一方面的?你从哪里搜集来的?

例如,调查超市塑料袋的使用量的变化,了解人们的环保意识,调查气温变化情况和空气质量情况,了解泥石流每年发生的次数……

(1) 以小组为单位将你们搜集的信息选择合适的统计方式表现出来,并分析一下数据所体现的信息以及你的感受。

(2) 调查新北区汤庄桥农贸市场的环境卫生情况,并给环卫部门写一份建议信。

四、物理学科与生态教育

(一) 物理学科与生态教育的关系

物理课程是培养学生科学素养的主要学科之一。《物理新课标》指出,在中学阶段,物理学科要使初中学生初步认识资源利用和能源利用与生态环境保护的关系,而高中生应认识人与自然、社会的关系,有可持续发展的意识和全球观念,并且能在力所能及的范围内,为社会的可持续发展做出贡献;在情感态度与价值观方面,物理教学要培养学生对自然界的好奇心,让学生初步领略自然现象中的美妙与和谐,对大自然有亲近、热爱、和谐相处的情感。物理课程应超越科学知识与原理的传授,为全面提高每一个学生的科学素养做出贡献,在物理教学方面不仅要让学生掌握相关的科学知识,更应该重视对学生价值观的培养和锻炼学生解决现实问题的能力。

现行物理教材中有很多章节就是生态教育的内容,在物理课的课堂教学中渗透生态教育首先要对物理教材进行认真的梳理,深入挖掘物理学科与生态教育的结合点,但要避免生拉硬套盲目地将生态学的内容与物理教学相结合,要尽量做到在保持物理课原有的教学内容的同时又能在潜移默化的过程中培养学生的生态保护意识和可持续发展意识。例如,在学习光学时可以介绍玻璃墙所带来的"光污染",虽然玻璃墙给人们带来了美丽的视觉效果,但其对鸟类乃至人类自身所造成的影响也是很不利的。再如,废旧电池的再回收问题。为什么要回收废旧电池?因为一节电池中含有大量的重金属物质,仅仅一块纽扣电池就可以污染几十万升水。还有诸如"能源与可持续发展"、"节约用电"、"紫外线与臭氧层"等内容都可以作为物理教师渗透生态教育的素材。

(二)物理学科渗透生态教育教案示例

初中物理学科教案

课题:令人厌烦的噪声(江苏科学技术出版社,初中《物理》八年级上册)[1]

教学时数:1课时。

教材分析:教材从噪声的定义这一角度切入主题,主要阐述噪声的来源、危害和防治。

学情分析:联系学生的日常生活经验进行课堂教学。

教学目标:

(1)借助生活经验、体验和实例,认识噪声、噪声的来源及其危害。

(2)了解控制噪声的途径,培养防治噪声污染的生态环保意识,渗透生态教育。

(3)初步了解乐音与噪声的区别,并通过乐音与噪声间的辩证关系,渗透辩证思想的教育。

[1] 本教案设计者为江苏省苏州第二十六中学物理学科徐文斌老师,修改者朱玉芳。

教学重点:认识噪声、噪声的来源及其危害;了解控制噪声的途径。
教学难点:理解乐音与噪声间的辩证关系。
教学准备:多媒体图片、视频、集体备课意见和主要参考资料。
备课意见:注意噪声的场景区别。
参考资料:《物理教学参考资料》《物理教师教学用书》。
教学过程:

板书:

第3节　令人厌烦的噪声

多媒体演示:
小提琴的悠扬乐声——乐音
建筑工地的嘈杂声——噪声
师:请同学们说说你对以上两种声音的感受如何?哪种声音让你觉得舒服呢?
生:(课堂发表个人的意见,交流讨论。)
师:生活中有些声音是对人有害的,需要加以控制和消除,因此,我们首先研究哪些声音是需要控制和消除的。
多媒体演示:(播放声音,并展示声音对应的波形。)
师:同学们能从中发现什么?
生:(交流讨论,发表看法。)
有的声音是动听的、令人愉快的,它的波形呈规律性振动;
有的声音是难听的、令人厌烦的,它的波形呈无规律性振动。
师:很好,从中我们总结如下:
板书:

一、乐音和噪声
乐音:动听的、令人愉快的声音(波形有规律)
噪声:难听的、令人厌烦的声音(波形杂乱无章)

师:那我们再一起来找找看,在生活中哪些声音是属于上述所描述的噪声。
噪声的来源:(教材图1-18,见彩图3)
生:空调、鞭炮、吸尘器、打桩机、土方车、鼓风机等发出的声音是噪声。(课堂上允许学生结合自己生活中的感受,进行教材以外的交流讨论。)
师:既然噪声有那么多,那它对我们会有什么影响呢?
生:(交流讨论。)
影响人的睡眠、休息、学习和工作,会损害人的听力,使人头疼、记忆力衰退，噪声还是诱发心脏病和高血压的重要原因之一。

板书：

二、噪声的危害 损害人的身体健康

师：我们再来了解一些相关的知识。

生活·物理·社会——声音的级别和人的感觉

常见声音	声级/dB	影响
火箭、导弹发射 喷气式发动机(附近)	160 140	短时间内会导致永久性耳聋
喷气式飞机起飞(100 m左右) 音量很大的摇滚乐	130 120	鼓膜被振痛
电锯、风钻 大型载重汽车	110 100	长时间会导致永久性耳聋
摩托车、汽车喇叭	90	特别烦人
一般的城市交通噪声 大声呼喊	80 70	令人厌烦 干扰交谈
正常交谈 空调机	50 40	安静舒适
轻声耳语 正常呼吸	20 10	极静

板书：

三、声音的级别 1. 分贝(dB)：表示声音的强弱 2. 0dB：人耳刚刚能听到的声音 3. 90dB：开始对人的听力造成损伤

师：正因为噪声的危害较大，所以控制噪声就显得十分重要。

板书：

四、噪声的控制 1. 在声源处控制噪声(改变、减小或停止声源振动) 2. 在传播途中控制噪声(隔声、吸声和消声) 3. 在人耳处减弱噪声(戴护耳器)

师:请同学们讨论一下教材图示(见彩图4)的控制噪声的方法各属于哪一种。

生:摩托车——控制噪声声源
体育馆——阻断噪声传播
禁止鸣笛——控制噪声声源
飞机起飞——在人耳处减弱噪声

师:我们在控制噪声时还应有一种意识:
从生态环境保护的角度看,凡是影响人们正常学习、工作和休息的声音都属于噪声。例如,在听课时,即使是美妙的音乐也是噪声;反之,在欣赏音乐时,交头接耳的语言又成了噪声。因此,在一定的时间和场合我们应该注意控制自己的声音。

生活·物理·社会——以声消声

(兴趣阅读,开阔视野)

拿一个音叉,把它敲响后在耳边慢慢转动,请听听它发出的声音是怎样的。(现象是声音时强时弱。)

介绍“有源消声技术”:用话筒将噪声收集起来传送到专门的电脑上进行分析,根据分析结果通过喇叭发出新的噪声,它恰好能将原来噪声的振动抵消,从而达到消除和降低噪声的目的。

作业布置:假设你是学校环境监测小组成员,现在要准备一份学校环境噪声情况的报告,要求做到以下几点:

(1) 列出学校噪声来源的清单;

(2) 利用录音机记录下这些噪声;

(3) 在同学中进行一次调查,请他们对每一种噪声的感觉程度作出评定,并填入表中。

感觉程度可分为四级:

A级　觉察不到

B级　能觉察到

C级　令人心烦

D级　难以忍受

噪声来源	感觉程度	控制噪声的途径
马路上的噪声		
操场上的噪声		
教室里的噪声		

（4）分析校园受噪声污染程度，提出控制噪声的途径，并填入上面表格中。

课后反思：本节教学是从学生的日常生活现象入手，让学生意识到噪声的存在和危害，懂得如何控制噪声。在教学中可以穿插适量的生活案例，有助于引起学生的情感共鸣，帮助学生更好更快地理解和掌握所学的知识。

五、语文学科与生态教育

（一）语文学科与生态教育的联系

语文学科是基础教育阶段的一门重要的基础学科，是传承我们民族文化的主要载体，语文课程不仅应当包含从古至今的经典名作和思想结晶，还应包括与时俱进的主题。当今世界面临的共同问题就是生态问题，保护生态环境、走可持续发展的道路已经成为世界各国的共识，而语文教学作为学习其他所有科目的前提，不仅具有培养学生阅读、写作、交际等能力的责任，还肩负着培养学生的情感态度与价值观的使命，因此在语文教学课程中渗透人与生态环境相互影响、和谐统一的思想势在必行。语文教学是塑造学生思想的先行者，是学生情绪体验的引导者，是学生伦理道德发展的奠基者，因此应当通过语文教学培养学生尊重生态规律、热爱生命、保护生态环境的思想观念。

在语文课的教学过程中，教师要深入挖掘教材中的生态教育思想，旁征博引，运用丰富的例子和生动的语言使学生形成一种具体的、鲜明的印象，将生态的和谐统一和变化发展内化为学生知识与情感的经验。在语文课堂中渗透生态教育不是要将语文课转换为生物课、地理课或者思想品德课，而是要将“相互作用，相互关联”的思想融汇于对教学内容的讲解中。在语文课程教学中进行生态教育具有得天独厚的优势。在语文教材中有很多描写生态之美的文章和诗歌，它们从各个角度展现作者对自然环境的赞美和欣赏。通过引导学生对文章的听说读写，以及对作品中花草树木、山川大河、四季更替等美丽的自然景色或者灵动优雅、狡黠可爱等千姿百态的动物、植物的赏析，感悟大自然或生机勃勃，或宏伟壮观，或神秘奇异的意境，这不仅有助于提高学生的文学素养，还能够培养学生对生态环境的热爱之情。

（二）语文学科渗透生态教育教案示例

高中语文学科教案

课题：祖国山川颂（江苏教育出版社，高中《语文》必修3）[1]

教学目标：

---

〔1〕 本教案设计者为江苏省苏州市第一中学语文学科周月芳老师，修改者朱玉芳。

(1) 了解“颂”的文体特点，学习片断式的表现形式。

(2) 通过朗读深入品味作品隽永的散文语言。

(3) 体会作者对祖国山河的热情赞美，理解祖国的文化内涵，培养学生对祖国自然山水的热爱之情，激发学生关爱生态环境的情感。

教学重点和难点：如何通过写景表现爱国情；领略文章语言美。

教学设想：

(1) 本文语言很美，感情热烈，要重视诵读，在反复吟哦中走近文本，领会文本。

(2) 要立足文本，仔细品味文中的优美词句，努力发掘其中的深层含义。

教学过程：

导入：同学们，我们身在祖国，可是，你用心观察过、欣赏过她吗？

梳理文思：

(1) 从文题可知，本文的内容即歌颂祖国山川。那么，本文具体写到了哪些祖国美景呢（请找出文中写景段落）？

明确：§4　概写祖国名山大川

§6　劳动者手下山川的变化

§11—23　四季晨昏图

§25—34　祖国山川图

(2) 除了山川美景，还写到了什么内容呢？

明确：§5　不屈精神

§8—10　历史文化（语言）

(3) 全文框架：

第一部分（1—2 节）总领，点明主旨。

第二部分（3—34 节）具体歌颂祖国的如画风景。

第三部分（35—36 节）升华主题。

文本研读：

(1) 本文在歌颂祖国山川美景时，在结构上主要运用了片断式，在“四季晨昏图”和“祖国山川颂”这两幅图画中体现尤其明显。请学生齐读此两部分内容。

(2) 简单梳理其中内容。明确运用片断式的好处：可以从不同方位、角度对祖国山川进行全景式的描画和铺陈，更便于作者自由地，不受时间、空间以及思维限制地抒发自己的情感。这是“颂”这类文体在结构上的一大特点。

(3) 品味语言。“颂”，原为歌颂神的舞歌，后泛指一切以赞美、歌颂为对象和主题的文章。一般而言，“颂”讲究文采，语言过于朴素不能称为“颂”；但若过分雕琢,亦显矫揉造作,华而不实。因此,要力求在质朴的文笔中隐含一种灵动和美感,方能秀美实在。

你觉得本文语言如何?找出你喜欢的一到两处加以赏析。

例如:① 黄昏蹒跚在苍茫的原野上。最后看见它好像醉汉似的颓然倒下,消失在黑夜里了。

(赏析:运用比喻,写出了暮色中的太阳临下山时那一瞬间的动态,醉眼蒙眬,跌跌撞撞,活像“醉汉”;突然眼睛一眨,不见了,“醉汉”倒下了,形象生动。)

② 清秋之夜,天上的羽云像轻纱似的,给微风徐徐地曳过天河……

(赏析:一个“曳”字,写出了动作的轻柔、灵动,可与“拽”“吹”“拉”等动词比较。)

③ 暗夜将尽,每一棵树都踮起脚来遥望着东方,企盼着晨曦。果然,红光满面的太阳出来了,它愉快地拥吻着每一个树梢,它的笑是金色的。

(赏析:运用拟人,感觉树和太阳有个约会一样,情致曼妙。)

④ 夏天的清晨,薄雾飘荡的乡村,姑娘赤着脚,踩着草上晶莹的露珠,走到银色的小溪边,轻轻地汲满了一桶水。

(赏析:色彩美。清新、健康,富有生活气息又如诗如画。)

⑤ 春天,秀水涨满,桥的两孔像是一对微笑的眼睛。

(赏析:生动、逼真,如在眼前,可以在黑板顺手画幅简笔画,效果会不错。)

⑥ 小溪唱着愉快的歌流走了……静静的群山,仍留在原来的地方,目送那盈盈的水波远去。流水一去是决不回来了,但有时也会化作一两片羽云瞭望故乡。

(赏析:流水青山皆有情。“一两片羽云”感觉轻灵、飘逸,脉脉含情,意味隽永。)

……

拓展延伸,升华主旨:

祖国美吗?我们周围有这样的美景吗?(学生发言,列举生活中的美景。若有学生感慨美景不再,自然引出下面,更好。)

然而,我们也非常遗憾地看到,这样的美景正在逐渐消失。还记得以前我们学校边上(就在鹅颈湾那块地方)曾经有过一片大大的草坡,一到春天,就有很多的学生去放风筝,那真是都市里的一片迷人风景。如今,家乡还有那条清澈的小河吗?还有成片的金黄的油菜花吗？园区、新区的大片草坪，是否又正在被一幢幢高楼所侵占？现今有很多有识之士正大力呼吁生态保护，但这同时不也正从另一角度表明了以前优美环境的丧失吗？文明往往毁在我们自己手里！

同学们，我们每个人都只有一个祖国，一个家园。热爱祖国不是一句空话，家园的美丽需要我们每个人去维护。希望不久的将来，我们能写出更加精彩迷人的《祖国山川颂》！

（用多媒体播放有关祖国美丽山川的图片，欣赏的同时进一步激发学生的爱国情怀。）

六、科学学科与生态教育

（一）科学教学与生态教育的联系

幼儿园教育内容中的科学课程领域和小学阶段具有综合性特征的科学学科，对儿童的科学知识水平要求不高，重在激发学生的认识兴趣和探究欲望，在儿童生活经验的基础上，帮助他们了解自然、环境与人类生活的关系，从身边的小事入手，初步培养儿童的生态环保意识和行为。以学前教育为例，教育部《幼儿园教育指导纲要（试行）》第二部分"教育内容与要求"中的科学课程领域对教学目标作出了如下规定：

（1）对周围的事物、现象感兴趣，有好奇心和求知欲；

（2）能运用各种感官，动手动脑，探究问题；

（3）能用适当的方式表达、交流探索的过程和结果；

（4）能从生活和游戏中感受事物的数量关系并体验到数学的重要和有趣；

（5）爱护动植物，关心周围环境，亲近大自然，珍惜自然资源，有初步的环保意识。

因此，科学学科教学的目标与生态环境教育的目标是密切相关的，只有在完成科学教学目标的情况下才能较好地实现生态教育的目标。

（二）科学学科渗透生态教育教案示例

幼儿园科学教学教案

【主题】小雨点变酸了[1]

【教学对象】幼儿园中班学生

【教学课时】25 分钟

【设计意图】

地球是我们人类和动植物共同的家园。曾几何时，我们赖以生存的美

〔1〕 本教学活动教案设计者为江苏省苏州市翰林幼儿园吴丽华老师，修改者朱玉芳。

丽环境变样了:河水不再清澈,空气不再清新,气候变化无常,雨水变酸……所有的这一切都与人类在不知不觉中破坏环境有着密切的关系。在我们享受高科技产品带来的时尚、文明和便捷时,保护我们生活的环境已经刻不容缓。幼儿园中班的孩子有着强烈的好奇心和求知欲望,对于周围新奇的事物都会产生疑问并乐意探索。为了让他们懂得珍惜自然资源,有初步的生态环保意识,并从中获得一些关于自然现象的粗浅科学知识,故设计本活动,以故事《小雨点变酸了》为契机,引发幼儿思考并认识到保护自然、保护环境的重要意义。

【教学目标】

(1)了解雨水的用途,知道雨水对人类和动植物的重要性。

(2)能通过理解故事大胆表达自己的想法。

(3)了解人类与环境的依存关系,萌发保护环境的意识。

【教学准备】

(1) 对幼儿事先进行"小雨点的用途"以及"我们周围的环境现状"的调查问卷;

(2) 故事《小雨点变酸了》课件;

(3) 被污染的环境的相关图片。

【教学过程】

一、谜语导入

师:我要给你们猜一个谜语,请听好:千条线,万条线,数不清,剪不断,落到田里秧苗绿,掉到河中看不见。请问是什么?

幼:雨点。

师:恭喜你们答对了! 谁喜欢和小雨点做朋友? 为什么?

幼:自由讨论讲述。(鱼儿、草、花、树、蔬菜、瓜果、小鸟、人类、庄稼……)

师小结:小雨点积少成多变成了雨水,滋润着万物,所有的生物都离不开她,她还有调节气候、清除尘埃、净化空气的作用呢。

【评析】以谜语导入的方式使幼儿易于自然接受,讨论环节也由于课前做了调查问卷使讨论更加热烈,互动效果良好,同时也为接下来故事的引入做好铺垫。

二、引出故事《小雨点变酸了》

师:小雨点有这么多的好朋友,可真开心呀! 可是有一天,当小雨点来到好朋友身边时,大家都哇哇大叫起来,这是怎么回事呢?

【评析】以小雨点为主人公切入正题,引发幼儿探索的兴趣和对故事情节的期盼。

教师利用课件讲述故事《小雨点变酸了》的前半部分并进行提问：

——茄子、番茄、黄瓜为什么哭泣？

——雨水本来是什么味道的？（甜甜的。）

——现在变成什么味道？（酸酸的。）

——变酸的雨水导致了什么后果？（茄子哥哥死了；植物不能生长了；小鱼儿都被酸死了。）

继续讲述故事后半部分，进一步提问：

——小雨点为什么会变酸？（黑烟跑进雨点的身体里。）

——黑烟是从哪儿来的？（工厂里。）

——燕子警察采取了什么措施帮助变酸的小雨点？（剪掉工厂的黑辫子。）

——最后小雨点变甜了吗？

【评析】科学知识拟人化且故事形象逼真，容易吸引幼儿的眼球，幼儿观察仔细，倾听认真，课堂互动效果好。

三、完整欣赏故事，组织幼儿深入探讨

师：故事好听吗？让我们再欣赏一遍故事内容。

师引导：故事里的小雨点是因为工厂排出的黑烟变酸的。我们生活中有没有雨水变酸的现象？

——还有什么东西也会让小雨点变酸呢？（幼儿讨论自由讲述。）

教师根据幼儿的讲述内容播放图片，加深幼儿的印象。

师小结：在我们生活周围的确有很多污染我们环境的现象，我们的生活条件提高了，家家都有很多电器，如冰箱、空调等，它们排放的废气很多，虽然看不见，却无时无刻不在影响着我们的健康；马路上的汽车越来越多，汽车排放的废气也急剧增加，不仅污染了我们的空气，还影响了我们的身体健康；郊区的工厂燃烧煤炭排放的黑烟等更是污染着我们周围美丽的环境；此外地面扬起的灰尘等都会使雨水变酸。

【评析】通过讨论，使幼儿相互交流自己的一些已知经验，借鉴彼此的见解。老师及时出示图片帮助幼儿理清思路，顺利表达自己的想法，同时也为其他幼儿的讲述起提示和引导作用。

四、我是"环保小卫士"

师：你们为小雨点找到了生病的缘由，小雨点很感谢你们。可是怎样才能让小雨点一直健健康康不生病呢？

幼1：不让工厂冒黑烟。

幼2:少开汽车,多走路、骑自行车。

幼3:多种树,树能产生新鲜的空气,可以净化空气。

幼4:使用天然能源,如风能、太阳能等,不烧煤炭,因为它们会释放黑烟。

师小结:小朋友们给小雨点出了很多的好点子,希望我们能从现在做起,为我们美丽的家园做出自己的努力。请把我们身边破坏环境的现象画出来,呼吁我们的爸爸妈妈、叔叔阿姨、爷爷奶奶和我们一起共同加入到保护我们的环境、珍爱我们地球的行动中来,好不好?

(幼儿绘画活动。)

【评析】该环节紧密联系幼儿的生活实际,激发幼儿的认同感和责任意识,通过幼儿的语言和绘画活动将自己的所见所闻表达出来,起到良好的教育作用。

【延伸活动】

(1) 请幼儿把破坏环境的现象画出来,布置成展板,放到社区展出,呼吁人们加入到保护环境的行列。

(2) 从自身做起,坚持步行或坐公交车上幼儿园,建议爸爸妈妈少开汽车,多运动,做绿色、健康的市民。

【教学反思】

(1) 该活动设计从环保童话入手,通过浅显易懂的故事帮助幼儿从小树立保护环境的意识,教育意义深刻。

(2) 故事讲述通过课件呈现,语言讲述拟人化,符合幼儿的年龄特点,易于幼儿接受。

(3) 课前的调查问卷为本活动的顺利进行做了良好的铺垫。

(4) 最后环节请幼儿用画笔画出我们身边破坏环境的行为,这对中班年龄的幼儿有一定的难度,建议修改为请家人帮忙一起完成图画,也可以通过网络查找更多的破坏环境的行为,通过表格的形式记录下来。

第二节　苏南中小学生态教育活动示例

一、中学生物学科户外教学活动案例

【活动主题】苏州蝴蝶监测与环境评价[1]

---

〔1〕 本活动案例设计者为江苏省苏州市第五中学生物学科祁小飞老师,修改者朱玉芳。

【活动背景】

“全球气候变暖”、“生物多样性锐减”、“核辐射污染”、“酸雨”、“臭氧层空洞”……听到这些词语，总让我们心里为之一震，生态环境污染真的这么严重了吗？除了用物理化学方法来监测环境改变外，能不能利用生物对环境变化进行监测，从不同层次分析环境污染所导致的危害程度，为生态环境评价、污染预报和污染物危险性提供依据呢？一种美丽的精灵——蝴蝶，日益被认为是极为有价值的环境指示生物，因为它对环境的变化极为敏感。蝴蝶是一个较大的类群，其体型小，生命周期短，尤其是蝴蝶属日出性动物，易捕捉，分布广泛，具有相对独立的生活空间，栖境要求专性强，对不断发生的细微环境变化十分敏感并能快速作出反应，若某种蝴蝶栖息的植物灭绝了，该种蝴蝶也会消失。

由于春季温度升高，西班牙地中海盆地西北部 19 种最常见的蝴蝶中有 17 种蝴蝶首次出现时间提前，英国 35 种主要蝴蝶中约有 30 种首次出现期与种群高峰期提前 2 至 10 天。将蝴蝶作为气候变化早期指示生物的研究开始于 20 世纪 70—80 年代，90 年代初迅速成为研究热点。我国也与德国合作研究“蝴蝶检测与环境评价”，其中江苏省苏南地区的蝴蝶检测环境研究由苏州市第五中学负责。

【活动目标】

(1) 理解人与自然和谐发展的意义，树立可持续发展的观念。

(2) 养成“坚持创新、持之以恒”的科学态度和科学精神。

(3) 体验生态环境变化对生物的影响，发展自主实践能力。

(4) 使用正确的科学研究方法，并学会对实验结果进行统计分析，得出科学的结论。

【活动方法】

探究性学习、合作学习、自主学习相结合的方法。

蝴蝶监测中具体采用的方法有两种：样线法、随机取样法。

【活动条件】

3 月中旬至 11 月中旬，在无雨、无大风的每周六上午，进行蝴蝶监测。

活动工具：捕虫网（绝不杀害一只蝴蝶）、透明塑料瓶、照相机、记录表等。

【活动地点】

样线法地点：苏州市第五中学校园、广济公园（五中附近）。

随机取样法地点：苏州地区任何地点。

【活动人员】

样线法：苏州第五中学 Q 老师、W 老师，“蝴蝶社”学生成员毛同学等 10

位同学。

随机取样法:苏州市第五中学全体师生、苏州市热心市民。

【活动步骤】

步骤一:指导学生查阅资料,做好监测前的准备工作。

时间:2月初(开学)至2月底。

学生查阅资料,了解以下内容:

(1) 目前,哪些生态环境问题较为严重?这些问题产生的原因是什么?

(2) 监测环境改变的方法有哪些?

(3) 蝴蝶具有哪些生物特性,为什么蝴蝶是重要的“环境指示生物”?

(4) 蝶类和蛾类怎么区分?

(5) 2月底,由老师提供给学生3月份常见蝴蝶的种类,学生查阅资料,整理好这些蝴蝶的图片和形态特征以及相应的寄主植物的图片(以此类推,在每个月月底提供给学生下个月的蝴蝶种类,并进行整理)。

设计目的:

(1) 通过自主体验,了解目前的环境问题及其产生的原因,体验环境保护的必要性;

(2) 让学生在体验中,掌握准确、快速查阅资料的方法,并学会对资料进行整理;

(3) 让学生体会到机会是留给有准备的人。在学习中,要学会预习。

步骤二:教会学生监测蝴蝶的两种方法。

时间:3月初。

方法1——样线法:

(1) 监测从3月中旬开始至11月上旬结束,每周监测一次,一般在上午9点至12点间完成。

(2) 监测天气条件要求为无雨晴天或多云,风力小于6级,温度在10摄氏度以上。

(3) 选择一条环境变化较多、长度约在1~2千米的样线,监测者以正常步行速度记录左右各2.5米宽、前方5米、头顶上方5米范围内的所有蝴蝶,并将蝴蝶的种类与数量及时记录下来。

(4) 各节分开记录,数量以“正”表示,量大时估测或拍照计数,以数字表示;范围以外的蝶种记录在表格备注栏;给每种蝴蝶拍照或网捕拍照,眼蝶、灰蝶与弄蝶等可少数采集鉴定;避免重复计数,同一蝶种记前不记后。

(5) 每个监测小组由3人组成(1人目测口述、1人填写表格、1人拍照或网捕鉴定)。

通过样线法的统计分析，很容易看出每年蝴蝶种类、数量随气候、环境变化发生了怎样的变化。但是样线法的缺点就是不能统计到整个苏州到底有哪些种类的蝴蝶，所以我们还需要结合随机取样法。

方法2——随机取样法：

该方法适合所有的人，因此我们也曾在《苏州日报》上发动全市的市民参与进来。我们每个月组织我校全体师生进行一次随机取样监测。

方法：在生活、工作或游玩等各种场合下如果发现蝴蝶，及时拍照（可待蝴蝶停靠在植物上，两翼合拢时将其拍摄下来），并将照片、拍摄时间与地点等相关信息发至一公用信箱。通过随机取样法的统计分析，我们可以统计到苏州的蝴蝶种类。

设计目的：

（1）通过3人一组的合作学习，加深对“1+1>2”的理解，有利于学生在以后的学习、工作中更好地发挥团队精神。

（2）让全校师生参与进来，既可以增加大家的生态环保意识，也可以增添生活乐趣。

步骤三：监测的实施阶段。

时间：3月中旬至11月中旬。

每周六上午，由蝴蝶社团负责老师带领“蝴蝶社”的学生在校园内和广济公园进行蝴蝶种类和数量监测并进行记录。在最初的监测中，可以用捕网捕捉蝴蝶并将其放在透明塑料瓶中，拍好照后再和同学们整理的资料对照，或者发给南京晓庄学院的李朝晖博士鉴定。现采用的记录表格为：

JSBMS　苏州蝴蝶监测野外记录周报表 Butterfly Conservation 地点名称

记录人________

记录日期 20 ______年______月______日______周次(3 月 15 日为第一周)______开始时间 ______结束时间

平均温度(°C)______平均风速(0—6 级 0 无风 1 烟飘 2 面部有感觉 3 叶微动 4 枝微动 5 小树摇动 6 大枝移动)______风向______天气______

节		01	02	03	04	05	06	07	08	09	10	11	12	13	14	15	16	17	18	19	20	合计
合计																						

节	01	02	03	04	05	06	07	08	09	10	11	12	13	14	15	16	17	18	19	20	平均日照
% 日照																					

请将您的记录表复印件在 10 月底前寄至您当地组织者处(详情可见江苏蝴蝶监测网址 www. jsbms. org. cn)。保存于线路步行者软件中的数据必须于 11 月底前寄出。本信息寄至江苏蝴蝶监测中心。由记录者提供的数据将进入

计算机数据库并将用于江苏省自然保护、教育及公共信息服务。记录者始终为本信息的所有权者。

设计目的：

（1）在学习生物学的过程中，很多的生物实验均需要设计实验记录表格。通过该活动，可以让学生初步体验如何设计表格。

（2）在监测活动中，教师充当指导者的角色，学生的主体地位得到了很好的体现，"自主体验式学习"方式也得到很好的应用。

（3）教会学生一种科学的统计方法：数学统计法。

该监测活动我们将持续 3～5 年的时间，在此期间认真监测并记录好气候条件、蝴蝶种类、数量等。通过多年的检测，比较每年某种蝴蝶初次出现的时间和高峰时间、蝴蝶种类、数量的变化等，以及这些变化与环境气候的关系，并得出正确的结论。

设计目的：

（1）该监测活动持续的时间长，可锻炼学生的毅力，使之体验科学家坚持不懈的精神，体验遗传学之父——孟德尔利用 8 年时间得出两大遗传规律的不易。

（2）让学生学会对实验结果进行分析。

【活动效果】苏州五中从 2011 年 3 月份开始，对苏州蝴蝶进行监测，学生都能每周坚持监测，有时还利用中午休息时间在校园内监测，并认真做好数据的记录。学生的生态环保意识、可持续发展的意识也得到加强，并且在他们的行为中得以体现：不浪费食物，垃圾分类投放至垃圾箱，对废弃的塑料瓶进行小设计、小创作，让其得以重复利用……学生们也提出了自己的口号：保护生态环境，从我做起，从小事做起。

【活动倡议】节约资源，减少污染，回收资源，绿色消费，绿色生活，支持环保。相信明年的环境会更好，明年的蝴蝶会更多。

二、中学化学学科生态教育活动案例

【活动主题】水苏州——苏州护城河和园林水质研究[1]

【活动背景】

水是苏州的魂。享有"人间天堂"和"东方威尼斯"美誉的苏州，具有水陆并行、河街相邻的双棋盘式格局和小桥、流水、人家的古朴风貌，亲水性特征十分明显。明代时，苏州古城内有 76 公里河道，目前尚保存 35 公里。20 余公里

〔1〕 本活动案例设计者为苏州大学 2004 级课程与教学论（化学）研究生钱海锋，苏州大学王伟群教授和苏州第十中学庄浩老师指导，有改动。

的护城河，使苏州 2 500 年古城城址未变。

护城河的水质从 20 世纪 80 年代开始变差。据老人们说，50 年代的苏州护城河的水清可见底，鱼虾成群，但后来水质变差，水色变黑，鱼虾灭绝，还散发出难闻的味道。进入新世纪后，政府对护城河的水质进行了综合整治，使它部分恢复了原有的面貌。但水污染的事件却屡有报道，如医院向河中排放医疗废水，工厂和船家偷偷地往河里倒废油等。

我们的母亲河怎么了？护城河的水质究竟恢复到了什么程度？这些问题引起了人们的广泛关注，这是我们研究护城河水质的缘由。

【活动人员】

苏州第十中学 2006 级护城河水质研究课题组（分为物理组、化学组和生物组）

【活动目标】

（1）简述水质监测的物理、化学和生物方法及其原理。

（2）能够利用多媒体搜集有关苏州市的水资源状况、护城河历史、水质检测方法等信息。

（3）拓展相关的科学探究能力。

（4）观察苏州城市的水资源状况，认同保护水资源的重要性，形成保护生态环境的意识。

【活动方法】

合作探究法（按水质的检测与分析方法分为：物理—化学组、化学组和生物—化学组）。

【活动步骤】

步骤一：查阅资料，实地勘查和进行访谈调查。

课题组通过网络、苏州图书馆等途径查阅相关资料，并对护城河沿岸的情况进行实地勘查和访谈调查。

课题组共同查阅的资料内容有：① 水的自然净化；② 苏州市的水资源状况；③ 水对苏州城的意义和作用；④ 苏州园林中的水文化或护城河的历史与价值；⑤ 水样采集的方法。

分小组查阅的资料内容有：① 水的自然净化与哪些物理（化学或生物）因素有关；② 水污染的理化（无机物、有机物—生物）检测项目通常有哪些，国家标准是怎样规定的，用什么方法检测；③ 造成水体理化（化学、生化）超标的主要污染物有哪些，可以分成哪几类，会造成什么危害，它们是怎样与人的健康联系起来的；④ 常见的物理（化学、生物）净水法有哪些，它们各涉及了什么原理，净水的效果如何。

步骤二:进行问卷调查。

为了解苏州市民对护城河水质的关注和认识程度,并调查护城河水质下降的原因与水质改造的责任主体,课题组设计了一份问卷调查表,并对30位市民进行了问卷调查。

步骤三:护城河水质的检测与分析。

课题组运用所学的理论知识和方法在教师的指导下设计若干实验,分别研究水质的物理性状、化学性状和生物性状。

物理—化学组:一个月中在每周日的中午在护城河3个采水点观察水质并采水样。

(1) 铬钴比色法测定水的色度。

纯净的水是无色透明的。但一般的天然水中存在着各种溶解物质或不溶解于水的小悬浮物,使水呈现各种颜色。水的颜色深浅,是水质好坏的一种反映——有色的水,往往是受污染的水。水的颜色在化学上是用“色度”来表示的,就是被测水样与特制的一组有色的标准溶液进行的颜色比较值。一般洁净的水,其色度在15~25之间,自来水的色度多在5~10之间。生活中常常直接测定水样的色度,这个色度叫做水的“表色”,且常用铬钴比色法来测定水的色度。

(2) 测定水的气味。

水中的气味是由于水中的刺激物质如生物——绿色藻类、原生动物和溶解气体——硫化氢、沼气、氧与有机物的结合体在人体嗅觉器官上发生化学反应而造成的。水的气味是水质好坏的重要指标,可以通过“闻”的方法辨别出来。水的气味强度通常分成4个等级(见下表)。

水的气味强度

强度等级	程度	说　明
1	极微弱	一般难以察觉,需要仔细地闻才能发觉
2	弱	饮用者不易察觉,但经指出后,便可发现气味
3	明显	易于察觉
4	强	一闻就产生不愉快感

(3) 利用pH计检测水质的pH。

pH是表征水体酸碱性的指标,pH为7时表示水为中性,小于7为酸性,大于7为碱性。天然地表水的pH一般为6~9之间,水体中藻类生长时由于光合作用吸收二氧化碳,会造成表层pH偏高。

测定护城河水样的水质

物理性状	第一周			第二周			第三周			第四周		
	色度	气味	pH	色度	气味	pH	色度	气味	pH	色度	气味	pH
护城河点1												
护城河点2												
护城河点3												

化学组:利用物理—化学组所采的水样进行化学检测。

化学反应的现象只有在一定浓度条件下才能被肉眼所发现。这个浓度就叫“最低浓度”,它的单位是μg/mL。比如,Cl^-与$AgNO_3$溶液反应产生白色沉淀的最低浓度是10μg/mL。事实上,几乎所有离子的所有反应都存在着最低浓度的问题,由此可以定性地检验水样当中某种离子的含量是否超出了它的最低浓度。这就是无机离子的快速检出法。

无机离子浓度的大小反映了水质的硬度、腐败物质含量、工业污染程度、微生物含量以及是否可以作为饮用水源等问题。本实验主要检测能对人们生活产生重大影响的钙离子、氯离子、铅离子、硫离子、硝酸根离子等。

水中的无机离子检测情况

检测项	化学原理	实验现象	结论
Ca^{2+}	钙离子与草酸根离子可形成难溶于水的白色沉淀,其溶解度远小于碳酸钙		
Pb^{2+}	铅离子与硫离子可形成难溶于水的黑色沉淀,其与硫酸根沉淀物颜色不同		
S^{2-}	硫离子在碱化的亚硝酰铁氰化钠溶液中显紫色,是比较明显的显色反应		
Cl^-	与硝酸银溶液生成白色难溶于水的沉淀,现象较明显		
NO_3^-	在存在硫酸亚铁、浓硫酸的条件下会生成褐色圆环		

生物—化学组：利用物理—化学组所采的水样进行 COD 检测。

(1) 化学需氧量。

化学需氧量又称“化学耗氧量”，简称 COD，是利用化学氧化剂（如高锰酸钾）将废水中还原性物质（如有机物、亚硝酸盐、亚铁盐、硫化物等）氧化，然后根据残留的氧化剂的量计算出氧化剂的消耗量，这个数值就是水质的高锰酸盐指数，是表示水质污染度的重要指标，其值越小，说明水质污染程度越轻。

测定护城河水样的高锰酸盐指数

护城河水样	第一周	第二周	第三周	第四周
两次加入草酸钠体积（mL）				
消耗的高锰酸钾体积（mL）				
计算得出的指数（O_2，mg/L）				

根据国家水质标准中关于 COD 值的标准规定（国家地表水质分类标准规定：若高锰酸盐指数大于 15 为劣Ⅴ类水质；在 10～15 之间为Ⅴ类水质；在 6～10 之间为Ⅳ类水质；在 4～6 之间为Ⅲ类水质……）我们发现护城河水的水属于劣Ⅴ类水，不适合于工农业生产及日常生活之用。

(2) 水质对种子发芽率的影响。

种子的发芽需要一个良好的生态环境，良好的水质有助于提高种子的发芽率；反之，如果水质很差，那么种子在发芽时就容易腐烂、坏死，从而降低种子的发芽率。因此，可以利用种子的发芽率来定性地判断水质的情况。

测定护城河水样的种子发芽率

种子状况	第一周	第二周	第三周	第四周
护城河点 1				
护城河点 2				
护城河点 3				

【活动建议】

通过课题研究，学生及教师的环保意识得到增强。意识到现在苏州市内的水质情况相当令人担忧，保护水资源的行动迫在眉睫。护城河是我们苏州市的一颗明珠，我们要爱护它、保护它。为此我们小组向全体市民提出以下保护护城河水资源的倡议：

（1）不要往护城河排放生活废水，避免水体污染；

（2）不要向护城河投废弃物，减少废弃物分解消耗水中溶解氧；

（3）全体市民一起监督企业生产污水和社区生活污水的排放；

（4）全体市民为改造护城河献计献策，出谋出力。

只要我们每个人都从我做起，从身边的小事做起，切实保护护城河的水质，护城河的水会一天比一天清，苏州的景色会一天比一天美。

三、幼儿园生态教育活动示例

【活动主题】亲亲母亲湖——太湖[1]

【活动对象】幼儿园中班学生

【活动课时】25 分钟

【设计意图】

"太湖美呀，太湖美，美就美在太湖水。"一曲《太湖美》，给大家描绘的不仅是太湖的旖旎风光，还有清粼粼的太湖水。苏州、无锡、上海等地区几千万新老居民的日常饮用水都来自太湖。太湖的"乳汁"，通过 11 个取水口和太浦河等"血脉"，流进了几千万居民的心田。太湖是苏州和周边城市居民的母亲湖。然而，前些年，太湖的水质开始让人皱起了眉头。2007 年无锡水域蓝藻大暴发，部分地区自来水严重发黑变臭，无法饮用。这次事件给世人敲响了警钟，呵护太湖水，已经刻不容缓！我们苏州的幼儿大多数都去过太湖，对太湖的情况多少有些了解，如在谈话活动中有的幼儿提出：太湖上飘着很多塑料袋和烂菜叶……为了进一步满足幼儿的探索欲望及环保教育的需要，预设了本次活动。活动为幼儿提供了互相交流、动手动脑的机会，并让幼儿自主选择材料，用自己独特的方式表现如何保护太湖，从而使幼儿萌发热爱家乡的情感。

【活动目标】

（1）了解水的用途，知道水对人类、动物、植物的重要性。

（2）能够大胆思考保护母亲湖的方法。

（3）培养幼儿的爱心和保护水资源的环保意识，使幼儿萌发热爱家乡的情感。

【活动准备】

（1）美丽太湖的风景录像，太湖被污染的课件。

（2）"太湖三白"的图片。

（3）花白莲的头饰。

（4）各种保护水资源的知识小卡片。

---

〔1〕本活动教案设计者为江苏省苏州市翰林幼儿园王莉莉老师，修改者朱玉芳。

【活动重点】了解水的用途,知道水对人类、动物、植物的重要性。

【活动难点】能够大胆思考保护母亲湖的方法。

【活动过程】

1. 导入"太湖三白",引起幼儿兴趣

(1) 首先出示"太湖三白"图片,问小朋友这些是什么。(白鱼、银鱼、白虾。)接着告诉小朋友它们有一个共同的名字:"太湖三白"(从太湖所独有的、幼儿生活中熟悉的且感兴趣的"太湖三白"入手,拉近幼儿与母亲湖的距离,激发起幼儿探究的兴趣)。

(2) 老师再次提问:这些"太湖三白"都生活在哪里?(太湖。)小结:太湖是我们苏州的母亲湖,我们小朋友喝的、用的水都是来自太湖,现在就让我们一起看看美丽的太湖吧!

2. 观看视频,了解太湖的美以及水对我们生活的重要性

(1) 观看录像:美丽的太湖,湖风徐徐,湖面上干净明朗。

这时询问小朋友是否喜欢太湖及喜欢太湖的缘由。(心情舒畅、给人以美的享受……)

也许小朋友以前与父母去太湖游玩过,通过视频可以勾起他们的回忆,使其再次体会太湖之美。

(2) 引导小朋友讨论太湖水的作用。(提供我们喝的水、生活用水,可以饲养各种各样的小鱼,可以让我们进行各种水上娱乐项目等。)

(3) 进一步讨论如果没有太湖水,我们的生活会怎么样?(我们会没有水喝、没有水洗澡,生活很不方便。)

(4) 让小朋友思考:母亲湖对我们的生活重要吗?为什么?

老师小结:我们的母亲湖对于我们真的非常重要,我们生活所需的水都来自于它,同时它不但为我们提供生活用水,还给我们带来了美的享受。

3. 利用课件,了解太湖水污染的情况

(1) 请幼儿观看故事课件,完整地听完故事,了解太湖污染的状况。

通过课件故事,让幼儿直观地感受到太湖水被人们污染了,太湖不美了。请幼儿联系身边生活,说一说水污染的危害(如消耗水中溶解的氧气,危及鱼类的生存;污染水产品,危及人的健康),以激发幼儿保护太湖的愿望。

(2) 播放有关水污染的课件,请幼儿仔细观察,四张图片分别为:漂满油污的水面、工厂排出的废水、被填埋的水库、水面上漂着的死鱼(图略)。让幼儿进一步感知水污染对动植物及人类的危害,进而激发幼儿探索的欲望。

4. 引导幼儿讨论怎样保护母亲湖

（1）水被污染了，对我们危害很大，那我们应该怎么做呢？由此引导幼儿讨论如何保护水资源（如节约用水；多在河边种植树木；不要在河边大小便；不要往河里扔垃圾）。

（2）利用游戏，复习巩固保护母亲湖的方法：发给每一位小朋友一张卡片（有污染水资源的，有保护水资源的），请幼儿贴在相应的河流背景上。

【延伸活动】

和爸爸妈妈一起行动起来，保护母亲湖。

第三节　苏南中小学生态教育校本课程案例

苏南中小学除了通过各学科课堂教学渗透、丰富多彩的教育活动外，还充分利用开发的专门课程即校本课程中的相关内容进行生态教育，《苏州蚕文化背景下高中生物校本课程的开发与实践》中的第三课题“探究重金属离子对家蚕生长发育的影响”和《多元文化背景下的化学双语校本课程的开发研究》中的“Air Resource”样章是生态教育的典范。

一、校本课程开发实例1[1]

《苏州蚕文化背景下高中生物校本课程的开发与实践》

第三课题　探究重金属离子对家蚕生长发育的影响

课题背景：

江苏地区是我国古代蚕业的发源地之一，而苏州从古至今都是江苏的重点蚕区之一，拥有悠久历史并形成了独特的苏州蚕文化。

家蚕是苏州地区普遍饲养的经济动物。家蚕，以桑叶为食料，故又称为桑蚕，属鳞翅目，家蚕蛾科，蚕蛾属。[2]家蚕是完全变态的昆虫，一生要经过卵、幼虫、蛹、成虫四个在形态和功能上完全不同的发育阶段。刚从卵中孵化出来的幼虫，体色呈褐色或赤褐色，形似蚂蚁，故称为蚁蚕。蚁蚕通过摄食桑叶迅速生长，体色渐渐变为白色。幼虫生长到一定阶段时，需要蜕去旧皮，这叫蜕皮。蜕皮约有一天的时间，如睡眠般的不吃也不动，这叫休眠。眠是划分蚕龄的界限，家蚕幼虫一般要经过4眠5龄，发育到五龄末期，逐渐停止食桑，蚕体

---

〔1〕 本案例选自苏州大学2006级课程与教学论（生物）研究生陆丽萍的硕士论文，指导教师、修改者为苏州大学朱玉芳副教授。

〔2〕 向仲怀．蚕丝生物学．北京：中国林业出版社，2005：2．

收缩、透明，找到合适的场所后，便开始吐丝结茧并在其中化蛹。[1]桑蚕所吐之丝全长可达1 000米以上。蛹期是幼虫向成虫发育变态的过渡期，这期间蚕的体内发生了剧烈的蜕变。当蛹完成其发育后，即蜕去蛹衣而羽化为成虫(蛾)破茧而出，出茧后，雄蛾寻觅雌蛾交配，然后雌蛾产卵，开始新的世代。

当代随着工业的发展，冶炼等工业产生的废气、废物极有可能通过雨水进入灌溉系统，由此进入桑田，通过桑树根吸收而转入桑叶，继而被家蚕摄入，进而影响家蚕的生长发育和蚕丝的产量与质量。本课题选取了重金属离子这种污染物来研究其对家蚕生长发育的影响，以增强学生的生态环保意识，并以此使学生了解家蚕的生长发育过程。

教学目标：

(1) 简述家蚕生活史及其一般生物学知识。

(2) 给家蚕喂食喷洒了重金属物质的桑叶，观察家蚕的生长状况，认同环境污染对动物的影响，确立人与自然和谐发展的观点，培养保护生态环境的意识。

(3) 发展制定研究方案的能力。

教学内容：

使用$CdCl_2$和$Pb(NO_3)_2$两种试剂喷洒桑叶并喂食家蚕，研究重金属离子对家蚕生长发育的影响。

教学方法：

选取实验仪器，配制实验试剂，学生自主设计实验，并通过一系列的实验探究重金属离子对家蚕生长发育的影响。

教学过程：

本课题通过设计对照实验，利用三龄起蚕，选用镉和铅两种重金属离子，配制成不同浓度的溶液喷洒桑叶作为变量。以蚕的死亡率、体重、体长作为因变量，并使无关变量如温度、湿度等保持一致，以此来探究重金属离子对家蚕生长、发育的影响，培养学生保护生态环境的意识。

材料器具：

试剂硝酸铅和氯化镉、家蚕、喷瓶、天平、卷尺等。

教学步骤：

步骤一：分组。

按照组间同质，组内异质的原则将学生分为小组，以小组为单位进行实验探究，各组组员分工明确，如搜集资料、配置药品等。

〔1〕 向仲怀. 蚕丝生物学. 北京：中国林业出版社，2005：3.

步骤二：围绕课题提出问题。

镉离子和铅离子对家蚕的生长发育有怎样的影响？

步骤三：做出假设。

镉离子和铅离子会减缓家蚕的生长发育（包括体长、体重等指标），并且浓度不同，其影响也不相同。

步骤四：实验预期。

家蚕经过一段时间用不同浓度的重金属离子溶液喷洒的桑叶喂养后，其生长发育状况产生了不同的变化。

步骤五：制定实验步骤。

（1）准备家蚕：将孵化出的家蚕以正常桑叶喂养，到三龄时，选取体长、体重类似的家蚕300条，分组饲养，分成6组，每组50条。

（2）配置药品：制备不同浓度的重金属离子溶液。

（3）分组饲养：给家蚕喂养不同浓度重金属离子喷洒的桑叶。第一组用含600ppm铅离子的溶液喷洒桑叶，第二组用含500ppm铅离子、第三组用含300ppm镉离子、第四组用含30ppm镉离子、第五组用含600ppm铅离子和300ppm镉离子的溶液喷洒桑叶，第六组用清水喷洒桑叶，进行对照。

（4）记录观察：每日观察家蚕的生长情况，记录相关数据。

步骤六：得出结论。

对观察的情况进行整理，并根据所记录内容，对数据资料进行分析，得出结论。

步骤七：表达交流。

请学生写出课题总结报告，包括实验背景、实验步骤、实验结果等，并在班上做汇报，总结心得体会或经验。

探究重金属离子对家蚕生长发育的影响实验记录表格

<table>
<tr><td colspan="5">实验名称：探究重金属离子对家蚕生长发育的影响</td></tr>
<tr><td colspan="2">组别：</td><td colspan="3">实验组名称：</td></tr>
<tr><td>时　间</td><td>死亡数（条）</td><td>体重（克）</td><td>体长（厘米）</td><td>具体描述</td></tr>
<tr><td></td><td></td><td></td><td></td><td></td></tr>
<tr><td></td><td></td><td></td><td></td><td></td></tr>
<tr><td></td><td></td><td></td><td></td><td></td></tr>
</table>

二、校本课程开发实例2〔1〕

《多元文化背景下的化学双语校本课程的开发研究》对化学双语校本课程教材编写进行了专题探究,并以此设计了“Air Resource”一章。

本教材采用了生态环境教育作为主线,将空气这一自然资源所面临的种种困境有机地整合在一起,对光化学烟雾、酸雨及温室气体和臭氧层破坏作了重点论述,其中穿插了相关学科概念和化学反应原理,凸显了生态环境教育的主题,唤起学生的生态环境保护意识。“Air Resource”一章设置了以生态环境现象作为学习化学知识的情境,由生活中的化学问题或现象引出课程内容,形成“生态环境问题事件—化学基础知识—生态环境保护知识—生态环境问题解决过程—形成生态环境意识”的学习模型。

“Air Resource”的构成部分分述如下:

Section	Contents
What is in the air?	The components of the air and the history of human-made air-quality problems
Photochemical Smog	The brownish haze occurred in Los Angeles and the inquiry
Acid Rain	Another type of air pollution which has no political boundaries
Global Climate Change	The Greenhouse Effect and the diverse viewpoint about global warming
Ozone Hole	The present situation about the ozone layer and the measures to remedy

化学双语校本课程“Air Resource”中“Photochemical Smog”和“Acid Rain”样章。

Photochemical Smog

Have you ever heard a weather forecaster talk about a “smog alert”? A smog alert is a warning about a type of air pollution called photochemical smog. Photochemical smog is a thick, brownish haze formed when certain gases in the air react with sunlight. When the smog level is high, it settles as a haze over a city. Figure 1 shows a haze of photochemical smog hangs over Los Angeles's skyline. Smog can make people's eyes burn and irritate their throats.

Researchers were puzzled for some time because Los Angeles has no significant industrial or heating activities. The city has an abundance of automobiles and sunshine. Also, mountains rise on three sides of it. The geographic conditions

〔1〕本案例选自江苏省苏州实验中学程敏老师的教育硕士论文,指导教师为苏州大学王伟群教授。有改动。

produce temperature inversions about 320 days each year.

Pollutants usually blow away from the place where they are produced. Normally, air close to the ground is heated by Earth's surface. As the air warms, it rises into the cooler air above it. The pollutants are carried higher into the atmosphere where they blow away. But certain weather conditions cause a condition known as a temperature inversion. During a temperature inversion, a layer of warm air prevents the rising air from escaping. The polluted air is trapped and held close to Earth's surface. The polluted air is trapped and held close to Earth's surface (as Figure 2 shows). The smog becomes more concentrated and dangerous.

The major sources of photochemical smog are the gases emitted by automobiles and trucks. Burning gasoline in a car engine releases some gases into air. These gases include hydrocarbons (compounds containing hydrogen and carbon) and nitrogen oxides. The gases react in the sunlight and produce a form of oxygen called ozone(O_3). Ozone, which is toxic, is the major chemical found in smog.

The effects of smog can be more serious than itchy, watery eyes and a scratchy throat. The ozone in smog can cause lung problems and harm the body's defenses, against infection. When smog levels reach a certain point, a city issues a smog alert. During a smog alert, you should avoid exercising outdoors. People who have asthma or other conditions that effect their breathing should be particularly careful.

Integrating

What is the source of the smog in Los Angeles?

Controlling automobile emissions Clean Air Act Amendments of 1990 have set new, more restrictive emission standards for U. S. automobiles manufactured in 1993 or later. Some of these newly-defined standards are summarized in Table 2, along with comparable values reported from earlier Clean Air Act standards. The 1990 Amendments specify that at least 40% of 1994 model year autos, 80% of 1995 model year autos, and 100% of 1996 and later model year autos must meet the new standards.

Table 2 EMISSION CONTROL REQUIREMENTS

Auto Model Year	Allowable Levels in Exhaust(g/mi)		
	HC	CO	NO_X
Pre-1968(uncontrolled)	8.6	87.5	3.5
1975—1976	1.5	15	3.1
1980	0.41	7.0	2.0
1994—1996	0.25	3.4	0.4

To decrease emissions, improvements in automobile engines were made between 1970 and 1975 by modifying the air-fuel ratio, adjusting the spark timing, adding carbon canister to absorb gasoline that would normally evaporate before combustion, and installing exhaust gas recirculation systems. However, to meet the standards completely, further measures are required. The result was development of the catalytic converter. The converter is a reaction chamber attached to the exhaust pipe. The eahaust gases and outside air pass over several catalysts which help convert nitrogen oxides to nitrogen gas and hydrocarbons to carbon dioxide and water. For example,

$$2NO(g) + 2CO(g) \rightarrow N_2(g) + 2CO_2(g)$$

$$2NO(g) + 2H_2(g) \rightarrow N_2(g) + 2H_2O(g)$$

Communicating

From a practical viewpoint, why might controlling air pollution from over 180 million automobiles, buses, and trucks be more difficult than controlling air pollution from power plants and industries?

Acid Rain

Another type of air pollution is caused by power plants and factories that burn coal and oil. These fuels produce nitrogen oxides and sulfur oxides when they are burned. These gases react with water vapor in the air, forming nitric acid and sulfuric acid. The acids return to Earth's surface dissolved in precipitation. Precipitation that is more acidic than normal is called acid rain. The pH of the rainwater is about 4-4.5. The key reactions are

$$H_2O(l) + SO_2(g) \longrightarrow H_2SO_3(aq)$$

$$H_2O(l) + SO_3(g) \longrightarrow H_2SO_4(aq)$$

$$H_2O(l) + 2NO_2(g) \longrightarrow HNO_3(aq) + HNO_2(aq)$$

Acid Rain can be in the form of snow, sleet, or fog as well as rain. As you can imagine, acid falling from the sky has some negative effects. When acid rain falls into a pond or lake, it changes the conditions there. Many fish and particularly their eggs, cannot survive in more acidic water. Acid rain that falls on the ground can damage plants by affecting the nutrient levels in the soil. Whole forests have been destroyed by acid rain. Fortunately, some of the effects of acid rain are reversible. Badly damaged lakes have been restored by adding substances such as lime that neutralize the acid.

Acid rain doesn't just affect living things. The acid reacts with stone and metal in buildings and statues. Automobiles rust more quickly in areas with acid rain. These effects are not reversible.

Communicating

Explain the problem of the Leshan statue(as Figure 3 shows) , try to write the reactions.

Try This

How acid is the rain in your area?

In this activity you will test whether rain in your area is more or less acidic than lemon juice (citric acid).

1. Collect some rainwater in a clean plastic cup.

2. Indoors, take a drop of rainwater on a piece of pH paper. Compare the color of the paper to the chart on the package to find the pH.

3. Pour a little lemon juice into a plastic cup. Repeat Step 2 with the lemon juice.

The control of acid rain is made difficult because air pollution knows no political boundaries. Acid rain often appears hundreds of kilometers from the sources of pollutants. For example, much of the acid that rains on Scandinavia is thought to come from Germany and the United Kingdom. The rain that falls on New England may come largely from the industrial Ohio Valley, in the Midwest.

Extending Your Knowledge

Find the main content of The Montreal Protocol and write a report about it.

Using the Internet

Greenhouse Effect sites

http://www.science.org.au/nova/016/016sit.htm

Pollution Control sites

http://www.epa.gov/oar/oarhome.html

Study Guide

Key Ideas

Air pollution can be in the form of particles or gases.

The major sources of photochemical smog are the gases emitted by motor vehicles.

Certain gases in Earth's atmosphere prevent heat from escaping back into space.

The ozone layer protects people and other living things from the effects of too much ultraviolet radiation.

The major role of technology in controlling air pollution is to reduce emissions.

Key Terms

air pollution	acid rain	emission	ozone layer
photochemical smog	chlorofluorocarbon (CFC)		ozone
greenhouse effect	temperature inversion		global warming

Check Your Progress

1. List the primary air pollutants, their human source and their natural source.
2. How is secondary air pollutants formed? Name some examples.
3. What is air quality index?
4. How dangerous is smog?
5. What does the composition of smog depend on?
6. What is a temperature inversion?
7. What are the ways which we can use to control pollution?
8. Why is too much UV radiation bad for us?
9. What protects life on Earth from too much UV?
10. Use equations to explain how the ozone works.
11. What are the major culprits of the depletion of the ozone?
12. What have CFC's been used for?

第六章　苏南高等学校生态教育

1990年10月，来自22个国家的大学校长与主要领导人在法国塔罗里参加"大学在环境管理和永续发展中的角色国际研讨会"，共同发起并签署了《塔罗里宣言》，对大学在新时期应扮演的角色提出了新要求。该宣言声明："大学在教育、研究、政策形成与信息交换各方面，均扮演了重要的领导角色，从而可以促成可持续发展目标的达成。"〔1〕那么大学如何在环境保护和可持续发展中扮演领导角色呢？"绿色大学"的建设成为新世纪各国大学发展和建设的重要课题。澳大利亚墨尔本工业大学教授 Ian Thomas 认为，理想的"绿色大学"是将课程教育和大学运作的目标以及行动与减少环境影响相连的。Thomas C. Daffern 认为："'绿色大学'是建立在优秀学院的最高标准之上的一个发展的、激进的、神圣的教育论坛，目的是为追求更高的知识和学问。它调查、研究、学习并传播与绿色思想、绿色行动、绿色习惯相关系的知识和智慧，包括环境的研究、生态学、灵性、人权、和平、冲突的解决、民主政治的参与。"〔2〕

此后，西方发达国家相继创办了一批"绿色大学"。2000年，我国也开展了绿色学校的创建活动。清华大学等一些高校率先提出了"绿色大学"的建设目标，开始进行"绿色大学"建设的探索。教育部为了进一步推进"绿色大学"建设，正在与环境保护部积极协商，制定相关工作指导意见，希望经过一段时间的建设，在大学全面普及环境保护的基本知识，提高广大师生的环境保护和可持续发展意识，使广大师生牢固树立生态文明观念，使大学成为环境保护、可持续发展与生态文明教育的先导区；通过广泛开展生态保护与绿色科技创新，完善相关学科建设，开展科技成果转化和宣传普及工作，使大学成为生态保护和绿色科技的引领区；通过建设环境优美、资源节约、生态良好的绿色校

〔1〕 陈丽鸿，孙大勇. 中国生态文明教育理论与实践. 北京：中央编译出版社，2009：78，159，161.

〔2〕 Thomas C. Daffern：The Green University. http://www. Macedonia. UK/mcic/peacca/enuniversity/eenuni. htm.

园，使大学成为生态建设和生态文明的示范区。

在生态文明建设的背景下开展“绿色大学”建设，需要从加强高等院校的生态教育、生态科研和绿色校园建设等多方面进行努力。相对生态科研和绿色校园建设来讲，生态教育更为关键。因为生态教育以培养适应社会生态文明建设需要的优秀人才为最终目的，而生态科研和生态校园建设正是为这一最终目的服务的。

第一节　高等学校生态教育的意义

一、高校生态教育培养了生态文明建设的专门人才

生态问题集中反映了人类生产与自然界的辩证统一关系，求得生态环境与社会发展的协调，是人类永恒的课题。《人类环境宣言》认为，人类既是环境的产物，又是环境的塑造者，环境对于人类的幸福和对于享受基本人权，甚至生存权利本身，都是必不可少的，保护和改善环境是关系到全世界各国人民的幸福和经济发展的重要问题。为了这一代和将来世世代代的利益，必须谴责和消除殖民主义和其他形式的压迫，必须保护地球上的自然资源，要支持各国人民反对污染的正义斗争，要采取一切可能的措施防止对人类健康产生危害。20 世纪 80 年代后，世界各国都非常关注人与自然的关系，把可持续发展作为新时期发展的重要战略，明确发展是人类共同的主题，经济、社会、环境是可持续发展不可或缺的三大支柱，确定水、能源、健康、农业和生物多样性是实现可持续发展的五大优先领域。20 世纪 90 年代发展起来的循环经济也是基于人与自然的和谐发展而被人们倡导的经济发展模式，它通过生产过程中对废物的综合利用，达到产业之间资源的最优化配置，使区域的物质和能源在经济循环中得到永续利用，实现产品清洁生产和资源可持续利用的环境和谐型经济模式，以最小的自然代价获取最大的经济发展。实施循环经济不仅需要科学技术的支持，还需要健全的法律作保障，而这一切需要大量的专门人才。

坚持教育为社会主义现代化建设服务，与生产劳动相结合，自觉地服从和服务于经济建设这个中心，促进社会的全面进步是《中国教育改革和发展纲要》对教育提出的要求，高等院校是为经济建设和社会发展集中培养各种高级专业人才的场所。因此，高等学校也是培养生态文明社会建设专门人才的最重要的场所。

二、高校生态教育可全面提升公民的生态意识

美国环境教育专家指出：“人们普遍认为，环境问题可以通过某种技术得以解决。先进的技术固然有用，但现在的危机不仅仅是技术的问题，它更是人

们思维的问题以及人们在这种思维模式中如何发展及使用技术的问题。”〔1〕同样，生态文明建设不仅需要科学技术的支持，还需要健全的法律、政府的引导、企业的自律和公众的参与，也就是说，生态文明社会的建设需要全民生态意识的提升和生态行为的实施。

培养具有良好素质的公民是各级各类学校义不容辞的职责。尤其在高等院校，学生正处于世界观的基本定型时期，这时培养起来的意识会更强烈、更持久，往往能产生终身效益。大学生是社会中知识水平较高的人群，他们未来肩负着经济建设和促进科技进步的重任。他们由于掌握了较高水平的科学文化知识和技术能力，因此能在科学技术与生产劳动的结合方面发挥特别作用。如果他们在校学习期间能进一步接受生态教育，充分认识到环境污染的严重性和环境治理的必要性，并具备相应的素质，就会在专业学习上时刻把环境因素考虑在内，意识到自身的神圣责任，积极做好准备，为将来投身社会建设、为充分利用和保护宝贵的资源与生态环境、为自觉参与环境与发展的协调活动而不懈努力。如果千千万万个大学生都能认真做到这一点，那么他们必将会在生态文明建设中发挥出巨大的作用。

三、高校生态教育具有很强的辐射作用

大学生是由优秀青年组成的群体，他们毕业后往往会到各种重要部门工作，有的还参与政策的制定和环境问题的处理，因而其本身的环境意识、态度和环保知识将不仅仅影响他们个人的生活，影响周围社区的民众，有时甚至影响政府的政策或企业的决策。高等学校生态教育的强辐射作用还表现在一些高等院校肩负着中小学教师的培养任务。对这些未来教师进行生态教育有着更为长远的意义，他们的生态意识、态度、技能和习惯直接影响他们未来学生的生态意识和生态保护能力。“北美环境教育协会”是一个总部设在美国的国际性环境保护组织，在实施环境教育的过程中，该协会特别重视教师的环境意识的培训。1993 年 5 月，它与华东师范大学合作，在上海举办了环境教育培训班，无偿为中国培训普及环境教育的骨干教师。我国从国家层面也已注意到教师生态教育的重要性，国家《环境教育工作管理办法》明确规定，国家环保局要协助国家教育主管部门在师范院校开设环境保护公共课程。生态教育师资的培育是扩大高等学校生态教育辐射力的重要策略。

---

〔1〕［韩］金泰昌. 环境伦理、环境教育与将来世代. 国外社会科学，1995，(10)：39.

第二节 发达国家高等学校的生态教育举隅

一、美国高等学校的生态教育

美国是世界上最早关注生态问题、倡导环境保护的国家之一。1949年,美国学者奥尔多·利奥波德发表其环境伦理学说——大地伦理,认为人类应扩大社区的范围,使其涵盖土壤、水、植物和动物。换句话说就是社区的范围应涵盖整个大地,自然万物皆有其生存的权利,而这个权利并非人类所赐给;自然万物皆有其内在的价值,而不是由于它对人类的生存和福祉具有意义;人类应视自己为生命社区的普通成员,对自然世界有伦理责任。随之,一些学者开始呼吁和倡导生命伦理和环境保护。20世纪50年代,诺贝尔和平奖获得者史怀哲建立生命伦理,呼吁尊重生命的原理应该包含所有的生命,包括昆虫和植物,认为鼓励和维持生命是善良的好事,毁坏和阻挠生命是丑恶的坏事。1962年,美国生物学家卡逊发表了《寂静的春天》一书,阐明人类同大气、海洋、河流、土壤、动物和植物间的密切关系,从而引发了大规模的生态环境保护运动和生态环境教育运动。此后,美国的生态教育蓬勃发展并积累了丰富的宝贵经验,高等学校的生态教育也不例外。

1. 教育目标

美国野生动物保护机构于2001年发布一份题为"高等教育中环境和可持续发展"的调查报告,报告指出:美国大多数大学校长都认为需要通过环境教育来增强学生的环境责任心,并将其视为学校学术使命的一部分。因此许多学校也在多方面制定了增强学生环境责任心的具体目标,包括保护能量、在建筑设计中体现环境意识、减少浪费、最大限度地进行资源再利用、保护生态环境、购买环境健康食品、减少污染、保护水资源、进行对环境负责的投资和购买有机食品。[1]例如,乔治·华盛顿大学结合创建"绿色大学"行动,力图把生态环境道德教育贯穿到所有活动中,融合在教育、培训和对外扩展、研究、服务及管理和运作之中。为实现这一目标,乔治·华盛顿大学制定了六条原则作为行动目标:

(1)生态系统的保护——确信自然环境非常重要,应该得到关注和保护。同时与一些校外组织合作,通过生态保护系统的区间驱动结构来开展生态环境课题研究,以维持健康、可持续的生态系统。

(2)环境公正——在努力解决环境问题并提高环境质量的同时,努力保

---

〔1〕 方炎明,郭娟,姜琪,等.美国高校环境教育.中国林业教育,2004,(2):61.

证不同种族、不同肤色、不同国籍和不同收入的人能够平等受益，并采取行动与学习相结合的方式来促进环境的保护。同时还要把环境公正与日常的学习和决策结合起来，确保自己周围所有的人都不会面临有危害或不利的环境状况。

(3) 污染防治——在不断促进污染防治的同时，加强环境与能源的保护和管理，并努力减少和消除污染源。

(4) 科学和数据——科学和数据是构成学校环境保护政策的基础之一。科学帮助学校充分认识导致污染的原因，评估污染带给人类和生态系统的危害，从而制定正确的政策、计划来避免或减轻危害，确保大学的环境政策建立在科学的基础之上。

(5) 伙伴关系——由于环境保护工作很复杂，涉及多个学科，所以大学要与股东们密切配合来改善环境质量。具体来说，要奉行多方合作政策，努力发展创造性伙伴关系，并开拓各种资源，实现大学的教育目标；要帮助合作伙伴承担起责任，确定各自的角色和义务；要积极听取各方意见并及时反应，与合作伙伴共同努力，发展、完善更多的关于环境保护和可持续发展的新颖而有效的措施。

(6) 革新——环境管理和运作的革新。为了实现"绿色大学"创建行动，学校必须彻底革新环境管理系统，不断改善其质量、效率；精心设计行为步骤来履行应尽的责任，同时保持一定的机会驱动价值，以探索出一条指引高等教育事业不断创新的道路。[1]

从华盛顿大学为创建"绿色大学"所制定的行为目标来看，美国高等学校把生态保护和生态教育作为学校的重要任务，融合到学校的各种工作中。这也使得美国高等学校的生态教育在生态保护中起到了重要的作用。

2. 专业和课程设置

在美国，生态学作为一门独立的学科起源于19世纪。19世纪初，生物地理学的诞生促进了生态学思想的发展。1897年，美国生态学家H. C. Cowles发表了博士论文《印第安纳州北部沙丘植物区系的生态学关系》，开启了对于植物演替问题的生态学研究，他和F. E. Clements一起成为植物生态学研究的奠基者。

20世纪30年代末，美国生态学家R. L. Linderman率先通过定位和定量分析，对湖泊生态系统中各类生物有机体的生物量、各类生物有机体之间的营养关系以及各类生物有机体与环境之间的能量关系进行了深入的调查和研

---

〔1〕 王东华. 绿色大学在国外的发展现状. 环境教育，2005，(7)：54.

究,创立了生态学的营养动态观。这一理论的建立成为生态系统中能量流动研究的经典,标志着生态学研究从定性分析走向了定量分析。20世纪50年代以来,美国生态学家逐步推动了一项国际研究计划的发展,即"国际生物学计划",这项计划对生态学的发展和生态保护具有革命性意义。

近年来,美国各大学的生态学研究着眼于生物圈,即全球生态系统的综合研究,在学科设置上具有以下特点:

(1) 设有独立的生态学院,研究范围广泛,一般涵盖动物生态学、植物生态学、生物气候学、历史地理学、海洋生态学等各个生态学领域;

(2) 与生物进化研究相结合,在注重生态学研究的同时也高度关注生物圈的进化,研究生物多样性及其在生物进化循环和生态系统中的功能;

(3) 将生态学隶属于生物学院或生物学系,与生物学其他相关领域紧密结合,使生态学渗透到生物学研究的各个方面,与遗传学、生物化学、微生物学和分子生物学等生物学核心领域融为一体。[1]

美国几乎所有顶级的大学都有生态专业。例如,芝加哥大学生态学与生物进化系隶属于生物科学学院,多年来一直位居美国生态学研究的榜首。该系极为强调实证研究方法,注重运用大量数据和模型来拓展理论研究,其研究主要集中于生态学的基础理论,同时兼顾应用层面。目前的研究方向主要包括群体遗传学、分子进化、定量遗传学、动物行为、植物与动物生态学、进化理论等。哈佛大学生态学研究隶属于有机生物学与进化生物学系,虽然没有独立的系科建制,但哈佛大学的生态学研究一直位居美国乃至世界各大学前列。其生态学研究领域主要包括:维管束植物环境生理学、共生性真菌扩张范围研究、资源分区和进化多样性、动物种群的个体活动行为及其空间分布、与气候变化相关的地球生态系统。加州大学戴维斯分校的进化与生态学系是美国规模最大的生态学研究基地,系内设有全面、系统的科研与课程体系,包括农业生态学、保护生态学、生态系统与景观生态学、生态毒理学、环境政策与人类生态学、综合生态学、海洋生态学、生理生态学、恢复生态学等研究方向。与其他名校的生态学专业不同,斯坦福大学与卡耐基基金会在2002年共同创建了全球生态学系,主要研究地球生态系统、土壤、大气和海洋之间的相互关系。系内拥有4个世界一流水准的实验室,设有海洋生态学、综合生态学、生态系统科学、种群生态学等研究方向。乔治亚大学拥有独立的奥德姆生态学院,它是在乔治亚大学生态学研究所的基础上组建的,也是世界上第一个独立的大学生态学院,下设传染病学、生态系统生态学/生物地球化学、水上运动/水域生

---

[1] 杨维新.美国生态学专业名校TOP10.新东方英语,2010,(6):66-69.

态学、进化生态学/生物地理学、可持续发展五大核心研究领域。

在美国,44%的学校设置了环境类主修专业,45%的学校设置了环境类辅修专业。除主修和辅修外,61%的学校设立了跨学科培养计划,使学生有机会研修环境或持续发展方面的学位。同时,越来越多的学校把环境教育课程作为其核心课程。有13%的学校所有学生都必须修读环境类课程,7%的学校环境教育课程是多数学生的必修课,有18%的学校环境教育课程是其部分学生的必修课。[1]

美国环境类课程主要有四类:地球自然系统的基本功能、人类活动与环境持续发展的相关性、持续生活方式的实践、支持环境持续发展的政策和策略。美国相当多的院系开设了这些课程,但以生物、化学、政治或社会学、商学或经济学、哲学或宗教系统最为普遍,人类学、传媒和新闻、计算机或工程、教育学、历史、法学、文学等院系也开设了部分环境教育的课程。此外,同其他国家大学环境教育中设置环境与资源保护及其相关专业不同的是,美国并不在大学教育中刻意设置这样一个环保专业,而是让高校按需要自主决定培养什么方面的环保人才,以及培养多少这方面的人才。

3. 教学内容和教学方法

生态教育的最终目标之一是改变人们的生态行为。如何才能有效地塑造人们所期望的生态行为呢?最初的环境教育者认为,通过增加环境知识,相应地就能促进积极的、正向的环境态度的形成,进而会影响环境行为的选择与实施,这就是单一的"知识—态度—行为"转化模式。美国学者卡利科特率先意识到仅仅通过知识与技能的教育是难以转变人们对生态环境的态度,更不能有效地改变人们的环境行为。1971年,他在威斯康星斯蒂文大学开设了世界上第一门"环境伦理学"课程,以求通过此门课程转变人们的环境态度,建构环境伦理规范,改变人们的环境行为。美国另一位学者海因斯通过对128篇有关环境行为研究的文献分析发现,环境教育如果只对自然与环境的价值进行深入的分析与讨论,往往会使学生在没有进行认真思考和批判的前提下,盲目地认同和接受某种观念或行为。他认为这种观念或行为对环境不一定是友好的,而且他还发现环境行为的产生除了要受到情境因素的影响之外,更与人们的环境行动意向有关。情境因素是环境行为的外在条件和诱因,是动态可变的;行动意向则受态度、责任感、人格特质等因素的影响,它可以通过加强价值观、发展观、伦理观以及环境知识与技能的培养而形成,从而成为影响环境行为产生的基础性、稳定性的因素。美国学者亨格福德在此基础上又提出基于

[1] 方炎明,郭娟,姜琪,等.美国高校环境教育.中国林业教育,2004,(2):62.

环境素养的环境行为模式，认为环境行为的产生主要受环境素养的影响，而环境素养又受价值观、信念、态度、责任感、生态学理念、控制观、解决的知识、环境行动策略几种因素的影响。于是美国的很多大学都把环境责任、环境伦理和环境素养列为环境教育的重要内容，相继开设了环境伦理、生态伦理、环境价值、环境哲学、环境文化、环境素养等环境伦理类课程。而在专业的课程教学中，也普遍渗透生态环境伦理的教育。

在美国，生态环境伦理教育有四种不同的价值取向：

一是“纯学术”取向。这种取向的生态环境教育的目的不是为了影响学生的信念、价值观或行为。在教学的过程中，教师往往将由生态环境而引发的有伦理争议的问题呈现给学生，与学生一起勾画出与这些问题相联系的各种可能的价值观、伦理观，然后鼓励学生进行批判性思考，分析出每种陈述的证据材料以及相应的论证过程，并鼓励学生阐述自己的观点以及相应的证据，以此发展学生生态环境方面的伦理推理能力。这与任何其他学术类课程的教学一样，不做任何的价值倡导，只是探讨与研究学术而已。当然，在课程结束时，学生的信念、价值观以及行为也很可能会发生一定的变化，不过不是为了生态环境保护而改变。

二是“伦理倡导”取向。与“纯学术” 取向一样，“伦理倡导” 取向也是将由生态环境而引发的有伦理争议的问题呈现给学生，与学生一起勾画出与这些问题相联系的各种可能的价值观、伦理观，然后鼓励学生进行批判性思考。但“伦理倡导”取向除了学术探究的目的之外，另一重要目的是为了帮助学生认识到，在具体的生态环境情境中什么是合乎伦理与道德的，因而应该支持怎样的伦理观与价值观；同时要对自己与生态环境有关的信念、价值观以及行为等进行反思和批判，以求能够确立正确的生态环境伦理观。但“伦理倡导”取向只是追求伦理观的转换，并不要求对具体的情境作出行动上的规划，即只针对观念，而不需落实到行动。

三是“环境倡导”取向。比“伦理倡导”取向更进一步的“环境倡导”取向不仅要探究学术和转换伦理观念，还要求学生能采取某种生态环境伦理观，规划出与具体情境相关的环境友好行为，最终目的是为了改变学生的行为。“环境倡导”取向虽然并不要求必须转向或持有某种具体的生态环境伦理观，它在伦理观上是多元的，但一般来说是支持非人类中心主义的，强调对生态环境的尊重与关注，强调自然的内在价值。美国高校所开展的生态环境伦理教育大多采取这种取向。

四是“特定倡导”取向。它所关注与倡导的是某种特定形式与内容的生态环境伦理，如大地伦理、生命平等理论等。在其教学过程中，针对引发争议的生态环境问题，概括出众多与此相关的伦理观念，但最后要从中梳理出一种最成功的伦理观加以倡导。当然，也可以对其他的伦理观进行讨论，但这种讨论的目的是为了证明它们是不成功的。[1]

在这四种价值取向中，虽然有层层递进的特点，但这并不是说倡导越多越好。在伦理教育中，伦理观有一个认同、内化、建立规范和遵守规范行动的过程，但认同与内化尚未实现时，急于建立规范与付诸行动则会引起学生的反感与抵触，最终则导致学生行为的失衡。因此通过合适的教学方式使学生在学习过程中首先认同生态道德的观念是非常重要的。

在生态教育的教学方法上，美国高校主要有一般讲授教学法、问题教学法、两难选择教学法、户外活动教学法、生态环境主题活动等。一般讲授教学法与其他学科的讲授教学法基本相同，就是以教师为主，向学生讲授生态环境伦理方面的知识与观念，以求使学生对生态环境伦理信念有基本的了解。

问题教学法是通过提供给学生一个有争议的生态环境问题，让学生围绕问题参与调查、搜集资料，并就这些问题是由哪些行为引起的、做出这些行为的人一般持有什么样的生态环境伦理观念、这样的伦理观在其他领域和情境中又会怎样影响生态环境等问题进行分析和讨论，另外还要反思讨论者自身对此问题持什么样的观点，以此丰富学生的生态环境知识，提高他们的生态环境意识和对生态环境负责的道德责任感。

两难选择教学法是指利用和创设一个与生态环境有关的道德两难选择问题情境，引起学生原有环境道德认知失衡，激发其积极思考、独立探索，使他们不断发展和建构新的生态环境伦理观。它的实质是充分调动并利用学生的生态环境情感体验，通过教师的正确引导，提高其环保意识。它也是以道德情感为中介或纽带，诱发人的内在需要，实现生态环境道德内化的教学方法。

户外活动教学法包括观察、研究和思考。观察是户外教学的开始；研究则需阅读参考书，以便学习更多的户外经验；思考是对探究、观察的事物进行分析，澄清价值，形成看法的过程。在美国高校的生态环境伦理教学中，又将户外活动教学法分为绿色校园建设法和野外考察法两种，前者着眼于建设与欣赏环境美好的校园，后者着眼于考察人类给环境带来的灾难。例如，乔治·华盛顿大学和美国国家环保局在1994年签订了一项特别协议，保证双方直接在公或私伙伴关系下工作，努力使该校成为美国第一所“绿色大学”样板。首先，他们为“绿色大学”制定了一系列目标：将符合可持续发展的原则性道德标准深入到学校的所有活动中；促进并改善环境管理与可持续发展中的领导

[1] 徐蕾，颜炳乾．美国高校环境伦理教育探析．外国教育研究，2005，(12)：45-46.

工作和执行工作;成为世界上高等学府的优秀样板。为实现上述目标,乔治·华盛顿大学将变得更有效率和竞争力——具有更先进的教育、研究和服务能力。其次,大学建立了新的内部管理机构——一套用于帮助和协调创建行动的机构。其中,校级执行委员会负责全面的领导工作。学校还成立了由学生、教师和社区成员等50名志愿者组成的基础广泛的特别执行委员会。特别执行委员会召集下一级的分委员会,旨在进一步阐述在6个领域内的策略性任务和目标,同时完成一定数量的项目。

在美国的各大高校,会有种类繁多的各种学生社团开展丰富多彩的主题活动。在建设"绿色大学"的活动中,生态、环境主题活动就是其中主要内容之一,它以环境主题为中心,让学生参与到认识生态环境、爱护生态环境及保护生态环境的活动中来。这种环境主题活动,主题鲜明,目的明确,一般侧重于分析和解决环境问题,侧重于将环境概念、观点及相互关系的认识和理解作为活动的主题。由于形式灵活,又有很强的实践性,因此这类主题活动影响深远。例如,"全球河川环境教育"计划由美国密西根大学自然资源学院师生共同提出,1989年开始推广。[1]目前已经有30余个国家的公共组织参与执行该计划,有100多个国家的高校参与此活动。该计划的远景是让参加计划的学校学生及居民透过水质监测过程,来了解社区河川及周边环境问题;鼓励参与者思索问题根源与解决策略,并去解决问题;帮助学生从行动中学习各种学科及技能,并且能够加以整合;参与当地集水区的保护及监督工作;透过国际网络联系,使参与者促进文化交流。该计划由美国计划总部编写河川水质监测分析、教材,但不支持经费。各地活动可以由民间团体或大专院校发起,也可由政府教育部门来推动,经费由各地方组织自筹,以自给自足方式来执行。各地的联系人都是义工,企业也可能是赞助者。计划执行以集水区为单位,以流域旁学校师生及居民为主体定期监测及同步测量学校附近的水质,从而获取资料并撰写报告,透过各种教育活动来讨论问题;鼓励教师及学生利用计算机网络、传真、信件等媒介讨论、分享数据及讨论问题并提出建议。环境调查以水文类为主,兼有河川底栖生物、外围的土地利用、文化历史等,视各地区议题不同而定。调查程序已被标准化及结构化,并且发展出简易的河川指数以利于沟通。学校可直接透过国际网络读取电子布告栏的数据,并可与其他工作小组学生直接互动。这个计划鼓励教师及学生亲身参与体验学习,寻求解决问题的途径,强调自然科学与社会科学知识的整合,强调学习者发现问题、分析问题根源及解决问题的行动技巧,强调民主、全民参与,解决冲突过程公

〔1〕 王东华.绿色大学在国外的发展现状.环境教育,2005,(7):53.

平化,从文化交流活动中教导学生学会相互尊重,为学生提供探讨各种文化、社会、经济、政策等对本地及全球河川产生影响问题的机会,强调开放式的教学评估,这些都是值得借鉴的经验。

二、日本高等学校的生态教育

日本是一个缺乏资源的工业发达国家,但日本的生态环境保护在亚洲乃至世界都位居前列,这与日本的生态环境教育息息相关。一些日本学者认为日本民族自古就是一个崇尚大自然、讴歌自然美的民族。面对自然之伟力,日本人一直怀有一种敬畏之心。在日本古诗词中就有"白沙青松"、"花鸟风月"、"山紫水明"之类的语句,作为社会习俗至今还有祭祀水神、山神、雷神等自然之神的传统。〔1〕然而,日本人的这种心理在最初经济高速发展的时候却黯然失色,保护自然的思想也受到了冲击,这也使当时日本的自然环境受到了严重破害。1951 年日本设立了"自然保护协会",1957 年该协会向文部省提交了《在学校教育中实施自然保护教育之必要性的请愿书》,此后学校的理科和社会学科、国语科和道德教育等学科,广泛地渗透了自然保护教育。日本学者认为,自然是人类生存的基础。所谓自然保护就是守护其基础。生物的生产力和自然本身所具有的环境稳定力、净化力是必须加以充分关注的。基于这种认识,信州大学教养学院开设了"自然保护讲座"。这个讲座的内容融合了自然科学与人文社会科学的论题,诸如"从生态学说起"、"来自鸟兽的世界——无言的抗议"、"化学工业的立场——化学技术人员的主张"、"农业生产的视角——文明与农业生产的接点"、"寻求环境权"、"自然风景漫谈"、"自然评价:植物学的视点"、"自然观的演进"、"自然保护的哲学"等。

20 世纪 50 年代和 60 年代,日本的环境公害问题日趋严重,当时世界上"八大公害事件"一半发生在日本:骨痛病事件(镉中毒)、水俣病事件(甲基汞中毒)、米糠油事件(多氯联苯污染米糠油)、四日市哮喘病事件(工厂排放废气所致)。自然的破坏和生活环境的污染严重威胁着人们的生命和健康。为此,日本在 1967 年制定了《公害对策基本法》,并以此为契机开启了公害教育。1970 年,日本制定了 6 部防治公害的法律,并对原有的相关的 8 部法律进行修正,1972 年设置"环境厅"。

在吸取了惨痛的教训后,日本政府、企业、公众的生态环境保护意识逐步觉醒,其生态环境保护的广度和深度都达到了空前的水平,环境教育也受到广泛的重视。日本《中央教育审议会咨询报告》(1996)指出,环境问题无边无

---

〔1〕 钟启泉. 环境教育:历史与现实——日本教育学者佐岛群己教授访谈. 教育科学研究,2006,(5):16.

际。因此,环境教育的对象极其广泛:从身边的问题(城市生活型公害)直至地球规模的问题。其学习领域也囊括了自然科学、社会科学乃至每一个人的感受和精神的问题。从这个意义上说,环境教育的问题是关系到每一个人的生活方式的问题。1997年,日本政府在课程审议会的咨询报告中提出了修订社会科,强调学生认识环境与资源的重要性。日本开始从"公害教育"转向"环境教育"。环境教育的培养目标是:① 认识这样一个法则,即包括我们每一个人在内的地球上的一切生灵,都是环境的产物。② 自然环境、社会环境和文化环境都是借助某种生命维系系统而存在的。我们要认识这点,摸索在这些环境之中雄健而又柔韧地生存的方法。③ 我们要有形成现代社会的市民意识,作为环境的建构者,作为自立的生活者,负起社会的责任。④ 环境问题是人类一味地追求物质文明导致的结果。作为这种环境问题,需要多角度地、综合地思考,求得解决。⑤ 为了地球上一切生灵的未来,我们要善待环境,对环境保持一种关爱之心。[1]该环境教育的目标与本书生态教育的目标十分接近。

1. 教育目标

日本高等学校非常注重生态环境类专业人才的培养。开设这些专业的学校都会为这些专门人才提出非常具体的培养目标。

环境科学专业在日本共有两所大学开设,一个设在长崎大学的环境科学部,另一个设在岩手大学的人文社会科学部。长崎大学环境科学专业的目标是培养能对未知的环境问题进行科学的分析、作出正确的判断、实施适切的政策,既有宽广的基础知识又具有开拓性、实践性技能的复合型人才。专业中又分为环境政策、环境保护与规划两个学习方向。具体来说,环境政策的目标是培养能够在充分理解环境问题的基础上,为保护环境和使人类社会在与自然相协调的状态下实现可持续发展而制定相应政策的环境专家。环境保护与规划的目标是培养系统掌握环境评价和规划、环境管理等新的理论和技术,能为保护生态环境、促进社会经济与环境协调发展服务的环境专家。

环境工程专业在日本只有一所大学设置,它设在北海道大学的工学部,其目标是培养能充分运用工学的技术和知识,治理污水、垃圾等污染,发展污染少、节约能源的工业,为保护环境、维护居民的身体健康、创造舒适的生活环境作出努力的人才。环境工程不仅需要工学知识,还需要物理学、化学、生物学、社会科学等各种领域的知识。为此,环境工程是要培养具有广阔视野、基础知

〔1〕 钟启泉.环境教育:历史与现实——日本教育学者佐岛群已教授访谈.教育科学研究,2006,(5):18.

识扎实、工程技术能力强的环境保护人才。

金泽大学教育学部、神户大学发展科学部、大阪人类科学大学人类科学部等都开设了人类环境学专业。这里以广岛修道大学人类环境学部人类环境学专业为例，其目标是培养能够正确理解人与自然的关系，掌握人文、自然科学领域与环境相关的基础知识，具有对环境问题进行综合把握和分析的能力，并为构筑可持续发展社会而从事各种社会工作的人才。广岛修道大学人类环境学毕业生的职业方向一是在教育、传媒、环境非政府组织中从事环境社会活动；二是在企业部门、与环境相关的非营利团体、以无形的智力为资本的企业和研究机构中从事环境管理工作；三是在行政部门、国际机构、环境非政府组织中从事环境政策工作。

宇都宫大学、东京学艺大学、爱知教育大学和滋贺大学这四所国立大学的教育学部开设了环境教育专业。以滋贺大学的环境教育专业为例，其目标是培养能够正确理解人类共同关心的全球性环境问题，掌握环境保护基础知识、调查环境状态、解决环境问题的方法和技术，具备教育能力，并能在解决环境教育问题中发挥领导能力的人才。

不同的专业有不同的培养目标，但培养出来的人才有几点是共通的：一是这是一类复合型的人才，需要掌握多种领域的知识；二是这类人才必须道德与能力并行；三是这类人才不仅需要一定的理论修养，更需要较强的实践能力和解决问题的能力。

2. 专业与课程设置

自20世纪80年代末以来，日本的高等教育改革逐步由酝酿阶段进入了实质性改革阶段。1991年，文部省重新修订大学课程设置基准，大学课程设置实现了大纲化、自由化。大学改革进一步引进竞争机制，促进了大学的多样化和个性化。生态和环境教育的发展在这次大学改革中达到高潮，大量增设了有关环境的学部和学科专业，一些传统性学部和学科也大量开设有关环境内容的讲座或课程，如化学学科中开设了环境化学课程，土木工程学科中开设了水环境工程学，教育学部开设了生命环境科学等，这些措施成为日本大学环境教育中一道多彩的风景线。目前日本开设了生态环境类专业的大学占大学总数的28.2%。生态环境类专业的名称由20世纪90年代初的39个猛增到137个，增长了3倍多，专业总数量合计达252个。这些专业分属理、理工、工、农、医、社会、文、艺术、水产等10个学科，其中文科类专业最多，占30.2%，已超过了理科和工科的专业数量。[1]

[1] 罗晓燕. 日本大学环境教育研究. 教育学硕士学位论文（内部资料），2004.

文理相融是日本生态环境类专业的特点。以长崎大学的环境科学专业为例，他们把它作为一个文理融合的专业，强调综合学习。长崎大学的环境科学专业分为环境政策和环境保护与规划两个学习方向，要求学生在专业基础科目的基础上学习方向课程。环境政策的主要学习领域是社会科学和人类学，环境保护与规划的主要学习领域是自然科学。其设置的课程主要有：

专业基础科目：全球环境问题介绍、环境伦理、环境文明、环境管理、能源、物质循环科学、环境保护、环境信息处理、环境政策、环境保护与规划。

专业必修科目：

环境政策方向包括环境政策、环境法、环境经济学、环境国际关系学、环境社会学、文化环境、人类存在论、环境政策信息学、环境政策研讨会；

环境保护和规划方向包括环境规划、环境污染、自然灾害科学、环境生态学、物质环境、大气环境、地球环境、环境信息、环境政策研讨会。

选修课程：

环境政策方向：比较文化学、历史环境、地区文化、语言环境、行政法、民法、社会规划、社会地理、区域规划、经济学、社会研究；

环境保护和规划方向：环境地沉积学、生物保护、环境水力学、环境物理学、环境化学、环境工程、环境辐射学、环境控制、自然灾害、环境分析化学。

公共选修：生物伦理学、不同文化间的交流、评价介绍、生活环境、地区工业、福利环境、劳动环境、生物圈环境、环境统计学、自然历史、环境卫生学、环境生理学、环境设计、环境原料科学。

环境情报学是一个非常有特色的专业，它与高技术结合，与艺术相融，以一种多元的方法研究生态环境。以庆应义塾大学为例，其主干课程有：

通用科目：生命系统、运动的生理与心理、感觉的生理与心理、心理生涯设计、个性发展论、认知与心理、认知科学、细胞生物学讲读、分子生物学讲读、数字摄影、互动与媒体设计、计算机制图法1、数字目录、音乐理论、音像环境论、计算机音乐1、表现方法论1、数字娱乐入门、数字通信入门。

其主干课程除基础科目之外又细分为信息技术、生物信息技术、认知与身体科学、媒体设计、环境设计五个学习领域。信息技术领域主要学习计算机系统、信息网络设计；生物信息技术主要学习用计算机从遗传因子、染色体组、细胞学角度来解释生命现象；认知与身体科学主要学习认知、知觉等身体机制；媒体设计主要学习用计算机进行美术、娱乐等创作；环境设计主要学习建筑、景观等都市的设计和规划。学生不一定要选择一个领域进行学习，而是可以在这些科目中任选至少16门进行学习。

为了培养环境教育的专门人才，日本还有不少高校还开设了环境教育专业。以滋贺大学的环境教育专业为例,课程主要包括两大部分,一部分是有关环境科学的内容,另一部分是教育理论的内容。专业基础科目共16门,专业科目共42门,要求学生至少在专业科目中选修20门。

专业基础必修科目:环境学概论、琵琶湖学特论、环境伦理学、地球环境学习论、湖沼环境学习论、地域环境学习论、环境教育基础实验、水环境教育实习、地域·社会·历史环境教育实习、生活环境教育实习、教育·教职的意义、教育的思想与历史、教育的社会基础、课程与特别活动、道德教育论、综合演习。

专业选修科目:生涯学习论、孩子与环境、高龄社会论、环境与化学物质、自然能源论、地圈环境论、绿地环境论、环境遥控观测论、环境生态学、地球物理学、环境法概论、环境经济学、环境社会学、环境教育实践论、产业化与地域环境、地域环境学习演习、自然观的历史、环境与栽培活动教育论、栽培学、生活环境论、居住环境学、住居学演习、居住生活学、城镇构造论、消费经济学、环境与压力、食品卫生学、食生活论、食品机能科学、衣生活环境科学、衣着环境学、环境生理学、卫生学及公众卫生学、美术理论·美术史、景观论、历史的环境论、西洋都市形态史、工艺论·设计论及美术史、环境与造型、艺术与社会、环境学特讲等。

日本大学的生态环境类专业课程中一般有10门左右的专业基础必修课,另外还要求学生选修20门左右的专业课。生态环境类专业的主干课程的共同点是:第一,选修科目占的比重大;第二,文理融合的综合科目多;第三,课程的设置与现代社会面临的问题、社会的发展密切联系起来;第四,实践环节内容丰富;第五,专业中又分不同的学习方向。

日本大学的生态环境教育不仅注重专业人才的培养,还十分注重对非环境类专业的大学生普及生态及环境的教育。日本大学对于非环境类专业大学生的环境教育,主要通过开设必修课和选修课、在专业课中渗透环境教育的内容以及开展环境保护宣传教育等活动来进行。环境教育选修课程大致可归为两类,第一类为环境科学的基础知识课程,包括环境意识、可持续发展意识和环境保护法制观念教育;第二类则是根据不同专业的特点,讲授针对性、实用性较强的环境保护专业技术知识。以东京大学为例,其非环境类专业的生态教育的课程设置如下:

全校:环境与人类、生活环境论、环境经济学、生态能源论、日本的自然环境、地球资源环境科学、环境地质学、环境科学、自然环境论、人类环境论;

工学部:产业环境工程、建筑环境工程、环境防灾工程、环境分析、地域环境工学、环境保全化学、资源环境计划、地域环境计划学、环境卫生工学、能源与环境、环境防灾、计划环境工程、水环境工程、环境能源、建筑环境调整学、环境规划学、环境设计工程、生产环境工学、环境基础学、环境整备工程、海洋环境工学、环境开发工程、建设环境工程；

理学部：环境化学、环境生物学、环境地学、自然环境地理学、植物环境应答机构解析学、环境分析化学、地球环境进化学；

农学部：生物环境管理学、生产环境学、地域环境科学、森林环境保护学、环境调节工学、地域环境工程、生产环境整备学、生产环境管理学、森林资源环境学、能源环境系统、资源生物环境学、环境生物学、环境资源管理学、生态环境科学、生物环境保护学、农林环境工程、农地环境管理学；

经济学部：都市环境设计、环境法、企业环境系统、环境经济学；

艺学部：环境植物学；

教育学部：地圈环境、环境情报学、环境科学、生活环境科学、教育环境组织论、环境教育；

医学部：环境医学、人类环境医学、环境保健医学；

文学部：地域环境学、环境与文化；

综合科学部：自然环境研究。

从以上的课程与专业设置来看，非专业的生态环境教育有以下特点：① 课程门类丰富，几乎每一个不同的学科专业都开设与之相关的生态环境类课程；② 注重文理相容，理工科类专业开设有人文的生态环境类课程，人文社会类专业开设有理工科类的课程；③ 在各类专门人才的培养过程中，渗透生态与环境问题的教育，使保护生态环境的意识得到全面普及。

3. 教学内容及方法

日本大学对环境类专业学生进行环境教育的主要方式，一方面是课堂教学，另一方面是实践教学。在教授学生知识技能的同时，注重从关心、发现和解决身边环境问题的现场教学出发，通过以学生直接经验为基础的调查活动、课题研究等多样的、立体的实践活动来展开环境教育。

(1) 课堂教学。

讲授法是日本大学生态环境类专业课堂教学的主要方式，其特点表现为：一是同一课程往往会由多位教师分专题进行授课。每位教师分担的内容有不同的侧重点，使用的教科书也都根据教师的专长来决定。另外，日本大学之间的校际教学资源可以共享，有些课程甚至是由多校教师共同授课，如滋贺大学环境教育专业的“自然能源论”课程就是由滋贺大学、三重大学、佐贺大学这三所学校的教师共同承担的。二是教材灵活多样。许多课程没有指定的教材，往往是教师随堂介绍参考文献，或发放讲义材料；讲授的内容通常都会辅之很多实例,特别是列举与本地区发展密切相关的例子,从而引导学生对地区环境问题的关注。近年来,日本推行学校利用报刊新闻作为教材,这样一方面有效地避免了教材在时间上的滞后性,另一方面,可防止教学与实际的脱节。

“讨论式”教学法在日本大学生态环境类专业的教学中非常普遍。一般来说,课堂讨论分为小组讨论和全体讨论两种形式,并与讲授交叉进行。课堂讨论的积极程度和发言的内容常作为学习效果评定的重要内容。例如,滋贺大学环境教育专业的地球环境学习论、地球物理学等几门课都设有专门的课堂讨论时间。

实验课是日本大学生态环境类专业课堂教学的最重要形式。实验通常分个人单独操作或2至4人组成的小组操作两种形式,实验项目以设计性、综合性实验为主,主要是培养学生的创新能力。而且文科学生和理科学生同样都要学习环境分析、环境监测等实验方法,只是学习的深度有所不同。例如,滋贺大学环境教育专业的文科类的学生在“环境教育基础实验”中,要求对湖水、河水、降水等天然水的水质进行分析,在掌握分析技术的同时,理解环境监测的意义、手法和重要性,并学会在实践中运用实验所得到的数据资料,还要求进行食品分析、微生物实验等,探讨环境与生活、环境与饮食等课题。

近年来,根据日本大学审议会提出的一些有关改革课程设置和授课形式的建议,大学开始实行课堂授课和课外学习相结合的授课形式,并对每个学生安排科目指导教师。这种转变在环境类专业的教学中尤其明显。通常上课的进度很快,教师经常会省略掉教科书上的一些内容,更多地讲授教科书上没有的知识和最新科研信息。教师通常会安排学生自学,提交学习报告,进行课堂发言,因此,学生在课外需要翻阅和搜集大量的资料,学习更多的知识。例如,在滋贺大学环境教育专业的39门专业课程(包括必修和选修)中,有26门要求学生提交学习报告,并有10门明确说明需要在课下阅读参考书,因此,学校的图书馆经常爆满,学生们还经常自觉地组织学习小组,相互交流最近的学习成果。

(2)实践教学。

日本大学非常重视实践教学。教学的形式主要有参观、实地调查研究和实习。

参观是实践教学常用的重要形式之一。以大阪产业大学人类环境学部为例,学部设有文化环境学和都市环境学两个专业。学校经常有计划地组织两专业的学生实地参观学习。文化环境学专业学生的参观地点是:博物馆、美术馆、剧场、文化遗产保存设施、医疗机构、卫生福利设施、志愿者活动中心等。教师要求学生对参观的内容做准确、具体和详细的记录,对典型材料,还要进一步分析研究,使学生能够将所见所闻放在文化与环境这个大的背景中加以理解。都市环境学专业学生的参观地点是:东大阪都市清扫设施、垃圾焚烧工场、排水处理场，此外还有大阪府及国土交通省等的治水设施。在观察了解这些设施全貌的同时，要求学生从直接体验中认识由“抛弃型”的行为模式转变为“良性消费”的迫切性，分析解决垃圾、污水等环境问题的对策，并写出学习报告。通过参观，学生可以得到真实可靠的第一手资料，提高对环境问题的切身感受，培养进行客观分析、理智思考、基于事实做出准确判断的科学态度。

实地调查是指教师带领学生亲临现场进行深入的调查研究，了解有关环境问题或现象的历史和现状，并在此基础上进行分析和综合，得出科学结论的一种方法。还以大阪产业大学人类环境学部的文化环境学和都市环境学两专业为例。文化环境学的一个调查项目是在大学内定点观测人们的交流方式，并进行记录，将得到的数据用心理学进行分析，总结语言交流和非语言交流的特点，写出调查报告。都市环境学专业以大学周围徒步圈内的地区为研究范围，对地区内的建筑物、公园、广场、空地、景观等，以小组为单位实地观察、调查、拍摄照片，之后以图纸的形式整理出来进行展示，以提高学生的团队协作能力、绘图能力和口头表达能力。

日本的很多大学都有附属的环境教育野外实习实践基地，1999 年版的日本《环境教育事典》中介绍的日本大学的附属实习实践基地多达 116 处。这些设施最主要的功能就是供环境类专业学生实习、实践。比如，横滨国立大学地球环境专业的环境生命科学野外实习就是在教育学部附属的理科教育实习基地真鹤、清里两地进行。实习的主要内容是对那里的海岸植物、照叶林、夏绿阔叶林等植物进行调查和标本采集，分析标本区内植物的分布和种群特征。

此外，各专业还根据教学需要安排学生到相关的企业、工厂、社会机构进行实习，让学生在实习中发现问题，并以此作为毕业研究的内容。

（3）科研训练。

环境类专业平时的科研活动主要是通过演习课进行的。演习课一般是学生根据教师提出的课题，由个人或是分小组分别负责研究，最后由学生报告研究成果。在整个研究、报告的过程中，教师只作为一名听众，演习课完全由学生自编自导，学生们通过演习课来提高自己的研究和报告能力。在报告时教师要求学生们能够尽量提出自己的观点，并加以论证，能够发表独到见解的学生往往会得到表扬。在前面介绍的环境类专业的主干课程中我们可以看到，日本大学的演习课很多，如环境工程专业的流体工学演习、热工学演习，环境教育专业的住居学演习、地域环境学习演习等。

除了专门的演习课之外，教师也常指定课题让学生参与研究，如滋贺大学环境教育专业的“地球环境学习论”和“生活环境论”中都有课题研究和事例研究。通过让学生了解、分析实际的环境问题，提出解决办法，评价与实践所提方法与方案，使学生理解人类对于环境问题的责任和作用，培养他们的科研能力，也为毕业研究打下基础。

毕业研究是在四年级进行的。学生可根据自己的兴趣选择一个研究室，参与其中的课题，或一边在企业实习一边进行毕业研究。有时，学生自入学就开始为毕业研究做准备。例如，滋贺大学环境科学学部，以当地琵琶湖的环境问题做教材。学生入学后，第一年是在教师的带领下，对琵琶湖的周边各地进行考察。考察结束后，将学生分为几个小组进行讨论。讨论的内容是，在考察的时候，发现琵琶湖周边的什么地方发生了什么样的环境问题，问题是怎样发生的，产生了哪些影响等。第二年是对大学周边的水域、村镇和农地进行环境调查或解析演习。第三年是从教师提出的课题中选择自己感兴趣的题目，提出环境对策，进行评价演习。第四年转入毕业研究。

总之，运用科研训练这样的途径和方法进行生态环境教育可以提高学生对环境的感受性和对知识的好奇心，调动、激发学生学习的动机和兴趣。从身边的环境问题出发来组织环境教育，可以使学生在有切身感受的基础上，主动地思考环境问题的成因及解决办法，这对培养学生关心环境、掌握与环境问题有关的科学知识和技能等具有重要意义。

第三节　苏南高等学校生态教育现状及分析

中国高等生态教育几乎与国外同步发展，但发展的广度和深度远不及发达国家。20 世纪 70 年代开始，我国就开始在北京大学、中山大学等高等院校开办生态学专业和环境保护专业，培养专业的生态教育人才。然而，由于传统观念认为生态教育和环境教育仅仅是生物学、生态学工作者的任务，和其他专业，尤其是与文科类专业无关或关系不大，因此，直到 20 世纪 80 年代以后，才在极少数综合性大学的非生物、生态专业中开设生态教育选修课，1991 年国家教委开始将“人口、资源、环境”作为高校大学生国情教育的部分内容。至此，我国高等院校才逐渐对大学生的生态教育重视起来，而苏南地区高等学校生态教育在国内一直走在前列。

一、苏南地区高校生态教育相关专业设置情况

根据我国普通高等学校本科专业目录，专业的生态教育有环境生态类，包括园林、水土保持与荒漠化防治、农业资源与环境；环境科学类，包括环境科学、生态学。根据这样的分类，2011 年，我们对苏南的苏州、无锡和常州三地包括民办学校在内的所有高等学校进行统计，在这 39 所高校中，有 10 所高校设有与生态相关的专业，占 25.6%（见表 6-1）。

表 6-1　苏南地区高校生态相关专业的设置情况

无锡市(共 11 所高校,有 1 所本科院校)		
江南大学(环境工程)	无锡商业职业技术学院(无)	江苏信息职业技术学院(无)
无锡职业技术学院(无)	江阴职业技术学院(环境监测与治理技术)	无锡科技职业技术学院(无)
无锡城市职业技术学院(无)	无锡工艺职业技术学院(环境监测与治理技术)	太湖创意职业技术学院(民)(无)
无锡南洋职业技术学院(民)(无)	江南影视艺术职业学院(民)(无)	
苏州市(共 19 所高校,有 4 所本科院校)		
苏州大学〔环境工程、园林(城市园林)、园艺(城市园艺)〕	苏州科技学院(环境工程、环境科学、资源环境与城乡规划管理、园林)	常熟理工学院(无)
西交利物浦大学(中外合作)(无)		
苏州市职业大学(无)	苏州工艺美术职业技术学院(无)	苏州工业园区职业技术学院(民)(无)
苏州农业职业技术学院(生态环境系设有环境监测与治理技术、农业环境保护技术、水环境监测与分析和环境工程技术等专业,园林园艺系设有园艺、园林工程、园林规划设计、环境艺术专业)	沙洲职业工学院(无)	苏州经贸职业技术学院(无)
苏州工业职业技术学院(无)	健雄职业技术学院(无)	苏州卫生职业技术学院(无)
苏州托普信息职业技术学院(民)(无)	硅湖职业技术学院(民)(园林技术)	昆山登云科技职业技术学院(民)(无)
苏州港大思培科技职业学院(中外合作)(无)	苏州高博软件职业技术学院(民)(无)	苏州信息职业技术学院(民)(无)
常州市(共 9 所高校,有 3 所本科院校)		
江苏技术师范学院(环境工程)	常州大学(原江苏工业学院)(环境工程、环境科学)	常州工学院(无)
常州信息职业技术学院(无)	常州纺织服装职业技术学院(无)	常州工程职业技术学院(环境监测与治理技术、环境监测与评价)
常州轻工职业技术学院(无)	常州机电职业技术学院(无)	建东职业技术学院(民)(无)

注:(民)表示民办高校,(无)表示该校没有设置生态专业。

苏南地区高校最早开设与生态相关专业的学校是苏州城建环保学院，它是当时国家环保局直接投资建设的唯一本科院校。1983 年筹建环境保护系，1985 年正式成立并招生。筹建环境保护系之初经批准设置三个专业：环境工程、环境规划与管理、环境监测。1985 年首届招生时招收了环境工程和环境规划管理两个专业，其中环境规划与管理专业是在全国率先设置的本科专业。1987 年在实验室条件已经满足的条件下开始招收环境监测专业。学校合并为苏州科技学院后，成立环境科学与工程系。如今苏州科技学院与生态保护有关的专业有环境工程、环境科学、资源环境与城乡规划管理、园林等本科专业。

江南大学开设的环境工程专业是于 2003 年获得批准的，但早在 1983 年，江南大学已通过科研力量的优化和重组在国内率先成立了环境生物技术研究室，实现生物学、环境科学、生态学、工程学等学科的相互渗透，致力于利用生物学手段，研究与解决地区性、全国性环境问题。目前，江南大学环境工程学科是江苏省特色专业，江南大学重点建设学科，其主要研究方向有：① 水污染控制工程。主要包括新型厌氧和好氧生物处理反应器的研究与开发、废水生物处理过程微生物学机制的研究、膜生物处理技术、难降解废水处理的工程技术研究等。② 有机固体废弃物资源化技术。主要包括城市污泥、农业生物以及城市生活固体废弃物等有机废弃物无害化和资源化利用新技术。③ 新能源及节能减排技术。主要包括生物能源及有机废弃物的能源化技术，生物产品过程的清洁生产技术。④ 环境友好材料的生物合成。主要包括环境友好的重要酶制剂的生物合成和生物高分子材料的合成技术。⑤ 水资源保护和生态建设。主要包括湖和河的水资源保护和修复技术，湖岸生态和污染土壤修复技术。⑥典型污染物与稀土的环境生态效应。主要包括典型污染的环境生态效应、稀土生态毒理研究和稀土环境生态效应。

常州大学环境保护研究所于 1999 年组建成立，拥有建设项目环境影响评价资质（乙级）。在此基础上，2001 年 4 月常州大学成立了环境与安全工程学院，有环境工程、环境科学两个专业。环境科学系建立了以土壤污染防治与修复、水污染控制与修复、环境评价与管理三个研究领域为支柱的学科框架，形成了土壤污染过程与修复、环境技术与政策评价、高浓度难降解废水处理等重点研究方向。学院努力立足服务地方、面向行业需求、跟踪学科前沿进行环境科学研究，为环境保护产业提供高新技术，为环境行政部门提供决策依据，为社会输送复合型、高层次环境保护人才。环境保护研究所则是一个分散性的研究机构，它的目标是集全校环境保护人才，以科学研究和技术开发为主，为人才培养提供技术支撑。研究所依托人才优势、服务资质及先进的大型环保检测仪器设备，在水污染控制理论与技术、环境监测与评价、固废物处理与处置等方面做了许多卓有成效的工作，先后承担了“太湖流域污染达标零点行动”、“膜技术在印染废水处理中的应用”等项目的研究，研制开发了催化氧化法处理高浓度难降解有机废水、膜技术处理工业废水、电气浮处理油田采出废水、油气回收及其吸收剂、烟气脱硫净化处理等成套工艺技术和装置，并逐渐形成了一些有独创性、特色性的稳定的研究方向。

苏州大学设置生态专业的时间虽然较晚，但依托苏州大学综合性大学的学科优势和百年老校深厚的文化底蕴，依托长三角经济发达的地域优势，专业设置和人才培养都具有鲜明的特色。苏州大学本科的化学和生物专业始创于1914 年的东吴大学，它培养了中国最早的化学硕士和生物学硕士。1952 年以后东吴大学调整成立为江苏师范学院，1982 年改成苏州大学，成为综合性大学。2002 年材料与化学化工学部的化学工程与工艺系开设环境工程专业，培养具备环境工程的基本理论及基本技能，能在管理部门、科研单位、生产企业等从事环境科学研究、环境污染治理工程设计、环境污染监测、环境管理等方面工作的高级工程技术人才。1996 年生命科学院成立生物技术系，开设了生物应用专业，培养符合社会经济发展的要求，德、智、体全面发展，重视学科交叉和相互渗透，具有扎实的生物科学基础理论、基本知识和基本技能，适应应用生物科学发展需要，以应用生物技术为重点，以动物学为特色，专业适应面广、能力强、富于创新精神，能在高等院校、科研院所、轻工食品、生物技术、环保、检疫、生物资源保护与利用、应用动物科学等领域从事技术应用与开发、经营与管理、教学与科研等工作的高素质、复合型应用生物科技人才。苏州大学金螳螂建筑与城市环境学院的前身是创建于 2005 年 5 月的苏州大学城市科学学院，是苏州大学利用综合性大学的学科优势，为主动适应 21 世纪中国城市发展需求而成立的新兴学院，其中的城市规划、城市园林、城市园艺等专业与城市生态保护息息相关。除此外，苏州大学还成立了生态批评研究中心，它的前身是 1995 年成立的精神生态研究所，2003 年改为生态文艺学研究室，是国内最早建立的跨学科生态批评研究机构，科研水平在该研究领域处于领先地位。生态批评研究中心的研究宗旨是：面对全球性的自然与人文双重危机，以生态学的视野、生态学的基本理论、生态学的价值尺度，运用跨学科的研究方法，重新观察并阐释文学艺术现象以及社会文化现象，为以往的文化研究、文艺学研究开辟一条新的渠道。同时把人类的精神活动纳入地球生态系统中来，以期对地球生态系统的良性运转发挥积极作用，进一步扩大传统生态学的研究范围。目前苏州大学正在组建农业生物技术与生态研究院，希望有机整合学校现代农业科技研究力量，以生态研究为支撑，综合环境毒理、环境微生物和水生生物学等研究力量，在太湖综合治理、生态农业建设等国家和地方的大型专题研究中发挥重要作用。

从生态专业设置的情况来看，苏南地区综合性大学已开始重视生态专业的设置和发展，同时生态科研和人才培养相结合，不仅为地区生态的保护和经济的发展培养了许多高级的专业人才，也促进了苏南地区生态和环境的保护。苏南地区部分高等或中等职业学校也开设了一些生态专业的课程，培养生态专业的技能性人才，初步形成了培养不同层次生态专业人才的立体化培养体系。例如，苏州农业职业技术学院的生态环境系设有环境监测与治理技术、城市环境监测与评价、农业环境保护技术、水环境监测与分析和环境工程技术等专业（方向），园林园艺系设有园艺、园林工程、园林规划设计、环境艺术等专业（方向）。常州工程职业技术学院设有环境监测与治理技术和环境监测与评价专业，环境监测与治理技术专业培养掌握环境监测与治理工程及一般污染治理知识，具有对环境污染治理设施进行设计、操作、维护、管理和技术改造能力，德才兼备，可作为环境监测部门、环境管理部门、各类污水处理及设备生产企业、食品和饮用水生产企业的环境质量控制部门等相应岗位的环境工程技术人员。环境监测与评价专业培养掌握环境监测、环境评价和环境工程等方面的基本理论，具有环境分析与评价专业知识，具备环境监测仪器、环境污染控制设备专业操作技能，能在环境监测站、污水处理厂、化工、轻工、医药、冶金、建筑等部门从事污染物分析与检测、环境评价和环境管理的高素质高级技能型专门人才。

二、苏南地区高校生态教育课程设置情况

课程的结构和内容是课程目标的具体写照。分析苏州大学材料与化学化工学部的环境工程专业的课程（如表6-2所示）可知：通识教育课程占40%，主要为工具类、政治思想教育类和专业学习基础课程；大类基础课程占24%，主要是为学生的专业学习奠定基础的；专业必修课程占23%，涉及生态环境及保护的基础理论和基本技能，主要为学生今后进行环境科学研究、环境污染治理工程设计、环境污染监测、环境管理打下基础；专业选修课程占13%，其中专业选修课与生态环境保护有关的有6门。从这些专业课程的内容设计来看（如表6-3所示），该专业的课程主要偏重于专业的知识和技能的传授，只有一门课程“环境规划与管理”文理兼容。相比于发达国家高等学校生态专业的课程设计，国内的课程设计专业性更强。

表 6-2　苏州大学材料与化学化工学部的环境工程专业的课程

课程类别	课程名称	学分数	教学时数			每周学时							
						第一学年		第二学年		第三学年		第四学年	
			共计	讲授	实验	一学期	二学期	三学期	四学期	五学期	六学期	七学期	八学期
通识教育课程(占总学分的40%)	形势与政策					②	②	②	②	②	②	②	②
	马克思主义哲学原理(一)	3	54	54							3		
	政治经济学原理	2	36	36		2							
	毛泽东思想概论(二)	2	36	36				2					
	邓小平理论概论(一)	4	70	54	16			3 +1					
	思想道德修养(一)	3	54	54		3							
	中国近代史纲要	2	36	36		2							
	法律基础	2	36	36					2				
	体育(一)	4	180	180		2	2	2	2	*	*	*	
	英语综合(一)	4	72			4							
	英语综合(二)	4	36			2	2						
	英语综合(三)	2	36			2	2	2					
	英语综合(四)	2	36				2	2	2				
	英汉翻译与写作	2	36						2				
	英语报刊选读	3	54						3				
	英语高级视听	3	54						3				
	英语高级口语	2	36						2				
	英汉翻译与写作	2	36					2					
	英语报刊选读	2	36					2					
	英语高级视听	2	36					2					
	英语高级口语	2	36					2					
	跨文化交际	2	36						2				
	英美文化	2	36						2				

续表

课程类别	课程名称	学分数	教学时数			每周学时							
						第一学年		第二学年		第三学年		第四学年	
			共计	讲授	实验	一学期	二学期	三学期	四学期	五学期	六学期	七学期	八学期
通识教育课程（占总学分的40%）	中国地方文化英语导读	2	36						2				
	商务交际	2	36						2				
	影视欣赏	2	36						2				
	学术文献与交流	2	36						2				
	计算机应用基础	3.5	90	36	54		2+3						
	计算机程序设计	4.5	108	54	54			3+3					
	高等数学(二)	10	180	180		6	4						
	普通物理(一)	8	144	144			4	4					
	普通物理实验(一)	1	36		36		2						
	基础必读书	2											
	军事理论	2	36	36			2						
	军事技能	2	2–3周			2–3周							
大类基础课程（占总学分的24%）	无机化学(三)	4	72	72		4							
	无机化学实验(二)	1.5	54		54	3							
	分析化学(二)	4	72	72			4						
	分析化学实验(二)	2	72		72		4						
	有机化学(二)上	4	72	72				4					
	有机化学实验(二)下	1	36		36			2					
	物理化学(二)	6	108	108					3	3			
	物理化学实验(二)	1.5	54		54					3			
	水力学	2.5	54	36	18						2+1		
	微生物学	3.5	72	54	18					3+1			
	化工基础	4.5	84	72	12							4+1	
	工程数学	4	72	72					4				

续表

课程类别	课程名称	学分数	教学时数			每周学时							
						第一学年		第二学年		第三学年		第四学年	
			共计	讲授	实验	一学期	二学期	三学期	四学期	五学期	六学期	七学期	八学期
专业必修课程(含实践、实习环节,占总学分的23%)	工程力学	3	54	54						3			
	工程制图	3	54	54		3							
	环境工程概论	2	36	36					2				
	环境分析与监测技术	3	72	36	36					2 +2			
	环境污染与治理	2	36	36							2		
	环境污染与治理实验	1.5	54		54						3		
	环境质量评价	3	54	54								3	
	水处理工艺与设备	2	36	36								2	
	劳动		2 周										
	实习	4	4 周									4 周	
	毕业设计(论文)	16	16 周										16 周
专业选修课程(占总学分的13%)	材料化学	2	36	36							2		
	中级无机化学	2	36	36								2	
	无机合成化学	2	36	36							2		
	有机物波谱分析	2	36	36							2		
	现代药物与化学	2	36	36							2	2	
	杂环化学	2	36	36								2	
	有机固体化学反应和应用	2	36	36							2		
	精细有机化学	2	36	36							2		
	有机合成	2	36	36							2		
	** 环境化学	2	36	36						2	2		
	电子线路与分析仪器	2	36	36							2		
	商品检验与质量管理	2	36	36							2	2	
	高等仪器分析	2	36	36							2		

续表

课程类别	课程名称	学分数	教学时数			每周学时							
						第一学年		第二学年		第三学年		第四学年	
			共计	讲授	实验	一学期	二学期	三学期	四学期	五学期	六学期	七学期	八学期
专业选修课程(占总学分的13%)	计算机在化学化工中的应用	2	36	36						2			
	电化学	2	36	36							2		
	应用表面化学	2	36	36								2	
	化学热力学	2	36	36							2		
	高分子化学(二)	2	36	36							2	2	
	高分子材料成型与加工	2	36	36							2		
	聚合物合成与改性技术	2	36	36								2	
	化工设备及仪表	3	54	54							3		
	化学反应工程	2	36	36							2		
	精细化工产品合成及应用	2	36	36							2	2	
	精细化工工程	3	54	54								3	
	高分子结构与性能	2	36	36							2		
	专业英语	2	36	36						2			
	信息检索	2	36	36							2	2	2
	化学史	2	36	36						2	2	2	
	化学教学基本技能与训练	2	36	36						2	2	2	
	高分子材料加工设备及模具设计	2	36	36								2	
	近代化学进展	1	18	18						1			
	**生物化学	2	36	36							2		
	电工电子技术基础	2	36	36						2			
	**环境规划与管理	2	36	36						2	2	2	
	物料衡算	2	36	36						2	2	2	
	**环境法学	2	36	36						2	2	2	
	**生态学	2	36	36						2	2	2	

续表

课程类别	课程名称	学分数	教学时数			每周学时							
						第一学年		第二学年		第三学年		第四学年	
			共计	讲授	实验	一学期	二学期	三学期	四学期	五学期	六学期	七学期	八学期
专业选修课程（占总学分的13%）	** 环境科学概论	2	36	36						2	2	2	
	聚合物反应工程与加工	2	36	36								2	
	配位化学	2	36	36								2	
	以上课程任选	16	288	288						6	6	4	
	全校性任意选修课程	6	108	108				2	2	2			

注：* 为健康标准测试。

②为“2 课时”，由辅导员结合“形势与政策”机动安排学习时间。

打 * * 的选修课为相关专业的教学课程。

表 6-3　苏州大学材料与化学化工学部环境化工专业课程内容

课程名称	性　质	课程内容
环境工程微生物学	学科基础课程	这是环境污染防治与微生物学相结合而发展起来的一门交叉学科，重点研究环境污染防治工程中的微生物学问题，主要包括微生物的形态、结构、生理特性、生长与遗传变异，水的卫生细菌学，废水生物处理中的微生物和水体污染的指示生物，微生物的研究方法以及微生物实验等
环境工程概论	专业教学课程	主要介绍环境工程学的基本原理，特别是水质净化与水污染控制工程及水生态退化与修复技术、大气污染控制工程、固体废弃物的处理与管理，以及其他环境公害（如噪声、电磁辐射、振动等）防治技术的基本原理和方法
环境分析与监测技术	专业教学课程	这是一门具有综合性和实践性的课程，它是开展其他环境分支学科的基础，也是环保部门的一项常规工作和进行环境管理的重要手段。通过本课程的学习，使学生掌握环境污染的原因，污染物质的来源和环境监测的目的，环境监测基本理论知识和原理，掌握常规监测项目的测定方法和操作技能，水环境、大气环境、土壤环境监测以及噪声监测的原理、方法和实验技能，水质标准等环境标准的主要内容与应用，包括监测采样、分析原理、数据统计处理、结果表述、质量控制及国家有关环境标准等，为学生从事环境监测及相关环境保护工作奠定基础

续表

课程名称	性　质	课程内容
大气污染控制工程	专业教学课程	主要研究大气环境、大气污染规律、大气污染的特征以及大气污染控制理论和技术。在本课程中，学生将学习大气环境的基础知识，微粒污染物的特性及各种除尘技术和设备，气体污染物治理的基本方法，挥发性有机物、SO_2 和 NO_2 等主要气态大气污染物的治理技术等内容。要通过本课程的学习，结合环境工程实验中的大气部分的实验内容，使学生掌握主要大气污染控制的理论和技术，培养学生分析和解决大气污染控制工程实际问题的能力，为学生从事大气污染控制工程设计、科学研究及环境管理工作奠定必要的基础
环境工程综合实验	专业教学课程	环境工程综合实验涵盖水污染控制工程、大气污染控制工程和固体废弃物处置的各主要治理技术与工艺的运行管理与监督。主要讲述废水、废气及固体废物的物理、化学、生物处理的机理、技术、设备方面的知识，以及各种污水处理系统和污水的设计、运行、管理、维护等方面的知识。课程旨在加深学生对主要工程技术工艺流程和基本原理的理解，培养学生设计和组织相关实验方案的初步能力，促进学生掌握主要工艺设备的运行管理技能及使用实验仪器、设备的能力。加强学生对实验数据的分析和处理能力，使学生初步具备对工艺设备运行状况进行分析和评价的能力
环境质量评价	专业教学课程	主要是环境质量评价的理论和评价方法，包括：概论，评价标准，污染源调查评价，大气、水、土壤、噪声等环境要素的现状评价和影响评价方法，以及区域环境质量评价和风险评价等有关知识。教学与学习侧重于介绍正确理解环境影响评价的概念以及现阶段环境影响评价所使用的评价技术，特别是《国家环境评价技术导则》中推荐的、实际环境评价中常用的评价模式，能够明确模式中参数的意义，模式的适用条件，为学生从事环境影响评价工作打下理论基础
环境工程综合设计	专业教学课程	本课程为必修实践课程。通过本课程的学习，使学生掌握典型的污水处理和废气治理的设计方法、设计计算，培养学生运用所学知识解决工程实际问题的能力；通过对气态和液态污染物净化系统的工艺设计学习，使学生掌握大气污染和水污染系统设计的基本方法，掌握设计与制图的基本技能，掌握大气和水污染物净化工艺设计的一般步骤和方法，具备初步的独立设计能力，提高综合运用所学理论知识独立分析和解决问题的能力
环境化学	专业选修	本课程主要讲授污染物在环境中的滑雪运动规律以及对污染物的防治，人类与环境的辩证统一关系，环境问题的产生与发展，大气污染的危害及防治，水质污染的危害及其治理，土壤污染物的种类及危害，以及环境监测和质量标准体系等

续表

课程名称	性　质	课程内容
环境规划与管理	专业选修	该课程是在环境管理课程的基础上增加环境规划的内容整合而成。主要内容包括:环境规划与管理的相关理论、环境规划与管理的技术基础、环境规划与管理的环境法律法规体系、环境规划的方法和内容、流域环境规划、城市环境规划、生态环境保护规划、环境管理模式、组织层面的环境管理、产品层面的环境管理、活动层面的环境管理等。该课程综合性强,涉及面宽,着重培养学生综合运用专业知识和技术,分析、判断和解决实际问题的能力

课程结构及内容的专业性强同样表现在其他的生态专业中,苏州大学的建筑环境与设备工程、环境工程、生物科学和园林专业的生态课程(见表6-4)也有同样的情况,而苏南地区其他高校的生态专业的课程也有这样的情况(见表6-5)。

表6-4　苏州大学生态相关专业的课程

专　业	建筑环境与设备工程	环境工程	生物科学	园林
生态学课程	建筑环境学、建筑环境测试、建筑给排水、空气洁净技术、太阳能利用技术	水力学、微生物学、环境工程概论、环境分析与监测技术、环境污染与治理、环境污染与治理实验、环境法学、生态学和环境科学概论	普通生物学、普通生态学、环境质量评价、环境微生物学、动物资源学、生物伦理学、保护生物学	城市景观生态学、园林植物学、园林植物基础、环境艺术学、园林植物景观设计、城市绿地系统规划、生态景观规划、园林植物病虫害防治、环境行为心理学

表6-5　苏南三所不同学校环境工程专业课程的设置

	苏州大学环境工程	苏州科技学院环境工程	江南大学环境工程
主要课程	无机化学及实验、分析化学及实验、有机化学及实验、物理化学及实验、水力学、微生物学、化工基础、工程数学、工程制图、环境工程概论、环境分析与监测技术、环境污染与治理、环境污染与治理实验	分析化学、流体力学、工程力学、微生物学、环境生态学、化工原理、环境系统分析、环境评价、水污染控制工程、大气污染防治工程、噪声控制工程、固体废物回收利用、环境监测与环境管理	机械设计基础Ⅱ、有机化学、无机及分析化学、化工原理、生物化学及实验、环境微生物学、环境质量评价、环境监测、水污染控制工程、环境科学概论、大气污染控制工程、环境工程设计

同全国大多数大学一样,苏南地区高等学校对非生态专业学生的生态教

育目前还是比较薄弱的,只有极个别专业开设与生态和环境保护有关的必修课程,少数专业开设了与生态和环境保护相关的选修课。例如,苏州大学的材料与化学化工学部开设有“环境化学”选修课,数学学院的统计学专业开设了“普通生物学”和“生物统计”选修课,物理科学与技术学院热力与动力工程专业开设了选修课程“节能与环境保护”,纺织与服装工程学院的轻化工程专业开设选修课程“环保染化料”、“环境保护”,建筑学专业开设了选修课程“环境科学概论”、“城市景观生态学”。苏州大学一些人文社会学科也开设了相关的课程,如法学院开设了必修课程“环境法”,文学院开设了选修课程“生态批评研究”,政治与公共管理学院城市管理专业开设了“城市生态学”、“城市环境管理”选修课,公共事业与管理专业开设了“环境保护”必修课程,行政管理专业开设了“环保行政管理”选修课,社会学院的旅游管理专业开设“城市景观与历史环境保护”选修课。学校还在全校的公选课程中开设了部分生态环境教育的课程,如苏州大学共有10门全校公选课程与此相关:“生命科学与人类社会”、“人类与环境”、“环境保护概论”、“环境化学导论”、“生态学”、“环境生物学”、“环境生态学”、“环境与健康”、“海洋鱼类与人类未来”、“能源与可持续发展”。但与众多的选修课程和众多不同专业的学生人数相比,生态类选修课程的比重很小,选修此类课程接受生态教育的学生人数比例更小。

三、生态课程的教学方法

课程的教学方法往往与课程的目标和性质有关。由于苏南地区生态课程的目标偏重专业人才的培养,课程的内容偏重于专业的知识和技能,因此教学方法也相应地侧重于课堂教学,主要采用的是讲授和实验。例如,苏州大学的“普通生态学”课程主要是利用普通生态学多媒体课件,结合普通生态学教材,深入进行系统化和形象化的讲解。当然也有一些教师在讲授的过程中也会特别注重理论联系苏州市及全国生态学实际,讲解身边的各种生态学现象,强调学生与教师的互动式学习,整合实验与理论教学的方式、方法,要求学生独立完成课程作业和课程实验报告。苏州大学“保护生物学”是一门多学科交叉的学科,涉及生态学、种群生物学、野生动物生物学、生物地理学、社会科学、国家法规政策等内容。教师主要讲授世界及我国当前生物多样性的状况,多样性丧失的原因,生物与环境的关系及在物种、遗传、生态多样性三个层次人类如何进行生物多样性的保护等知识。教学中教师也会要求学生自己搜集有关资料(如目前我国的主要外来物种及其危害等)进行汇报讨论,使他们将所学知识与社会现实问题紧密联系起来,促进理论与实际的结合。对于一些理念性的知识,教师也会注意采用讨论法。例如,苏州大学“生物伦理学”是一门新兴的文理综合的课程,它在介绍生物学、分子生物学知识的基础上,探讨许多生物学的热点问题，如人口控制、人工流产、安乐死等，并从生物学的角度提出理论根据和理论支持，其主要教学内容包括：人类基因组计划、基因制药和基因治疗、转基因农作物回归自然界、干细胞和再生医学、辅助生育、安乐死、动物实验、人的行为控制、人口伦理、人体实验和生态伦理道德等涉及人们日常生活并与传统伦理存在一定矛盾的问题。该课程主要讨论涉及生物学技术与人们生活间的关系，所以教师的教学除了采用常规的教学方法外，更多地采用讨论、辩论等形式，让学生充分发表自己的意见，剖析存在的问题。

苏州大学在培养生态专业学生的过程中也比较重视实践环节。例如，生物专业的学生在二年级专业基础课程“植物学”、“动物学”学习结束后，会有一次历时 3 周的生物学野外综合实习，即进行动植物标本的采集、生态环境的观察和自然保护区的考察，使学生了解动植物的形态结构与生活习性以及生物与其周围生态环境的相互作用关系，形成生物体的结构与功能、局部与整体、多样性与共同性相统一的生态学观点，关心我国的生物资源状况，热爱自然、珍爱生命，理解人与自然和谐发展的意义，树立可持续发展的观念。又如，环境工程专业的学生有 4 周的实习时间，主要采用仿真实习和工厂实习相结合的方式开展。仿真实习采用的是北京东方仿真控制技术有限公司推出的环境工程仿真培训软件及实习指导书，该实习为集中实习，由教师负责主讲和指导，每位学员使用一台仿真计算机，进行单独培训、单独动手操作、单独考核。工厂实习采取分散实习的方式进行，学生分批进入相应环境污染治理工厂实习，由教师带队，工厂工程师负责讲解和指导，每位学员通过培训后进入相应岗位进行实际操作，单独考核。但总体而言，学生的实践活动形式单一，内容的研究性不强。

第四节　苏南地区高等学校生态教育的对策

1987 年联合国教科文组织在莫斯科召开了“国际环境教育培训大会”，讨论并制定了“国际生态教育和培训计划”，这项计划从经济、社会、文化、生态、美学等不同角度，全面阐述了生态教育的内涵，倡议将 20 世纪最后的 10 年定为“国际环境教育的 10 年”。1992 年召开的联合国“环境与发展大会”上通过的《21 世纪议程》中有一章专门论述环境及生态教育问题，生态教育首次登上世界政府首脑会议，这标志着生态教育在国际上已进入大发展时期。世界生态教育正朝着全民教育、全程教育和终身教育方向发展，教育生态化的新时代已见端倪。

苏南地区生态教育虽然取得了长足的发展，但与发达国家相比，其发展还相对滞后，全民生态教育还没有得到应有的重视，全社会的生态教育体系尚未形成，无法满足时代的需求。因此高等学校必须采取一些教育对策，改善这种局面。

一、改善高校生态教育的环境

在我国，高等学校是社会不可或缺的重要组成部分，是推进社会、经济、文化进步发展的重要力量。对于某个区域而言，高等学校不仅在一定程度上代表着区域的教育水平和科技水平，也始终为区域的社会建设和经济发展肩负着人才培养、科学研究和社会服务三大基本任务。随着苏南高等教育开始迈向大众化和国际化，高校在校生规模逐年扩大，这些人将会是区域生态文明建设不可忽视的力量。同时高校也聚集着数以万计的人民教师和一大批具有较高学识水平、学术造诣的专家、学者，他们都有着较高的思想政治素质和科学文化素质，完全有条件尽其所能发挥“思想库”的作用，可以为生态文明建设做出自己应有的贡献。应该认识到，高等学校在生态领域进行学习、教育、教学、科研和实践的师生，是区域生态文明建设的生力军。

与世界上许多国家一样，苏南地区的高等院校也开展了不同形式的生态环境教育，有专业教育，也有非专业教育。然而相比美国和日本高等院校的生态教育，我国开设生态教育课的范围还不是很广，生态教育只存在于一些综合性院校；生态教育的历史也相对比较短，除个别学校外，大多数学校都是近几年才设置生态教育专业；专业教育的专业门类还不是很多，非专业教育的面更加狭窄，多数专业、多数大学生在大学里没有接受过生态教育，只有少部分非专业学生利用选修公选课的机会，接受生态教育。由此可见，苏南地区的生态教育总体还处于起步阶段，生态教育尚未在高等教育中受到高度重视，生态教育未得到广泛普及。

为了实现高校生态文明教育的基本目标，高等学校必须在以往的环境教育和可持续发展教育基础上，进一步更新教育理念，在高等学校的整个教育体系和教育过程中全面贯彻落实生态文明的理念，全面赋予高等院校绿色教育以新的内涵；必须选择层次化的教育途径，既包括专业的生态教育，也包括非专业的生态教育，既包括学校和教师对学生的教育，也包括学校、教师、学生的自我教育；必须采取多样化的教育形式，既包括正规的课程教育，也包括渗透在整个高等教育过程中的潜移默化的熏陶。总之，高校应把开展生态文明教育作为一项系统工程，最终实现生态专业人才的培养和全民生态教育。

二、深化高校生态专业的建设

目前，苏南地区已有 10 所高校开设了生态和环境保护专业，每年可以向社会输送一些不同类型的具有专业知识的生态环保类人才。但这类专业人才的数量还不是很多，涉及的专业种类更少，这与苏南地区整体的社会发展需求还有一段距离。此外，由于没有设立独立的生态学院，导致学科研究还不够深入；同时学科门类比较狭窄，主要为环境工程专业，与人文社会学科的融合度仍不高。

设立独立的生态学院，可以使生态学的研究更加深入。一方面可以使生态学渗透到生物学、环境保护研究的各个方面，如使生态学与遗传学、生物化学、微生物学和分子生物学等生物核心领域融为一体，或形成动物生态学、植物生态学、生物气候学、历史地理学、海洋生态学等生态学领域；另一方面是可以利用现代科学技术研究生态学和环境保护。

生态教育是在全球生态危机的背景下产生的，也是社会生态化发展的客观要求。现代社会提出的生态经济、生态政治、生态文化和生态文明正昭示着社会生态化的到来。也就是说人类需要把生态学的系统论、协调观、持续性贯彻到未来的经济、政治、文化乃至整个社会的发展过程中，社会的生态化已见端倪。社会的生态化需要生态学与其他学科相融合，特别是与社会学、经济学、文化学、教育学等人文学科相融合，这样不仅可以扩大生态学的研究领域，而且可以培养不同类型的生态专业人才。

三、完善生态教育的课程体系

由于历史的原因，我国高等教育长期以来形成了以专科为主、综合为辅的办学格局，从而从宏观上导致了学科之间的割裂，纵向的系、室建制则从微观上对学科的交叉渗透起到了抑制作用。由于专业面狭窄，大多数课程只着重在专门理论研究和专门技术研究上，没有充分吸收现代哲学、社会科学、人文科学的方法与成果，形成综合性和整体性的学科教育体系。这样的教育只能培养出专才，而不是能够应付复杂的环境问题的通才。例如，目前广泛存在的强行排污和有法不依、执法不严问题，涉及政治、经济、文化诸方面的管理体制及道德等诸方面的深层次问题。单从一个视角或立场出发，是无论如何也不能认识和解决问题的。可见，专科的教育显然不利于生态学这种跨学科专业的教育。同样，在生态教育目标取向上，如果只是片面强调生态知识和环保技能的传授，而忽视生态意识、环保态度的培养，其结果将导致学生因缺乏对生存环境的关注和关爱而不能自觉地把自己掌握的生态知识、技能转化为具体的生态环保行动。据了解，在我国的很多环保部门中，不少理工科出身的技术人员，尤其是工程技术人员，尽管他们在专业上具有较强的能力，但由于在人文方面的素养太低，以致影响到具体环境问题的有效解决。近年来，苏南地区生态研究“跨学科”建设已经在一些领域打开局面，但现有的生态教育仍未真正与各学科、各课程相互渗透。在这方面，我们应该学习美国和日本生态教育课程体系的建设经验，在以理工科为主的生态专业的课程设置中开设一些人文类的课程，这样能更好地加强专业大学生生态意识、环境伦理的教育，让他们更多地了解生态与经济发展、社会发展的关系，有助于他们今后的持续发展。

此外，苏南地区生态教育的普及性还不够。现阶段，有部分高校在非生态（环境）类专业学生中开设了生态（环境）学课程的选修课，这为普及、传授生态学相关知识，引导学生认识生态环境、体验生态环境、关怀生态环境等创造了条件。但这毕竟只是个别现象，而生态教育则要求全民化、全程化和终身化。因此，在课程建设中建议把生态和环境保护课程作为通识课程，或结合专业开设相应的生态环境保护课程，如化学专业可开设"环境化学"，经济专业可开设"绿色经济"，城建专业可开设"生态设计"等。

生态教育还要特别注意加强对两种特殊人群的教育：妇女和教师。由于妇女在家庭中对孩子以后的生活行为会产生更多的影响，同时也由于她们更接近日常生活的物质循环过程，所以她们比男人更需要接受生态环境教育。此外，教师也是需要首先接受生态环境教育的人群，因为教师的价值观直接影响着学生的价值观。在这方面，高等学校应该予以足够的重视。

四、整合生态文明的教学内容

反思苏南地区高等学校生态教学的内容，存在的严重问题是生态教育主要注重自然科学专业知识和技能的教育，这是一种单纯依靠外部手段改造生态的技术教育，往往治标不治本。不可否认，这种教育方式有其必要性，生态环境问题的解决离不开科学技术的进步与发展。但是，生态环境问题的最终解决归根到底要依靠人们生态环境意识的提高，要使人类重新审视自身发展与生态环境的关系，这是科技的力量所不能胜任的。事实上，正是科技的进步提高了人类改造和利用自然的能力，使得人类盲目自信，无节制地片面追求经济利益，导致资源日益枯竭、环境日趋恶化。然而，一个真正生态学专业人员不仅应该具备一定的知识技能，还应具备对负责研究或管理的典型生态状况进行独立分析，建立模型，较好地完成简单的生态综合鉴定，制定针对现实与未来的决策，完成工程生态环境评价等方面的能力，这就需要综合运用生态环境科学知识与环境法律、生态伦理和生态建设等方面的知识。因为"在当代技术社会，一所真正对人类、对社会有着高度人文关怀和责任感的大学，它所培养的人绝不是技术至上主义者，而是一个有着强烈反省意识的技术主宰者"[1]。因此，高等学校的生态教育不仅需要具有理论性、系统性，还要从哲学、伦理、美学等多

〔1〕 阎光才.技术社会中大学教育的人文与生态关怀.高等教育研究，2003，(5)：31.

学科角度，阐发生态环境与人生存和发展的内在联系，从而使受过高等教育的人能够深刻理解尊重自然、保护自然的意义和价值。

生态文明教育内容极为丰富，具有跨学科性等特征，涉及的学科也很多，除了本身的生态系统、生态平衡原理、环境污染机制和环保技术外，还涉及环境法律法规、生态伦理道德、环境质量的历史变迁以及环境审美等；涉及各大产业中的绿色生产、绿色流通、绿色消费、生产资源的合理性配置、国际贸易中的绿色壁垒等经济学内容；涉及生态防护林建设、生态城市建设、生态建筑施工等工科内容。因此，生态文明教育要超越自然科学，用一种跨学科的教育整合策略去培养学生的生态意识、生态价值观和生态情感，从而更有效地帮助学生识别生态问题的自然和社会根源，最终找到解决环境问题的方法，并做出相应的行动。

从狭义角度分析，生态文明教育内容整合就是将与生态文明具有内在联系的不同学科、不同领域的内容或问题，形成完整的课程体系。该课程体系以生态文明的意识、知识、态度、技能、参与为主线，形成独具时代特色的生态文明教育内容。从广义角度分析，生态文明教育内容整合就是将生态文明教育的内容和活动整合到相关课程中去，也就是各学科在不同层次上都或多或少地存在着某些与人类面临的人口、资源、生态等密切联系的内容，生态文明教育应结合各专业特点以及生态环境教育的实际，在教学内容上有所侧重与渗透，并不断挖掘教学内容中的生态环境教育因素与学科内容的最佳结合点与切入点，从不同角度和不同层面对学生进行生态文明教育，并能使之与现实生活相联系。这种渗透是将生态文明相关的知识内容化整为零，分散渗透到各课程环节之中传授给学生。它最大的优点是将生态文明相关内容与专业知识紧密结合，有助于积极主动地向学生渗透生态环境教育，并注重生态文明知识的应用。

五、倡导多元的生态教学方法

从苏南地区高等学校生态教学的实际情况来看，生态课程往往都是被作为一门独立学科课程来教授。在这样的过程中，教学方法会偏于简单、粗放，讲授灌输多，启发讨论少，理性说教多，情感体验少，理论学习多，实践体验少，缺乏生动活泼的教学方法，往往使生态教育缺乏应有的说服力和感召力，不仅不能使学生培养起浓厚的学习兴趣，还造成学生知识水平和行为模式的较大落差。也就是说大多数学生在学习时只停留在认知生态知识的层面上，由知识到行动的转化率很低。这不仅对全面提高学生素质不利，对生态保护事业也会产生一定的负面影响。

马卡连柯认为，品行是一种很复杂的成果，不仅是意识的产物，而且也是知识、力量、习惯、技巧、适应、健康以及最重要的社会经验的结果。生态教育的目标是使人们具备生态环境科学的基本知识、基本技能,树立正确的生态环境意识、态度、价值、环境伦理、环境法治观,积极主动地参与资源与生态环境建设,促进可持续发展,实现人的全面素质的提升。生态教育目标的综合性和复杂性决定了生态环境教育的形式、方法也应该多种多样。多元的教学方法有显性教育和隐性教育两大类。

显性教育是指开设必要的环境课程,通过课堂教学、课后实验、专业实习、课程设计等环节完成教育任务。在这个过程中,针对本地区的生态环境状况,加强野外考察、参观见习、实地调研等实践环节,能更好地促进大学生加深对生态文明的情感,使建设生态文明成为发自内心的自觉的行动,这种亲身的实践过程和情感体验能培育大学生热爱生命、热爱自然、与自然和谐相处的情感。

改变课堂的教学方式也可以有效地提高教学效果。例如,改传统的讲授为视听教学,则能极大地丰富学生的感性认识。因为视听教学更加生动,能将大千世界的千变万化生动地呈现在学生面前,激发学生在课堂上的热情,这样的教学方式会使学生更容易产生对大自然的深切热爱,比起枯燥乏味的板书、教材和笔记更加能够引起学生主动学习的兴趣。又如,改单一的教师讲解为师生的共同讨论,这样可以让学生充分认识到自己原有的生态环境道德认知的不足,激发学生思考,使他们不断发展和建构新的生态环境伦理观,实现生态环境道德的内化。

建设和利用生态教育基地资源是开展生态教育实践活动非常重要的途径。生态教育基地一般都具有野生动植物资源丰富,适宜经常开展青少年科普教育活动,教室、图书馆、标本室、实验室等设备齐全的特点,且配备有专家、讲解员、导游等专业人士。苏南地区应该利用独特的江河湖泊和湿地等资源,建设具有特色的生态教育基地。大学生不仅应该充分利用生态教育基地资源,依靠生态基地的设施、环境以及生态基地的教育力量进行学习和研究,还应该参与到生态基地的建设中,融入到自然生态系统内部,准确地了解生态系统的运作情况,并能依靠生态环境巩固所学的生态知识,获得课堂所没有的知识,学习处理现实生态问题的能力,深化生态情感,提高生态实践能力。

科研训练是提高学生对生态环境感受性,激发对知识的好奇心,培养学习的动机和兴趣的有效方法。除了毕业论文外,学校应该创造更多的机会让学生跟随高校教师进行科学研究,从身边的环境问题出发,研究和解决实际问题,或通过实践了解最新的解决生态环境问题的科研动态,在有更多切身感受的基础上,主动地思考环境问题的成因及解决办法,这对于培养学生关心生态环境的意识,掌握与环境问题有关的科学知识和技能等是行之有效的方法。

隐性教育是通过校园文化和生态环境建设,将生态环境教育内容隐含其中，通过潜移默化的影响，使学生在不知不觉中受到生态环境教育。在校园文化建设方面，可通过丰富多彩的校园文化活动，如讲座、研讨、沙龙、辩论、演出、竞赛等形式，宣传生态伦理、循环经济、环境法规、生态建设等。在校园生态环境建设方面，鼓励大学生积极参与建设“绿色学校”活动，将生态环境保护和可持续发展思想贯穿到生态校园的建设中，使“绿色学校”起到教育和示范的双重作用，使大学生在这种氛围中受到良好的教育。具体来说，大学生应当做到以下几点：

一是了解“绿色学校”的涵义。知道“绿色学校”是指学校在实现其基本教育功能的基础上，以可持续发展理论为导向，在全面的日常工作中将可持续发展思想纳入管理体系中，通过制定生态环境管理制度，开展有效的生态环境教育活动，创设生态环境保护的文化氛围，促进师生、家长和专家参与环保和可持续发展的实际行动，全面提高师生的生态素养，共同为社会的可持续发展做出贡献；知道“绿色学校”更主张生态环境教育要从课堂渗透扩展到全校整体性的教育和管理，鼓励师生共同参与学校生态环境教育活动，在实践的过程中发展面向可持续发展的基本知识、技能、态度、情感、价值观和道德行为，提高全体教职员工和学生的生态环境素养，落实生态环境保护行动。

二是养成绿色生活的习惯。生态文明的生活方式应该是绿色生活，绿色生活不是以消耗大量资源来求得生活上的舒适，而应是立足于节约资源的生活方式。倡导绿色生活方式能使大学生的生活心理和生活行为向热爱自然、追求健康、适度消费、降低能耗、杜绝浪费转变，有利于提高资源的利用率，缓解资源的供需矛盾。大学生在日常生活中应当注意节约水电，不乱扔垃圾，节约用纸，注意纸张的回收和再利用，拒绝使用一次性筷子，避免使用塑料袋，改为使用纸质包装等。这种良性、合理的生活方式，有利于合理利用资源，促进资源的循环利用，从而有效保护生态环境。

三是参与绿色环保的活动。现今，污染现象成为世界性公害。人类为了自身生产和生活的需要，不断地向周围环境排放有害物质，造成大气污染、水体污染、噪声污染等，在破坏自然生态环境的同时，也严重损害了人类的健康。因此，生态环境的保护关系到每一个人的切身利益。许多绿色环保组织希望更多的人参与到生态环境的保护中，开展形式不同的世界性的环保活动，呼吁人们停止那些污染环境的行为，对已经污染的环境尽快治理，恢复生态系统的自然循环。大学生有较高的知识水平和文化修养，也有较高的热情和较强的鼓动能力，因此，由大学生组织的活动往往有较强的渗透力。鼓励大学生组织和参与各种绿色组织的环保活动，能有效地鼓励更多人学会感激和善待生存环境，帮助他们树立正确的生态环境价值观，从而促进社会的全面、协调、可持续发展。

第五节　苏南高等学校生态教育活动示例

一、普通高校生态教育活动示例

对于高校非生态专业的学生而言，生态教育实践环节主要是通过参加学生社团的活动而实现的。学生社团是学生在自愿基础上自由结成、按照章程自主开展活动的学生群众组织。这些社团会打破年级、系科以及学校的界限，团结兴趣爱好相近的同学，发挥他们在某方面的特长，开展有益于学生身心健康的活动。在苏州大学的众多社团中，环保公益社团以其特有的自身性质树立起良好的社团形象，其中，"绿色协会"、"环保协会"、"Green love 协会"影响最为突出。表 6-6 是苏州大学"绿色协会"在近年来开展活动的情况。

表 6-6　苏州大学"绿色协会"近年来的活动情况

时间	主题	活动形式
2007.3	游金鸡湖	让成员们充分感受自然，也充分了解"绿色协会"的宗旨和主题，使会员们都意识到保护自然的必要性，提高会员工作的积极性和保护环境的信心
2007.4	"和谐校园"宣传调查活动	通过宣传和问卷调查，获取同学们对构建和谐校园和 4 月份迎评工作的认识与建议，从而为学校的学生工作提供决策参考
2007.5	"变废为宝"创意创作大赛	活动以"节约苏大，节约中国"为口号，以"创意创作，变废为宝"为主题，充分调动同学们的积极性和创造力，并成功渗透活动的理念：有想法就能创造价值，哪怕是看似毫无用处的废品
2007.9	游苏州天平山	对风景点及周边的随地丢弃的垃圾进行清理并进行环保摄影
2007.10	参观苏州污水处理厂	邀请公司负责人详细讲解城市污水所带来的危害、污水处理的流程及处理后的污水的排放等问题，由此使同学们产生保护环境的共鸣，切实以自己的行动参与到环保行列中，为环保事业尽一份力量
2007.11	环保爱心知识大赛	与红十字协会共同举办"环保爱心知识大赛"，比赛环节丰富多样，包括必答题、选答题、抢答题、风险题、才艺展示等，并融合了综艺节目的特色
2007.11	军训服装创意利用大赛	旨在通过这次大赛，为如何处理军训服装寻找途径。宣传节能环保、促进资源循环利用

续表

时间	主题	活动形式
2007.12	第三届海报大赛	在主题上,以环保为大纲,具体题材自定,给予选手发挥的空间;在材料上,倡导以更少、更新的原料创作出更有新意的作品,并鼓励在画面中加入诸如枯叶、树枝、废弃布料、包装纸、易拉罐等可以被重新利用的废弃物,这样不仅可以让作品更富创意,还可以为废物重新利用寻找途径
2008.3	感恩太湖,留下永恒记忆——大型生态林认植认养公益活动	通过认养乐昌含笑参与环保活动。游览"母亲湖"、参观新宁自来水厂,亲身体验"生命之源"的净化过程
2008.4	环保知识进社区	通过海报、问卷调查的形式,配合文字图片,扩大宣传力度,宣传绿化理念,加强社区居民的绿化环保意识
2008.5	生态环保建筑、规划展	活动分为绿色环保建筑展、生态规划展两大部分,形式上以油印海报为主,配合实例文字图片,对绿色建筑、生态规划的理念、技术手段和实践案例做系统的介绍和展示
2008.6	世界环保日社区行	以海报、问卷调查、倡议书、宣传册的形式在社区内进行全面宣传,引起人们对环境问题的重视,使之亲身参与到环境保护的实践中
2008.10	绿动校园 锐比先锋——LG显示器环保创意大赛	对生活和学习中的废旧物品进行创意设计、重新利用
2008.10	白马涧自然生态保护区之行	参观生态保护区,在活动中适当融入环保行动,如进行垃圾清理和环保摄影等
2008.11	水质调查	通过实地考察、实验对苏州的水质做一次调查
2008.12	拯救森林筷行动	在校内、校外进行宣传,免费发放折叠筷、调查问卷,倡议书本的循环使用
2009.3	新视野三山岛之行	通过组织旅行活动来宣传绿色环保思想
2009.4	环保宣传月——行为环保,爱护森林	在"爱护环境"横幅上签名、赠送环保小礼物、发调查问卷,进行环保知识竞赛

续表

时间	主题	活动形式
2009.5	五四环保晚会	通过相声、歌舞活动宣传环保意识
2009.6	世界环境日宣传活动	通过海报、现场签名、现场讲解等活动来宣传环保
2009.4.20—26	“爱鸟周”活动	校内制作海报，展出鸟类标本，播放鸟类纪录片《帝企鹅日记》，让同学们能切身感受鸟类的气息；在苏州动物园向游客发放“保护环境，爱护鸟类”等宣传资料，解答游客有关保护鸟类的问题；请市民在红色宣传横幅上签名，通过悬挂大幅标语，展出珍贵鸟类标本，制作宣传展板、鸟类特殊书签，使市民体会到鸟类是人类的朋友，爱鸟、护鸟是我们的一种责任

活动形式可分为：

（1）户外游览活动：“新视野三山岛之行”、“白马涧自然生态保护区之行”、“游苏州天平山”、“游金鸡湖”等。这类活动是以户外游览的方式给予大学生感受和亲近自然的机会，让大学生在轻松游乐的同时不忘环保。以“新视野三山岛之行”为例，学生组织“新视野摄影协会”和“绿色协会”会员前往太湖中的三山岛，活动目的是为了给大学生们提供一个交友的平台；培养同学之间团结协作的精神，提高社员间的凝聚力；宣传绿色环保思想；提升大学生的心理素养。

（2）主题宣传活动：“环保宣传月——行为环保，爱护森林”、“世界环境日宣传活动”、“世界环保日社区行”、“环保知识进社区”、“生态环保建筑、规划展”、“拯救森林筷行动”、“‘和谐校园’宣传调查活动”等。以“拯救森林筷行动”为例，这次活动前期是进行校内宣传，通过散发宣传单等行动，对所有在校师生员工进行宣传教育。其次是进行一次现场宣传，通过宣传片以及调查问卷的形式向广大师生宣传使用一次性筷子的弊端，并鼓励大家出外就餐自带折叠筷。现场还进行调查问卷以及采访工作，参与者可以得到折叠筷以及环保购物袋等纪念品。“筷行动小分队”还走出校园，走进餐馆，向广大的餐饮企业以及消费者宣传环保知识，避免使用一次性筷子。

（3）创意、创作大赛等趣味活动：“五四环保晚会”、“绿动校园　锐比先锋——LG 显示器环保创意大赛”、“军训服装创意利用大赛”、“环保爱心知识大赛”、“‘变废为宝’创意创作大赛”、“第三届海报大赛”等。以“‘变废为宝’创意创作大赛”为例，活动经历了资料搜集、起草计划、策划、开展等阶段，大学生在报名后的两星期内独立完成或组队协作，充分发挥创造性思维和动手能力，创作出很多新颖性、创造性、实用性和艺术性较高的作品。这次活动邀请了有关专家做评委，优秀作品不胜枚举，有充满想象力的“通灵猫”，有制作精美的“纸艺笔筒”，有既实用又美观的“驱蚊香皂”，还有充满专业特色的“房屋模型”等。后期，大赛组委会还组织了优秀作品展，将这一活动的成果与更多的人分享。

(4) 主题实践活动:“参观苏州污水处理厂”、“水质调查”等。以“水质调查”活动为例，先划分好区域，然后组织组员到各地取样并借学校的仪器对样品进行水质分析，收集当地河流现状的图片，询问沿河居民对河流污染的认知情况等，最后再把这一系列的结果展示出来，呼吁大家保护水资源。

此外，苏州大学医学部的“生物协会”围绕保护生物多样性开展了相关活动。例如，2009年4月的“‘爱鸟周’宣传活动”为:4月23日上午，在苏州大学独墅湖校区一食堂楼下进行爱鸟宣传。活动从上午9点开始，持续了大约5个小时。大幅的喷墨海报吸引了许多大学生，“生物协会”成员热情地为感兴趣的同学进行讲解，这更激发了很多人的爱鸟热情。此日的活动还展出了部分鸟类标本，让大学生能切身感受到鸟类的气息。4月25日上午，作为重要的系列活动之一——“江苏省第二十六届爱鸟周”大型科普广场宣传活动在苏州市东园（苏州动物园）举行，活动以“同在蓝天下，人鸟共家园”为主题。在宣传咨询现场，身着印有环保宣传图案服装的苏州大学“生物协会”会员和部分教师，向过往游客发放宣传“保护环境，爱护鸟类”等资料，热心解答了游客的各种有关保护鸟类的问题。市民也积极参与这次环保宣传活动，纷纷在红色宣传横幅上签下自己的名字，作出自己“爱鸟、护鸟”的郑重承诺。这次宣传咨询活动，通过悬挂大幅标语，展出各种珍贵鸟类标本，制作宣传展板，发放宣传资料、鸟类特殊书签等方式宣传“保护环境，爱护鸟类”，深受市民的称赞和欢迎。4月26日，也是“爱鸟周”接近尾声的时候，“生物协会”于晚上6:30在苏州大学校内播放了鸟类纪录片《帝企鹅日记》。当天虽然是周末，可仍有不少同学前来观看，可见大家对此次活动十分关注。鸟类是人类的朋友，爱鸟、护鸟是人类的责任。共在一片蓝天下，同在万缕阳光中，让我们更加重视鸟类的生存问题，共同使我们的地球更加美好。

学生社团多姿多彩的活动，不仅丰富了社员的生态知识，同时在宣传环境保护思想，进行生态保护实践活动的同时，也拓展了大家的视野，增强了大家的生态保护意识。

二、高职院校生态教育活动示例

【活动主题】实验探究：废旧干电池的回收利用研究[1]

【活动对象】无锡市机电高等职业技术学校2007级电子专业学生

【活动背景】

《中国环境报》报道：2000年中国电池产量和销售量高达140亿节。废旧干电池中含有汞、铅、镍、锰等多种重金属元素，如将其随意丢弃，这些物质将会进入土壤或水体之中，再通过食物链进入人体。当前，废旧电池的利用率一直很低，对废旧电池的回收利用研究成为解决旧电池对生态环境污染问题的关键。学生在学习了原电池原理后，提出开展废旧干电池的回收利用研究。这一活动课题具有较强的科研性和实用性。

【活动目标】

(1) 说出针对不同类型的废旧电池采取的不同分离方法和实验技术。

(2) 发展自主学习、自主研究能力。能运用原电池原理开展废旧干电池的回收利用研究。

(3) 认识化学的价值，乐于运用化学知识解决实际问题。理解人与自然和谐发展的意义，形成保护生态环境的意识，树立可持续发展的观念。

【活动时间】2008年5月—2008年7月(12周)

【活动方法及形式】

活动课题研究方法主要有：调查法、实验法、讨论法。

【活动步骤】

1. 准备阶段(2周)

(1) 调研：查阅活动相关文献资料，如不同类型电池成分、工作原理、废电池中可能存在的物质、混合物分离技术等；参观某电池厂，了解电池的生产过程，记录各程序所用原料及用量。

(2) 设计分离回收活动方案。

学生根据废旧电池中各物质的性质，分组(分金属回收研究组和电解质分离转化组)设计活动方案。

(3) 根据活动方案准备实验用品。

2. 实施阶段

(1) 废旧电池按电池性质可分为：普通干电池；其他类(碱性干电池，非水溶液电解电池——锂电池)等。

(2) 普通干电池的回收研究(4周)。

---

〔1〕 本活动课题设计者为江苏省无锡市机电高等职业技术学校陈学姝老师，修改者王伟群。

① 电池成分的研究；

② 电池物质分离回收处理研究；

a. 金属回收处理研究：铜帽、锌片—酸洗—水洗—烘干。

b. 电解质分离转化的研究：锰盐、锌盐、铵盐、其他盐的转化分离提纯的研究。

③ 分离物利用的研究。

（3）其他类电池的回收研究（4 周）。

【活动成果】实验报告

（1）实验课题分组完成实验报告：《金属回收处理报告》《锰盐的转化、分离、提纯实验报告》《铵盐的转化、分离、提纯实验报告》《锌盐的转化、分离、提纯研究报告》。

（2）课题组负责人负责组织完成课题综合报告：《废旧干电池的回收利用的研究报告》。

（3）课题组成员对参与的研究就成功经验、存在的问题和改进建议写一篇论文。

【活动评价】

（1）学生自我评价。

（2）成立研究课题评价组，由指导老师、学科教研组长、学校教科室领导技术人员组成。

（3）评价标准：

① 评价研究过程的实践性、科学性、逻辑性、创新性。

② 评价研究的广度、深度以及结论的信度与效度。

（4）评价过程：

① 听取课题研究组介绍研究情况。

② 查看研究资料、实验记录、实验方案及实施过程。

③ 观看现场实验，核实各种数据、结论。

④ 验证实验结果。

⑤ 召开评价座谈会，课题评价组与课题实验组学生交换意见并做总结。

插图

牛粪遍及牧场

蜣螂在粪球中产卵

彩图 1

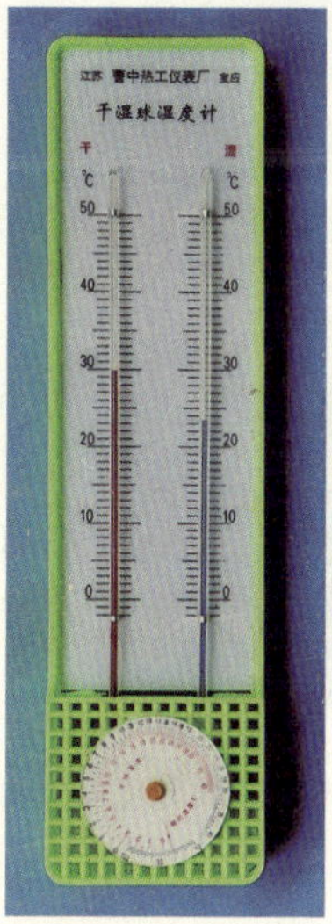

彩图 2

彩图 3

彩图 4

Figure 1 A haze of photochemical smog hangs over Los Angeles's skyline.

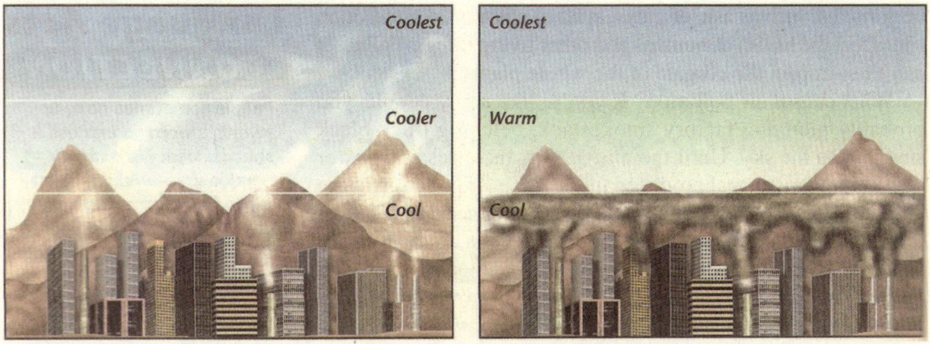

Figure 2 Normally, pollutants rise high in the air and blow away (left). But during a temperature inversion, a layer of warm air traps pollutants close to the ground (right).

Figure 3 The Leshan Statue in Sichuan Province.

附录

附录1　苏南地区小学教师生态教育调查问卷

尊敬的老师，您好！非常感谢您抽出宝贵时间回答此问卷！此问卷以研究苏南地区小学生态教育现状为目的，不记名，您回答的内容只作为研究的基础资料使用，绝不用于其他用途，因此，请您如实填写。

1. 您对生态教育的了解程度是(　　)

A. 知道，且比较了解　　B. 仅听说过而已　　C. 不知道

2. 您是否知道“绿色学校”的评价指标(　　)

A. 知道　　B. 不知道

3. 生态圈是由(　　)构成的

A. 动物、植物、微生物和无机环境　　B. 动物、植物和微生物

C. 动物、植物和无机环境　　D. 动物和植物

4. 南极上空臭氧空洞的形成是因为(　　)

A. 太阳光太强

B. 南极太冷

C. 人类活动中排放大量氟氯烃

D. 空气中二氧化碳太多，形成温室效应

5. 您认为“绿色学校”指的是(　　)

A. 绿化率高的学校

B. 环境卫生好的学校

C. 以可持续发展思想为指导，提高师生环境素养的学校

D. 建筑物是绿色的学校

6. 酸雨的形成与(　　)的排放有关

A. 硫和氮的氧化物　　B. 二氧化碳

C. 灰尘和水蒸气　　D. 氮气

7. 江苏省“爱鸟周”的时间是(　　)

A. 4月2日—8日　　B. 4月20日—26日

C. 4月23日—29日　　D. 5月1日—7日

8. 温室效应是气候变暖的主要原因,导致温室效应主要与(　　)的增多有关

A. 二氧化碳　　B. 氮气　　C. 一氧化碳　　D. 二氧化硫

9. 您进行生态教育的方式有(多选)(　　)

A. 课堂教学　　B. 环保讲座与活动　　C. 实地调查

D. 参观　　E. 社会实践　　F. 角色扮演与游戏

请选择下列叙述与您的认识及意愿相符合的一项,并在相应的空格中打“√”。

题　号	题　目	很符合	比较符合	不大符合	很不符合
1	生态教育的重要性并不亚于经济建设				
2	我们应当先提高生活水平再谈生态教育				
3	生态教育就是环境教育				
4	人类应该征服大自然,谋求自身的幸福				
5	政府和舆论应加强对一切生命的关注				
6	设计教学目标时,应考虑生态教育问题				
7	应将生态教育列入教学评价指标中				

请选择下列叙述与您平时的生活和教学情况相符的一项,并在相应的空格中打“√”。

题　号	题　目	一直如此	经常如此	偶尔如此	从未如此
1	向你周围的人宣传生态环保观念				
2	双面使用纸张				
3	跟亲友聚餐时,会点食野生动物				

续表

题　号	题　目	一直如此	经常如此	偶尔如此	从未如此
4	教学科目测验中包含生态环保类知识				
5	制定蕴含生态思想的教学日标				
6	开展生态教育的各类活动				
7	主动阅读有关环境教育学、生态学、保护生物学等著作				
8	将生态教育的理念与教学内容结合起来				
9	在具体的教学过程中实施生态教育目标				
10	实施生态教育后,对教育的效果进行评价				

您的基本情况:

1. 您的性别(　　)　　A. 男　　B. 女

2. 您所教的科目是(　　)

A. 语文　B. 数学　C. 英语　D. 美术　E. 音乐

F. 体育　G. 科学(自然)　H. 思想品德　I. 计算机

3. 您的学历是(　　)

A. 研究生　B. 本科　C. 大专　D. 中专　E. 高中

4. 您现在的职称是(　　)

A. 高级　B. 一级　C. 二级　D. 暂无

5. 您接受过的与生态相关的继续教育有(　　)

A. 国家级　B. 省级　C. 市县级　D. 校级　E. 没有

6. 您所在的学校是否是“绿色学校”(　　)

A. 是　B. 不是　C. 不知道

7. 您所在的小学属于(　　)小学

A. 城区　B. 乡镇

附录2　苏南地区学前教育教师生态教育调查问卷

尊敬的老师,您好！非常感谢您抽出宝贵时间回答此问卷！此问卷以研究苏南地区学前生态教育现状为目的,不记名,您回答的内容只作为研究的基础资料使用,绝不用于其他用途,因此,请您如实填写。

1. 您对生态教育的了解程度是(　　)

A. 知道,且比较了解　　B. 仅听说过而已　　C. 不知道

2. 您是否知道“绿色学校”的评价指标(　　)

A. 知道　　B. 不知道

3. 生态圈是由(　　)构成的

A. 动物、植物、微生物和无机环境

B. 动物、植物和微生物

C. 动物、植物和无机环境

D. 动物和植物

4. 南极上空臭氧空洞的形成是因为(　　)

A. 太阳光太强

B. 南极太冷

C. 人类活动中排放大量氟氯烃

D. 空气中二氧化碳太多,形成温室效应

5. 您认为“绿色学校”指的是(　　)

A. 绿化率高的学校

B. 环境卫生好的学校

C. 以可持续发展思想为指导,提高师生环境素养的学校

D. 建筑物是绿色的学校

6. 酸雨的形成与(　　)的排放有关

A. 硫和氮的氧化物　　B. 二氧化碳

C. 灰尘和水蒸气　　D. 氮气

7. 江苏省“爱鸟周”的时间是(　　)

A. 4月2日—8日　　B. 4月20日—26日

C. 4月23日—29日　　D. 5月1日—7日

8. 温室效应是气候变暖的主要原因,导致温室效应主要与(　　)的增多有关

A. 二氧化碳　　B. 氮气　　C. 一氧化碳　　D. 二氧化硫

9. 您进行生态教育的方式有(多选)(　　)

A. 课堂教学　　B. 环保讲座与活动　　C. 实地调查

D. 参观　　E. 社会实践　　F. 角色扮演与游戏

请选择下列叙述与您的认识及意愿相符合的一项，并在相应的空格中打“√”。

题号	题目	很符合	比较符合	不大符合	很不符合
1	生态教育的重要性并不亚于经济建设				
2	我们应当先提高生活水平再谈生态教育				
3	生态教育就是环境教育				
4	人类应该征服大自然，谋求自身的幸福				
5	政府和舆论应加强对一切生命的关注				
6	设计教学目标时，应考虑生态教育问题				
7	应将生态教育列入教学评价指标中				

请选择下列叙述与您平时的生活和教学情况相符的一项，并在相应的空格中打“√”。

题号	题目	一直如此	经常如此	偶尔如此	从未如此
1	向你周围的人宣传生态环保观念				
2	双面使用纸张				
3	跟亲友聚餐时，会点食野生动物				
4	教学科目测验中包含生态环保类知识				
5	制定蕴含生态思想的教学目标				
6	开展生态教育的各类活动				
7	主动阅读有关环境教育学、生态学、保护生物学等著作				
8	将生态教育的理念与教学内容结合起来				
9	在具体的教学过程中实施生态教育目标				
10	实施生态教育后，对教育的效果进行评价				

您的基本情况：

1. 您的性别(　　)　　A. 男　　B. 女

2. 您所教的科目是(　　)

A. 健康　　B. 语言　　C. 社会　　D. 科学(认知)　　E. 艺术

3. 您的学历是(　　)

A. 研究生　B. 本科　　C. 大专　　D. 中专

4. 您现在的职称是(　　)

A. 高级　　B. 一级　　C. 二级　　D. 暂无

5. 您接受过的与生态相关的继续教育有(　　)

A. 国家级　B. 省级　　C. 市县级　D. 校级　　E. 没有

6. 您所在的学校是否是“绿色学校”(　　)

A. 是　　B. 不是　　C. 不知道

7. 您所在的幼儿园属于哪一级(　　)

A. 省优园　B. 市优园　C. 普通园

附录3　苏南地区小学与学前教育教师访谈提纲

1. 您所教科目有无涉及生态教育的内容？

2. 您在哪些教学环节中会涉及生态环保方面的内容？

3. 你们教研室在进行教研活动时会不会重视教师生态意识的培养？

4. 教务处、年级组有没有明确的各学科生态教育渗透实施计划和具体要求？

5. 学校有没有建立有地方环境特点和学校特色的生态环境教育和“绿色学校”信息交流渠道？

附录4　苏南学校初中学生生态教育调查问卷

同学你好，为了解目前初中生的生态教育现状，特进行这一专题的问卷调查。你填写的情况将为我们的研究提供有价值的参考，但不涉及对你的评价，请你如实填写。谢谢你们的合作！

你的性别（　　）　　A. 男生　　B. 女生

学校所在地位于（　　）　　A. 城市　　B. 农村

学校所在的城市（　　）　　A. 苏州　　B. 无锡　　C. 常州

一、生态知识

1. 我国“植树节”定为每年的(　　)

A. 3月10日　　B. 3月15日　　C. 3月12日

2. 江苏省“爱鸟周”的时间是(　　)

A. 4月1日—7日　　B. 4月11日—17日　　C. 4月20日—26日

3. 若大量生活及工业污水排入太湖,那么太湖中食物链营养级别越高的生物,体内的有害物质积累(　　)

A. 越多　　B. 越少　　C. 一样多

4. 温室效应产生的原因是地球大气中的(　　)

A. 氧气增多　　B. 二氧化碳增多　　C. 氮气增多

5. 利用天敌控制农林病虫害的防治方法称为(　　)

A. 生物防治　　B. 化学防治　　C. 物理防治

6. 如果食物链的一环被破坏,那么对整个生态环境(　　)

A. 没有影响　　B. 有影响但是不大　　C. 导致生态环境失调

7. 绿色食品指的是(　　)

A. 蔬菜水果　　B. 绿颜色的食品

C. 安全无污染的食品　　D. 营养价值丰富的食品

8. 某市要建立一个城郊公园,为了维持原有的生态系统,合理的措施是(　　)

A. 定期清理树林的枯枝落叶,以利于种子萌发和幼苗生长

B. 开荒种植荔枝等果树,供游人观赏、品尝

C. 进行区域性简单隔离,避免人类过多的干扰

D. 建环山公路,为游人提供方便

9. 复印机带高电压的部件与空气进行化学反应产生的浓度较大的臭氧(　　)

A. 对人类没有影响　　B. 对人类有害　　C. 对人类有益

10. 施用农药DDT的地区虽然占陆地面积的一部分,但是在远离施药地区的南极,动物体内也发现了DDT,这种现象说明(　　)

A. 考察队将DDT带到南极　　B. DDT是挥发性物质

C. 物质循环带有全球性　　D. 含有DDT动物的迁移

二、生态意识

请选择下列叙述与你的认识及意愿相符合的一项，并在相应的空格中打"√"。

题　号	题　目	不符合	不太符合	基本符合	比较符合	完全符合
1	生态系统中的其他生物和人类享有同等权利					
2	生物圈中有害的生物也应该保护					
3	为了保护生态环境应该大力发展一切高科技					
4	生态知识中考不考，我们学不学无所谓					
5	要积极美化校园，促进环境的良性循环					
6	生物多样性对生态系统有重要作用，而对社会其他领域作用较小					
7	人类应合理开发利用资源					
8	人类应注重与其他生物的和谐发展					
9	经济发展优先于生态问题					
10	与古代的酷刑相比，虐待小动物没什么大不了					

三、生态行为

请选择下列叙述与你平时的生活情况相符的一项，并在相应的空格中打"√"。

题　号	题　目	从不	偶尔	有时	经常	一直
1	每年都积极参加学校组织的绿化活动					
2	在"爱鸟周"积极参加宣传活动					

续表

题 号	题 目	从不	偶尔	有时	经常	一直
3	室内使用节能灯					
4	记录身边野生动物和鸟类及其生态环境的情况					
5	不吃野生动物做成的美味食物					
6	即使有电梯可以乘坐,也还是会爬楼梯					
7	使用动物做实验时设法减少动物的痛苦					
8	外出就餐时不使用泡沫饭盒和一次性筷子					
9	夏天将空调温度设为 26 摄氏度以上					
10	将自己用过的电池扔进回收箱					

附录5 苏南学校高中学生生态教育调查问卷

同学你好,为了解目前高中生的生态教育现状,特进行这一专题的问卷调查。你填写的情况将为我们的研究提供有价值的参考,但不涉及对你的评价,请你如实填写。谢谢合作!

你的性别(　　)　A. 男生　B. 女生

学校所在地位于(　　)　A. 城市　B. 农村

学校所在的城市(　　)　A. 苏州　B. 无锡　C. 常州

一、生态知识

1. 江苏省“爱鸟周”的时间是(　　)

A. 4月1日—7日　B. 4月11日—17日　C. 4月20日—26日

2. “世界环境日”是(　　)

A. 6月2日　B. 6月5日　C. 7月2日　D. 7月5日

3. 同样的环境中,在食物链和食物网中位于能量金字塔顶部的生物体内的有害成分(　　)

A. 少　B. 多　C. 取决于具体情况

4. 温室效应产生的主要原因是地球大气中(　　)

A. 氧气增多　B. 二氧化碳增多　C. 氮气增多

5. 利用天敌控制农林病虫害的防治方法称为生物防治，它最大的优点是(　　)

A. 彻底杀死病虫害

B. 控制虫害的同时不污染环境

C. 降低害虫种群密度

6. 有人发起“多吃素食，少吃肉食”的运动来支援粮食短缺地区的灾民。其生态学解释最合理的是(　　)

A. 多吃肉食会增加心血管疾病的发病率

B. 以低营养级生物为食消耗生态系统更多的能量

C. 多吃肉食比多吃素食消耗的能量总量更多

D. 节省的肉食可以帮助灾民提高营养水平

7. 绿色食品指的是(　　)

A. 蔬菜水果　　B. 绿颜色的食品

C. 安全无污染的食品　　D. 营养价值丰富的食品

8. 有关生态系统稳定性的叙述，不正确的是(　　)

A. 生态系统具有自我调节能力，这是生态系统稳定性的基础

B. 生态系统内部结构与功能协调，可以提高生态系统的稳定性

C. 生物多样性对于维持生态系统稳定性体现出其直接价值

D. 食物网越复杂，生态系统越稳定

9. 城市闹市区的空气里细菌比绿化区多7倍以上，原理是有些植物能分泌(　　)

A. 抗生素　　B. 抗体　　C. 黏液　　D. 杀菌剂

10. 酸雨形成的原因是空气中的(　　)

A. 二氧化碳增多　　B. 臭氧增多　　C. 硫和氮的氧化物增多

二、生态意识

请选择下列叙述与你的认识及意愿相符合的一项，并在相应的空格中打“√”。

题　号	题　目	完全符合	比较符合	基本符合	不太符合	不符合
1	经济发展应优先于生态保护					
2	不能与艾滋病人拥抱，那样太可怕了					

续表

题　号	题　目	完全符合	比较符合	基本符合	不太符合	不符合
3	与古代酷刑比，虐待小动物没什么大不了					
4	生物圈中的有害生物应全部消灭掉					
5	绿色产品价格高没有必要选择它们					
6	超市实行塑料袋收费是为了赚钱					
7	生物多样性对生态系统有重要作用，而对社会其他领域作用较小					
8	人类是地球的主人，要充分利用大自然为人类服务					
9	会有新能源研发出来，不需要节能					
10	沙尘暴、赤潮等是大自然对人类的惩罚					

三、生态行为

请选择下列叙述与你平时的生活情况相符的一项，并在相应的空格中打“√”。

题　号	题　目	从不	偶尔	有时	经常	一直
1	积极参加“爱鸟周”的宣传活动					
2	在外面就餐时不使用泡沫饭盒和一次性筷子					
3	夏天将空调温度设为26摄氏度以上					
4	记录身边野生动物和鸟类及其生态环境的情况					
5	不吃野生动物做成的美味食物					
6	即使有电梯可以乘坐，也还是会爬楼梯					

续表

题　号	题　目	从不	偶尔	有时	经常	一直
7	使用动物做实验时尽可能减少动物的痛苦					
8	使用无磷洗衣粉洗衣服					
9	室内使用节能灯					
10	不买野生植物做的工艺品或家具					

附录6　苏南学校中学生访谈提纲

问题1：你们学校有没有专门的有关生态教育的课程？你觉得苏州的生态环境有没有受到破坏？

问题2：在实际的各科学习中你接触过哪些有关生态环境的知识？请具体阐述。

问题3：在学习了有关生态保护的知识之后，你在行为上最大的改变是什么？请具体阐述。

问题4：在课堂教学中，老师有没有在学习有关生态环境方面的知识时加强对你们生态行为的教育（即强调大家应该怎样做）？

问题5：如果有保护生态环境的活动，你会主动要求参加吗？

问题6：老师要求搜集一些有关生态环境的资料，你会认真完成吗？

问题7：你觉得大力发展科技能够有效保护生态环境吗？如果能，请说明理由，如果不能，那么你的建议是什么？

附录7　苏南地区中学教师生态教育调查问卷

尊敬的老师，您好！

为了解目前基础教育中生态教育的现状，特进行这一专题的问卷调查。您填写的真实情况将为研究提供有价值的参考，有益于学生生态素养的提高以及社会的可持续发展。本调查的结果只用于数据统计与分析，不涉及对任何学校、领导、老师的评价。衷心感谢您的支持！

*如未特别说明，选择题为单项选择。

1．你认为生态教育应包括哪些内容（多选）（　　）

A. 环境保护教育　　B. 生态道德教育

C. 可持续发展的教育　　D. 生命教育

2. 你认为“绿色学校”指的是（　　）

A. 绿化率高的学校

B. 环境卫生好的学校

C. 以可持续发展思想为指导，提高师生环境素养的学校

D. 建筑物是绿色的学校

3. 2007 年太湖蓝藻的暴发是由于（　　）

A. 含有氮、磷等元素的有机物被排放到太湖中

B. 含有钠、镁等元素的无机物被排放到太湖中

C. 太湖水温降低

4. 鹰捕捉食蛇，蛇捕食青蛙，青蛙吃蚂蚱，蚂蚱吃庄稼，这是（　　）

A. 生物圈　　B. 能量链　　C. 食物链

5. 我国华北地区，一种甲虫曾经泛滥成灾，有人从澳大利亚引入甘蔗蟾蜍，可以捕杀该害虫，随后甘蔗蟾蜍开始泛滥，这种现象是（　　）

A. 群落演替　　B. 生物入侵　　C. 生物迁徙

6. 气候变暖主要与二氧化碳浓度增大有关，现实中可主要依靠哪些生物来降低二氧化碳浓度（　　）

A. 动物　　B. 植物与藻类　　C. 微生物　　D. 细菌

7. 江苏省的“爱鸟周”是每年的（　　）

A. 4 月 2 日—8 日　　B. 4 月 20 日—26 日

C. 4 月 23 日—29 日　　D. 5 月 1 日—7 日

8. 酸雨的形成与（　　）的排放有关

A. 二氧化硫气体和氮的氧化物　　B. 二氧化碳

C. 灰尘和水蒸气　　D. 氮气

您平时是否有过下列行为？请选择与您平时的教学情况相符的一项，并在相应的空格中打“√”。

题号	题目	从未	偶尔	有时	经常
1	参加生态教育类校本课程的开发				
2	设计教学目标时，包含提高学生生态意识的目标				
3	将生态教育的理念与教学内容结合起来				

续表

题　号	题　目	从未	偶尔	有时	经常
4	组织以生态保护为主题的活动				
5	考查学生生态知识掌握的情况				
6	运用多种手段培养学生的生态观念				
7	在测验时,设计生态教育方面的试题				
8	找出生态教育失败的原因,并进行改进				

下列说法在多大程度上与您自己的认识及意愿相符合?请选择与您的认识及意愿相符合的一项,并在相应的空格中打"√"。

题　号	题　目	很不符合	不大符合	比较符合	很符合
1	所有生物都具有生存的权利				
2	保护濒危物种应引起足够的重视				
3	教育对生态保护起重要的作用				
4	应尽量使用太阳能产品,因为太阳能是可再生的能源				
5	运用图片、视频等多种手段展示生态教育内容太麻烦				
6	如果考试不考生态类的内容,我们就不用教授该方面内容				
7	生态意识与行为具有长期性,教师应关注生态知识的传授				
8	人类应当征服自然来谋求幸福				
9	教师应当多组织一些生态类的活动				
10	将现有的生态教育资料融入学科教育当中是教师的义务				
11	对生态教育的成效进行评价是必要的				

1. 在进行生态教育时,您曾经(多选)(　　)

A. 课堂渗透　　B. 安排专家讲座

C. 创设情境,让学生进行角色扮演　　D. 组织学生在校内外进行调查

E. 带领学生进行探究实验　　F. 举办生态保护知识竞赛

G. 其他

2. 您评价生态教育的效果通常使用的方式是(多选)(　　)

A. 未进行评价　　B. 笔试　　C. 观察并记录　　D. 个人或集体访谈

E. 写感想　　F. 其他

基本信息:

1. 您的性别(　　)

A. 男　　B. 女

2. 您的教龄(　　)

A. 1~5 年　　B. 5~10 年　　C. 10~15 年　　D. 15~20 年

E. 20 年以上

3. 您的最高学历(　　)

A. 大专　　B. 本科　　C. 硕士　　D. 博士

6. 您所教的科目:__________

8. 您所在学校位于:__________地区(如苏州、无锡等)

附录8　我国主要生态环境保护的非政府组织简介

北京环境保护基金会

北京环境保护基金会是于 1996 年 8 月依法成立的非营利民间社团组织。其宗旨是"动员社会力量,为发展首都环境保护事业做贡献"。成立十多年来,在各有关方面的大力支持下,北京环境保护基金会开展了形式多样、内容丰富的社会公益活动,传播绿色文明理念,普及节约资源、保护环境意识,维护生态平衡,为建设生态文明、绿色北京做出了贡献。

为提高青少年的环保意识,北京环境保护基金会与有关部门联合,每年都举办北京市小学生"我爱地球妈妈"演讲比赛,每年有上千所学校、数十万学生参加;举办北京市中学生"绿色奥运我参与"中英双语演讲比赛,每年有数百所学校、上万名学生参加,在社会上产生了较大影响。

为弘扬奥林匹克精神,传播绿色奥运理念,2004 年北京环保基金会与有关部门联合组建了"北京绿色奥运绿色行动宣讲团",面向公众、面向社会进行宣讲,4 年共举办了 1 200 余场宣讲,直接受众 40 多万人,宣讲团也成为有较大影响的知名"品牌"。2009 年,宣讲团更名为"绿色北京绿色行动宣讲团",继续开展建设生态文明的宣传活动。

北京环境保护基金会还组织和动员公众参与节能减排、植树造林等绿色行动,为建设绿色北京做出自己应有的贡献。

北京市环境保护产业协会

北京市环境保护产业协会是由北京地区从事环境保护产业的企业、事业单位发起成立，经北京市民政局核准注册登记的跨部门、跨所有制的行业性的社会团体法人。

北京市环境保护产业协会成立于1994年12月16日，协会成立以来，充分发挥联系政府与企业的桥梁与纽带作用，以竭诚服务的工作态度，开拓创新的进取精神，积极开展各项活动，得到了企业与社会的认可。

协会的宗旨为：遵守中华人民共和国宪法、法律、法规，贯彻执行国家有关方针政策，遵守社会道德风尚，组织开展各种行业研究、交流和协作活动，维护会员的合法权益，保护行业公平竞争，实行行业自律，在北京环保产业发展中发挥纽带和桥梁作用，为政府服务，为会员服务，促进环境保护产业行业的发展。

协会的主要职能和任务：

(1) 宣传、贯彻国家环境保护工作方针和环保产业的有关政策，接受政府部门的委托，协助做好环保产业发展的调查研究，对与环保产业发展有关的技术、经济政策和法规规章的运行进行调研，及时向政府部门反映行业的意见和建议。

(2) 维护会员单位的合法利益，向政府部门反映行业或多数会员单位共同的意见和要求。

(3) 配合北京市环境保护中心工作，协助组织环保重大技术装备的开发、研制、示范、推广应用、交流和展示等。

(4) 经政府部门授权和委托，参与制定行业规划；开展行业年度调查，为政府部门的管理提供基础资料和依据。

(5) 经政府部门授权和委托，对北京地区环保企业申报的“国家重点环保实用技术”、“国家重点环保实用技术示范工程”、“环境保护产品认证”、“绿色之星”和“中国环境保护产业骨干企业”进行初审、现场考查及推荐工作。

(6) 根据行业的特点，制定本行业的行规行约，建立行业自律性机制，规范行业自我管理行为，促进企业公平竞争。

(7) 开展咨询服务、专业培训和经济工作交流活动，接受行业重大投资项目的可行性研究及前期论证工作。

西安大学生绿色营

“大学生绿色营”是由国家环保总局特聘环境使者、著名环保作家及环保活动家唐锡阳先生及其夫人马霞(美籍)于1996年共同在北京创建的大学生环保组织。2000年，西安高校邀请唐老师赴西安作巡回报告。在唐锡阳老师的鼓励和帮助下，2001年西安高校创建了自己的“大学生绿色营”。西安“大学生绿色营”是由西安20多所高校环保社团和大学生环保志愿者联合组建的以开展环境保护实践活动为主的组织。她是由关注环保、热爱大自然的大学生为营员主体，记者、作家、科学家等共同参加的民间环保活动团体；以培养和锻炼具有“绿色信仰”的大学生环保志愿者为主要目的，每年关注一个环保焦点，将营员置于人与自然的尖锐矛盾之中，让他们从不同角度（政府、民众、非政府组织、当地群众等）体会对待环境问题的态度，将环境问题和其他因素（地理、历史、人文等）进行综合分析，并思考解决环境问题的可能性，从而身体力行做环保。

“大学生绿色营”的营员从自然中接受教育，向社会群众学习，在艰难的环境中锻炼吃苦的精神，在集体的生活中培育民主的意识，学会用生态的观点来观察问题，在环保活动中增加辨别是非和处理问题的能力，在大自然中吸取知识和力量，净化自己的心灵，最终学会合理地处理人与自然的关系。

自然之友

“自然之友”作为中国文化书院的分支机构，遵守中国政府的各项法律、政策及中国文化书院章程，在书院院务委员会指导下开展活动并定期向其报告工作。“自然之友”是非营利性公益团体，经费来自会费以及社会赞助。

1993 年 6 月 5 日，“自然之友”的几位创始人举办了中国首次民间自发的环境研讨会——“玲珑园会议”。1994 年 3 月 31 日，“自然之友”成立，它是中国最早在民政部门注册成立的民间环保组织之一。创始人为梁从诫、杨东平、梁晓燕和王力雄。全国政协委员、中国文化书院教授梁从诫为创会会长，社会文化和教育问题专家杨东平教授为理事长。

“自然之友”以开展群众性环境教育，倡导绿色文明，建立和传播具有中国特色的绿色文化，促进中国的环保事业为宗旨。截至 2008 年，“自然之友”累计发展会员一万余人，其中活跃会员 3 000 余人，团体会员近 30 家。各地会员热忱地在当地开展形式多样的环境保护工作，多位会员荣获各级嘉奖；由“自然之友”会员创办的 NGO（非政府组织）已有十多家，累计获得国内国际各类奖项 20 余项，如“亚洲环境奖”、“地球奖”、“大熊猫奖”、“绿色人物奖”和菲律宾“雷蒙 · 麦格赛赛奖”等。历经十几年的创立与发展，“自然之友”成为中国具备良好公信力和影响力的环境保护非政府组织，为中国环保事业和公民社会的发展做出了积极贡献，并已成为我国环保界的标志性组织之一。

20 世纪 90 年代以前，中国的环保工作主要限于政府主管部门和环境专业工作者，公众的参与程度和意识都比较低。而“自然之友”认为，只有极大地提高全民族的环境意识，使环境保护成为全体社会成员共同的责任和使命，在公众中树立人与自然和谐共处的新型文化观念和生活方式，社会经济和可持续发展才能实现，中国的环境才能得到真正有效的保护。

参考文献

中文文献

1. 余文涛，袁清林，毛文永. 中国的环境保护. 北京：科学出版社，1987：10，14，15，31，104.

2. 联合国教科文组织. 教育的使命. 北京：教育科学出版社，1996：28.

3. [美]雷彻尔·卡逊. 寂静的春天. 吕瑞兰，等译. 长春：吉林人民出版社，1997：14(前言部分).

4. 祝怀新. 环境教育论. 北京：中国环境科学出版社，2002：14，15，25，26.

5. 徐辉，祝怀新. 国际环境教育的理论与实践. 北京：人民教育出版社，1996：22.

6. 世界环境与发展委员会. 我们共同的未来. 王之佳，柯金良，译. 长春：吉林人民出版社，1997：52.

7. 余谋昌. 生态哲学. 西安：陕西人民教育出版社，2000：29，33－36，34，240－241.

8. 吴相钰，陈守良，葛明德. 陈阅增普通生物学(第三版). 北京：高等教育出版社，2009：434，435.

9. 王诺. 欧美生态文学. 北京：北京大学出版社，2003：4.

10. 李博. 生态学. 北京：高等教育出版社，2000：4.

11. 牛翠娟，娄安如，孙儒泳，等. 基础生态学. 北京：高等教育出版社，2007：1.

12. 马桂新. 环境教育学. 北京：科学出版社，2007：32.

13. 马桂新. 环境道德教育. 北京：科学出版社，2006：2.

14. 安乐哲，杨思闻. 论语的哲学诠释. 北京：中国社会科学出版社，2003：143.

15. 倪瑞华. 可持续发展的伦理精神. 北京：中国社会科学出版社，2004：265.

16. 宋言奇. 重塑碧水蓝天:苏南地区城市化与环境问题研究. 苏州:苏州大学出版社,2006:51 - 57.
17. 香港课程发展议会. 学校环境教育指引. 香港:香港教育署印行,1999:4.
18. 姚亚萍. 环境教育教程. 长春:东北师范大学出版社,2003:246.
19. 余谋昌. 创造美好的生态环境. 北京:中国社会科学出版社,1997:234.
20. 向仲怀. 蚕丝生物学. 北京:中国林业出版社,2005:2,3.
21. 陈丽鸿, 孙大勇. 中国生态文明教育理论与实践. 北京:中央编译出版社,2009: 78, 159,161.
22. 薛天祥. 高等教育学. 桂林:广西师范大学出版社,2001:62 .
23. 潘懋元. 多学科观点的高等教育研究. 上海:上海教育出版社,2001:25.
24. [美]约翰·S. 布鲁贝克. 教育问题史. 吴元训,等译. 合肥:安徽教育出版社,1991:437.
25. 中华人民共和国教育部. 全日制义务教育生物课程标准(实验) . 北京:北京师范大学出版社,2001:4 - 5.
26. 中华人民共和国教育部. 高中生物课程标准(实验). 北京:人民教育出版社,2003:7 - 8.
27. 中华人民共和国教育部. 全日制义务教育化学课程标准(实验). 北京:北京师范大学出版社,2001:1.
28. 中华人民共和国教育部. 高中化学课程标准(实验) . 北京:人民教育出版社,2003:8.
29. 秦伯强,吴庆农,高俊峰. 太湖地区的水资源与水环境——问题、原因与管理. 自然资源学报,2002,(2):221 - 228.
30. 方爱红, 黄银芝, 钱瑾. 浅谈太湖蓝藻暴发的原因、危害及其预防治理. 净水技术,2008, 27(3) : 70 - 72.
31. 杨铭威, 石亚东, 孙志. 太湖蓝藻暴发引发无锡供水危机的思考. 水利经济,2009,27(3):36 - 38.
32. 苏州市环境保护局. 2009 年度苏州市环境状况公报,2010 - 5 - 28.
33. 无锡市环境保护局. 2009 年度无锡市环境状况公报,2010 - 6 - 5.
34. 常州市环境保护局. 2009 年度常州市区环境状况公报,2010 - 5 - 13.
35. 施勇峰,凌军辉. 太湖"蓝藻之祸"追踪. 瞭望,2007 - 6 - 4.
36. 崔筝. 蓝天达标天数造假案暴露空气标准缺陷,环保部新空气质量标准推行在即. 新世纪,2011 - 03 - 07.

37. 包雷. 提高土地使用效率促进园区经济可持续发展. 学理论,2008,(10):18－21.
38. 于光远. 自然. 自然辩证法研究,1991,7(10):17.
39. 张落成,吴楚材,姚士谋. 苏南地区近20年城市用地扩展的特点与问题. 地理科学进展,2003,(11):640.
40. 仲素梅,武博. 苏南土地资源利用态势与可持续利用对策研究. 改革与战略,2010,26(10):106－108.
41. 卜泳生. 发达地区工业化进程中的环境保护问题——以苏南地区为例. 生产力研究,2009,(7):97,98,109.
42. 陈荷生,华瑶青. 太湖流域非点源污染控制和治理的思考. 水资源保护,2004,(1):33－36.
43. 宗文雯.《苏州市湿地保护条例》今起施行:5年间苏州自然湿地减少2000公顷. 苏州日报,2012－02－02.
44. 张衡.《苏州市湿地保护条例》今起施行:26.8万公顷湿地纳入保护范围. 姑苏晚报,2012－02－02.
45. 施晓平.《苏州市湿地保护条例》今起施行:擅自占用湿地每平米最高罚百元. 城市商报,2012－02－02.
46. 黄丽慧,顾谢军. 苏南地区小城镇现存主要生态问题及对策探讨. 环境科技,2009,22(1):99－101.
47. 王燕津. "环境教育"概念演进的探寻与透析. 比较教育研究,2002,(1):18.
48. 李久生,谢志仁. 论环境教育理念建构及其实践. 教育科学,2002,(3):10.
49. 路国华. 可持续发展理论缘起、内涵与演进. 上海城市发展,2009,(4):57－59.
50. 刘伟,张万红. 从"环境教育"到"生态教育"的演进. 煤炭高等教育,2007,25(6):11－13.
51. 蒙睿,周鸿. 我国生态教育体系建设. 城市环境与城市生态,2003,(4):76－78.
52. 周笑冰. 环境教育的核心理念及目标. 北京师范大学学报,2002,(3):118－122.
53. 鲁洁. 试述德育的自然性功能. 教育实验与研究,1994,(2):2.
54. 胡东芳. 环境教育的德育价值:一个值得开发的环境教育领域. 环境教育,1997,(4):4.

55. 周谷平,朱绍英. 生态德育与环境教育之关系探析. 教育发展研究,2005,(2):96.
56. 刘惊铎,王磊. 生态德育及其跨世纪意义. 教育评论,1998,(5):36.
57. 周谷平,孙朝阳. 哲学视野中的生态德育. 教育评论,2005,(7):11.
58. 陈发明. 中学生态德育的理论与实践研究. 东北师范大学硕士学位论文,2008.
59. 黄正福. 高校生态教育浅析. 黑龙江教育学院学报,2007,26(2):36-37.
60. 李高峰. 国际视野下的生态教育实施与展望. 中国校外教育,2008,(8):14-15.
61. 杨焕亮. 生态教育策略研究. 小学教育科研论坛, 2004, (2):8-10.
62. 温远光. 世界生态教育趋势与中国生态教育理念. 高教论坛, 2004,(2):25.
63. 刘静. 生态教育的内涵、意义及实施路径. 哈尔滨市委党校学报,2010,(6):92-95.
64. 王书华,毛汉英,王忠静. 生态足迹研究的国内外近期进展. 自然资源学报,2002,17(6):776-782.
65. 鲁丰先,秦耀辰,李鸣. 结合生态足迹理论开展高校生态教育. 高教论坛,2008,(6):11-14.
66. 余谋昌. 生态哲学与可持续发展. 自然辩证法研究,1999,15(2):47-50.
67. 赵士洞,王礼茂. 可持续发展的概念和内涵. 自然资源学报,1996, 11(3):288-292.
68. 阳华. 需要层次论与生态环境保护. 环境保护,2010,(2):44-45.
69. 程凯,王定华. 高等院校环境教育简论. 教育研究,1994,(8):62-66.
70. 杨志华,严耕. 高校开展生态文明教育是时代发展的新要求. 中国林业教育,2010,28(5):1-4.
71. 罗晓燕. 日本大学环境教育研究. 河北大学教育学硕士论文,2004.
72. 郭怀成,邹锐,刘磊. 中加高等环境教育比较研究. 环境科学学报,1998,18(6):600-606.
73. 张学广. 国际环境教育与可持续未来——澳大利亚环境教育国际会议综述. 比较教育研究,2000,(2):27-30.
74. 徐蕾,颜炳乾. 美国高校环境伦理教育探析. 外国教育研究,2005,(12):45-46.

75. 王东华. 绿色大学在国外的发展现状 . 环境教育,2005,(7):53,54.
76. 梁仁君,林振山. 高校生态教育的现状及体系构建的思考. 黑龙江高教研究,2006:(3):20－23.
77. 李友谊,卢彭. 论高校生态文明教育. 当代教育论坛,2009,(5):94－96.
78. 朱镜人. 英国高等教育质量理论研究述评. 比较教育研究,2003,(6):31－35.
79. [韩]金泰昌. 环境伦理. 环境教育与将来世代. 国外社会科学,1995,(10):39.
80. 方炎明,郭娟,姜琪,等. 美国高校环境教育. 中国林业教育,2004:(2):61,62.
81. 钟启泉. 环境教育:历史与现实——日本教育学者佐岛群已教授访谈. 教育科学研究,2006,(5):16,18.
82. 阎光才. 技术社会中大学教育的人文与生态关怀. 高等教育研究,2003,(5):31.
83. 李利锋,成升魁. 生态占用——衡量可持续发展的新指标. 资源科学,2000,15(4):375－382.
84. 杨维新. 美国生态学专业名校 Top10. 新东方英语,2010,(16):66－69.

英文部分

1. UNESCO. The International Workshop on Environmental Education : Final Report. Belgrade. Yugoslavia. Paris: UNESCO/UNEP. 1975.
2. UNESCO. Intergovernmental Conference on Environmental Education: Final Report Tbilisi. USSR. UNESCO. 1977:24,25,26.
3. IUCN. World Conservation Strategy. Switzerland: IUCN/WWF/UNEP. 1980.
4. UNESCO. International Congress on Environmental Education and Training. UNESCO/UNEP. Moscow. Paris: UNESCO. 1987.
5. IUCN/UNEP/WWF. Caring for the Earth: a Strategy for Sustainable Living. London: Earthscan Publications. 1991.
6. Pivnick J.. Against the Current: Ecological Education in a Modern World. Dissertation for PhD, University of Calgary, Canada, 2001.
7. UNESCO. UN Conference on Environment and Development: Agenda 21. Switzerland: UNESCO. 1992.

8. Ree W. E. . Ecological Footprint and Appropriated Carrying Capacity:What Urban Economics Leaves Out . Environment and Urbanization, 1992,4 (2):25 -32.

9. Wackernagel M. , Rees W. E. . Our Ecological Footprint: Reducing Human Impact on the Earth . Gabriola Island: New Society Publishers, 1996: 1 -25.

10. Wackernagel M. , Bello P. ,et al. National Nature Capital Accounting with the Ecological Footprint Concept. Ecological Economics, 1999, 29: 375 -390.

11. New South Wales Department of Education and Training . Environmental Education Policy for School. NSW: Department of Education and Training Curriculum Support Directorate, 2001:10.

网络文献

1. 朱威.太湖流域水资源保护存在问题和综合治理经验. http://www.tba.gov.cn/ztjg/page1.asp.

2. 中国环境监测总站.空气质量查询. http://www.cnemc.cn/citystatus/airDailyReport.jsp? name=%CB%D5%D6%DD.

3. 韩小妮.苏南地区土壤大多重金属超标,已难找一块有机田. http://www.tech-food.com/news/2011-2-16/n0488431.htm.

4. Thomas C. Daffern. The Green University. http://www.Macedonia.UK/mcic/peacca/enuniversity/eenuni.htm.

5. US Environmental Protection Agency. http://www.epa.gov/enviroed/.

6. UNESCO. Intergovernmental Conference on Environmental Education: Final Report Tbilisi. http://unesdoc.unesco.org.

7. William E. R. Revisiting Carrying Capacity: Area-based Indicators of Sustainability. http://www.dieoff.com/page/110.htm,1997-11-14.